김용식 역사소설 연구

김용식 역사소설 연구

초판 1쇄 발행 2023년 10월 17일

지은이 박영화

펴낸곳 도서출판 설렘
주소 18526 경기도 화성시 팔탄면 건달산로 62, 1층
도서주문 031-293-0833
이메일 cheonganbook@naver.com

값 28,000원
ISBN 979-11-982677-2-6 93810

김용식 역사소설 연구

박영화 저

차례

『김용식 역사소설 연구』의 출간에 부쳐

지금 상해외국어대학 현달경제인문학원 한국어학과에서 교편을 잡고 있는 박영화씨는 중국말로 하면 나의 관문제자關門弟子이다. 내가 정년하기 3년 전인 2013년 마지막으로 박사연구생으로 받아서 박사로 양성하고는 정년퇴임했으니 말이다.

며칠 전 박영화씨로부터 박사학위논문을 한국에서 단행본으로 출간하게 되었으니 서문을 써 달라는 전화를 받았다. 나는 서발문 쓰는 것을 별로 좋아하지는 않지만 앞길이 구만리 같은 젊은 제자의 부탁을 거절할 수는 없었다.

나는 지난 세기 60년대에 중국을 휩쓴 10년의 문화대혁명을 직접 몸으로 거쳐 왔다. 여러 가지 '운동'에 휩쓸리느라 중학교를 2년밖에 다니지 못하고 사회에 나오게 되었다. 다행히 개혁개방 초기에 겨우 기회를 잡아 연변대학에 입학하여 학부생, 석사, 박사 과정을 마치기는 했으나 한창 배워야 할 십대의 나이에 제대로 배우지 못하다 보니 학문에서 '조기 영양실조'에 걸린 상태였다. 따라서 학문을 할 수 있는 토대는 무척 빈약했고 그 수준은 일천했다.

대학에서 교편을 잡고 학문연구를 하게 되면서 나는 중국조선족 문학사연구를 선택하게 되었고 평생 이 연구에 심혈을 쏟아 부었다. 이는 중국 조선족의 한 구성원이며, 또 중국 조선족 학자인 나로서는 미룰 수 없는 사명이라고 생각했다.

2013년, 박영화씨가 선택한 박사학위논문 『김용식의 역사소설과 중한 문화의 상호 텍스트성 연구』는 바로 이런 맥락에서 선제된 것이다. 그 전에 내가 집필한 『중국조선족문학통사』에서 김용식의 역사소설에 대해 대충 취급은 했었으나 넓고 깊은 연구는 하지 못한 상태였다. 박영화씨는 원시자료 수집으로부터 매 한 부, 한 편 작품의 새로운 해독 나아가서는 김용식의 전반 역사소설과 한중 양국 문화의 상호 텍스트성에 이르기까지 깐깐하게 연구를 천착시켜 나갔다. 이 연구는 전인미답의 황무지를 개간한 것처럼 개척적인 연구라고 평가할 수 있다. 물론 '황무지'의 값어치가 얼마나 되는가에 따라 그 개척의 공의 크고 작음이 좌우되는 것은 당연하다.

김용식은 1925년에 경상북도 영양군에서 태어나 15세 되던 해인 1940년에 중국 흑룡강으로 이주해 온 이민 1.5세이다. 몰락한 양반 가문에서 태어난 그는 어려서부터 서당에서 한문 공부를 했다. 그러다가 종조부가 반일의병운동에 가담한 것이 화가 되어 일제의 탄압을 받게 되었고 그의 가족들은 영남 땅 곳곳을 전전긍긍하며 떠돌아다니다가 결국 중국으로 건너오게 된다. 하지만 그의 수난은 끝난 것이 아니었다. 그는 한창 창작에 흥미를 가지고 열을 올리던 중 1958년에 우파로 몰려 22년 동안 창작을 멈추게 된다. 일본의 침략으로 인해 찾아온 두 번째 고향에서도 수난을 거듭할 수밖에 없었던 것이다.

1980년에 복권되어 자유를 얻은 뒤 그는 더욱 의욕적으로 창작에 매달렸다. 「운영전」·「무영탑」·『이조만가』 등과 같은 비극적 색채가 짙은 소설들과 「발복」·「설분」·「고리백정의 사위」·「보은단」·『설랑자』·『규중비사』와 같은 사필귀정, 인과응보의 주제를 다룬 작품들이 바로 이 시기에 창작된 것이다.

어릴 적 가난으로 인해 영남 땅 곳곳을 전전하던 경력은 그의 작품에 생기를 불어넣었고 어린 시절 서당에서 한문을 공부하면서 쌓은 지식은 그의 소설이 자연지리와 인문환경을 아우르는 데 커다란 영향을 미쳤다. 그래서 그의 작품은 신라·고려·조선조를 포함한 조선 역사는 물론 당·원·명을 넘나드는 중국의 파노라마와 같은 역사를 함께 펼쳐 보일 수 있었던 것이다. 또한 '우파'로 몰렸던 기간에 겪었던 자유 박탈의 체험은 그의 작품에 강렬한 비극적 색채와 더불어 비타협적인 올곧은 선비 정신을 불어넣었다.

김용식은 이러한 체험을 작품에 재현하면서 자신이 익히 알고 있었던 조선조와 그 이전의 시대를 시대 배경으로, 한반도와 중국의 대륙을 이야기가 펼쳐지는 공간으로 설정하였다. 이는 정월에 동백꽃 피어나는 한국 남녘땅 영남으로부터 겨울이면 천리에 눈꽃 날리고 만리에 얼음 어는 북국, 중국 동북의 흑룡강에로 이주한 그의 특수한 생활 경험과 무관하지 않다.

이 책에서 논의한 김용식의 작품들은 일부 작품을 제외하고 대부분 고전설화에서 소재를 취했기 때문에 그의 작품과 중국과 한반도 역사, 그리고 한반도의 설화 및 기타 소설들과의 관련성을 탐구하는 작업이 우선적인 과제가 되었다. 저자는 김용식의 소설, 그중에서도 역사소설에 체현된 중국과 한반도의 역사와 문화 사이의 상호 텍스트성을 탐구함으로써 그의 작품과 중한 양국 문화 사이의 관련성을 짚어보고 나아가 그의 작품의 소재 선택, 언어적 특징 및 역사문제에 대한 작가적 해석 등으로부터 그의 역사소설관과 작가의식을 살펴보기도 했다. 이는 중국조선족문단의 대표적인 역사 소설가인 김용식의 위치와 그의 작품이 가지는 의미를 밝히는 데 매우 가치 있는 작업이다.

김용식 선생은 1980년 복권되어 1986년 간염으로 61세의 나이에 요절하기까지 짧디짧은 6년 동안에 수많은 역사소설을 창작한 다산 작가임과 동시에 수많은 팬을 확보했던 스타소설가였다. 만일 김용식 선생이 10년만 더 살아계셨더라면 얼마나 많은 수작들을 남겨놓았을까?

나는 늘 김용식 선생의 단명이 너무 불쌍하고 애석하기만 하다. 동시에 1956년 '반우파투쟁'부터 1980년 복권될 때까지 24년 동안의 정치탄압이 유능한 참선비 김용식의 삶에 큰 공백을 만들었다고 생각될 때마다 『예기』에 나오는 "가정이 맹어호"苛政猛於虎라는 말을 되뇌이곤 한다.

김용식 선생의 역사소설 창작은 모국인 한국의 역사・문화와 디아스포라문학으로서의 역사소설의 끈끈한 유대를 잘 보여주는 하나의 전형적 사례이다. 모국어로 된 김용식의 역사소설 창작은 비록 한반도 강역 바깥인 중국 땅에서 이루어졌다고 할지라도 한민족 문학의 소중한 산출이 아닐 수 없다. 이런 의미에서 박영화의 『김용식 역사소설 연구』는 아주 큰 학문적 가치가 있다고 평가하고 싶다.

박영화 씨가 한국학 연구에 보다 큰 힘을 기울이고 더 큰 학문적 성과를 따내어, 크고 높은 꿈을 향해 비상하기를 바라는 마음이다.

김관웅(전임 중국 연변대학교 문학교수)

2023년 7월 25일, 중국 장춘에서

1장 서론

1. 기존 연구성과 및 문제제기

한국의 근대문학사에서 역사소설이 본격적으로 나타나기 시작했던 1920년대는 현실을 묘사하고 주제를 표출하기에는 일제의 억압과 제약을 상당한 정도로 받고 있던 시기였다. 때문에 작가들은 작품의 소재를 현실문제가 아닌 역사적 사건에서 찾았고 역사물을 빌려 현실에 대한 불만과 분노를 표현하기 시작하였다. 따라서 작품에서 말하고자 하는 역사는 더는 박제되어 있는 과거가 아니라 현재를 비추는 거울이고 민족의 미래를 위한 해답이었다. 또한 민족전통의 발양과 민족정신의 계승에 역사소설이 가지는 의미가 있었다.

디아스포라로서의 조선족이 민족적 정체성을 지켜나가고 민족문화를 계승하는 데 있어서 필수적인 전제 역시 자신의 역사를 잊지 않는 것이다. 중국 조선족 문학사에서 꾸준하게 역사 소재의 소설을 창작한 소설가로는 단연 김용식이 대표적이다. 김용식은 의욕적으로 민족 문학 창작에 힘썼는바 창작시기가 길지 않았음에도 불구하고 다양한 장르를 넘나드는 작품들을 창작했다. 하지만 김용식에 대한 연구는 극히 미비하게 이루어졌는바 지금까지 논의된 김용식에 관한 연구들을 살펴보면 한명환, 장춘식, 김동훈 등 몇 안 되는 학자들에 의해 이루어진 것이 거의 전부라고 할 정도이다.

김동훈은 「김용식론」[1]에서 김용식의 생애로부터 그의 전반 문학을 언급하면서 비교적 넓은 범위에서 김용식 문학작품의 특성을 짚어보았다. 김동훈은 김용식의 문학성과는 주로 그 역사제재의 소설창작에서 집중적으로 반영되고 있으며 소재의 선택으로부터 새로운 주제의 발굴, 민족적 형식의 추구에 이르기까지 작가의 독창적 재능이 남김없이 발휘되었다고 하였다. 한명환은 「『산골 녀성들』의 구성과 문체」[2]에서 김용식의 농촌소설 『산골 녀성들』을 구성적 측면과 문체적 측면으로 분석함으로써 개혁개방기의 조선족 소설이 갖는 텍스트적 의의를 밝혔다. 그리고 「중국 조선족 소설의 재인식과 역사체험」[3]에서는 허구적인 야담에 근거한 소설 「무영탑」이 해석학적 방법으로 언어체험과 역사체험 두 갈래로 중국과 한국의 근친성을 꾀하였다고 하면서 이는 김용식의 역사소설이 중국 조선족의 입장에서 바라보는 통일신라, 고려, 조선에 대한 상상력의 소산이라고 보았다. 이외에도 한명환은 「중국 조선족 역사소설의 탈식민주의 특성 연구」[4]에서 『규중비사』, 『설랑자』, 「무영탑」 등 김용식의 주요 역사소설의 계통관계와 제휴관계에 착안하여 김용식 소설의 탈식민적 특성을 다루었다. 그리고 장춘식은 「역사소설을 통한 민족 정체성의 확인」[5]에서 김용식의 장편역사소설 『설랑자』의 기본 주제 밖의 정보-조선의 아름다운 산천, 고려 시대의 역사와 전설, 고려 시대의 풍속과 문화, 아름다운 민족어의 재현 등을 통해 『설랑자』의 가치와 의미를 논의했다.

이상에서 볼 수 있다시피 지금까지 김용식에 대한 연구는 충분하게 이루어지지 못한 상태다. 김용식은 창작의 황금기에 우파[6]로 몰려 20년 넘게 문필활동을 멈추었고 문단에 돌아온 뒤에는 건강문제로 이른 나이에 세상을 떠나면서 창작시기가 짧았던 관계로 크게 주목을 받지 못했다. 그리고 항일투쟁을 치열하게 해 왔던 투사적인 문인이 아니었기에 동시대의 타 작가들에 비해 조선족 문단에서 관심을 제대로 받지 못했다. 하지만 그가 민족의 역사와 전통에 지대한 관심을 보였던 문학가였고 풍부한 직간접체험을 통해 꾸준히 민족문화의 뿌리를 찾기 위해 노력해 온 작가였음은 의심할 바가 없다. 이에 본고에서는 김용식의 역사 소재 소설에 대해 전면적인 연구를 진행하기로 한다.

김용식은 양반 가문의 자제로 태어나 유년시기를 경상북도에서 보내고 중국 북만에 이주해 온 이민 1.5세대로 한반도와 중국에서 성장, 생활한 특수한 경력을 갖고 있다.

문학창작 과정은 소재의 축적을 기점으로 하는데 이는 객관적 생활에 대한 심미적인 인식에서 비롯된다. 심미적인 인식은 생활에 대한 체험에서 오는바 작가의 직간접적인 체험은 문학창작에 없어서는 안 되는 전제조건이기도 하다. 때문에 우리는 작가의 체험으로부터 능히 소재 선택의 원인과 문학으로의 승화 및 작가의 주관적인 해석을 투시해 볼 수 있다. 작가의 체험 가운데서 홀시할 수 없는 것이 유년의 체험인바 사람은 누구나 평생에 걸쳐 유년의 '기본선택'의 영향을 받게 되는데[7] 설사 성장 과정에 그러한 초기의 정신상태가 나타나지 않더라도 무의식 속에 자리하여 일생 동안 영향력을 과시한다.

또한 예술가에게 있어 유년의 체험 못지 않게 중요한 것이 결핍의 체험이다. 이른바 결핍의 체험이란 주체가 정신적 혹은 물질적인 것에 대한 여러 가지 결핍을 느끼는 것을 가리킨다. 매슬로우는 인간의 욕구에 대해 생리적 욕구, 안전의 욕구, 사랑과 소속감의 욕구, 자기 존중의 욕구, 앎과 이해의 욕구, 심미적 욕구와 자아실현의 욕구로 분류하였다. 결핍의 체험은 바로 이러한 욕구를 만족시키지 못할 때 생겨나는 것이다. 작가는 자신의 지극히 개인적인 결핍으로부터 점차 보편적인 결핍을 느끼게 되는데 이때의 결핍은 더는 작가 자신의 것이 아니라 사회적이고 시대적인 함의를 지니게 된다.[8] 김용식의 소설 역시 이상에서 언급한 두 가지 중요한 체험의 산물이다.

1925년, 선비의 고장으로 이름 높은 경상북도 영양군에서 태어난 김용식은 15세 되던 해인 1940년에 고향을 떠나 중국 흑룡강으로 이주해 온 이민 1.5세 문인이다. 몰락한 양반 가문에서 태어난 그는 어려서 학교 대신 서당을 다니며 한학을 배웠다. 그러다가 종조부가 반일의병운동에 가담한 것이 화가 되어 일제의 탄압을 받게 되었고 멸가의 위험에 처한 그의 가족들은 영남땅 곳곳을 전전긍긍하며 떠돌아다니게 된다. 일제 치하의 사회에서 파란 많은 유년을 보낸 그는 중국으로 건너온 뒤에도 계속되는 수난을 겪게 되는데 한창 창작에 열을 올리던 중 중국에 불어닥친 반우파투쟁의 바람으로 하여 1958년 우파모자를 쓰고 22년 동안 부득이하게 창작을 멈추게 된다. 일본의 침략으로 인해 생활을 영위할 수 없어 강제로 이주해온 두 번째 고향이었지만 이곳에서도 수난에 수난을 거듭할 수밖에 없었던 것이다.

기구한 운명과 처절했던 체험은 고스란히 그의 문학에 반영되었다. 가난으로 인해 문전걸식하다시피 친척집을 떠도느라 영남 땅 곳곳을 밟아보지 않은 곳이 없었던 경력은 그의 작품에 녹아들어 영남 땅의 자연과 그 곳에 깃든 이야기들을 생생하게 살아 숨쉬게 했다. 또 어린 시절 다량의 독서를 통해 쌓은 해박한 지식은 그의 소설이 자연지리와 인문환경을 아우르는 데 커다란 영향을 미친다. 뿐만 아니라 그의 작품은 신라, 고려, 조선조를 포함한 한국 역사는 물론 당나라, 원나라, 명나라를 넘나드는 중국의 역사를 펼쳐 보이고 있다.

22년 동안 창작의 자유를 박탈당한 사건은 결필을 초래한 가장 큰 사건이었다. 문학창작의 황금기를 강제로 빼앗긴 그는 자유를 얻은 뒤 그동안의 울분을 쏟아내기라도 하듯 더더욱 의욕적으로 창작에 임하였는바 바로 이 시기에 「운영전」, 「무영탑」, 『이조만가』 등과 같은 비극적 색채가 짙은 소설들 외에도 「발복」, 「설분」, 「고리백정의 사위」, 「보은단」, 『설랑자』, 『규중비사』와 같은 사필귀정, 인과응보의 주제를 다룬 작품들을 내놓았다.

서당에서 한학을 공부하고 유서 깊은 선비의 고장인 영남 일대를 누빈 유년 시기의 체험이 그의 작품의 광활한 무대를 펼쳐주었다면 반우파투쟁에서 겪은 자유 박탈의 체험은 그의 작품에 강렬한 비극적 색채와 더불어 타협 없이 올곧은 선비 정신을 주입하였다. 김용식은 이러한 체험을 작품에 풀어냄에 있어서 그 시대적 배경을 어린 시절부터 익히 알고 있었던 조선조와 그 이전의 시대로 설정하였고 공간적 배경은 한반도와 중국의 대륙을 넘나드는 광활한 무대로 설정하였는바 이는 영남으로부터 중국 동북에로 이주한 그의 특수한 생활경험과 무관하지 않다.

본고에서 논의하고자 하는 작품들은 조선 고전소설을 개작한 「운영전」과 조선조 말엽의 시대상을 다룬 『이조만가』 외에 모두 고전설화에서 소재를 취했기 때문에 김용식의 작품을 연구함에 있어서 가장 중요한 것이 그의 작품과 중한 역사, 그리고 한반도의 설화 및 기타 소설들과의 관련성을 짚어보는 일이다. 이에 본고에서는 김용식의 소설, 그중에서도 역사소설에 체현된 중국과 조선의 역사와 문화를 짚어봄으로써 그의 작품과 중한 양국 문화 사이의 관련성을 분석하고자 한다. 나아가 작품의 소재 선택, 언어적 특징 및 역사문제에 대한 작가적 해석 등으로부터 그의 역사소설관과 작가의식을 살펴보기로 한다. 이는 조선족 문단의 대표적인 역사 소재 소설작가로서의 김용식의 위치와 그의 작품이 가지는 의미를 알아가는 데 가치 있는 작업이 될 것이다.

2. 연구대상과 연구방법

김용식은 소설, 시, 민간이야기, 기행문, 전기문학, 극본, 판소리 등 다양한 장르를 아우르며 활발한 창작을 이어갔다. 그 중 소설작품들로는 「밤길」, 「혁명가의 아내」, 「소쩍새 울던 밤」, 「발복」, 「설분」, 「보은단」, 「운영전」(개작소설), 「고리백정의 사위」, 「무영탑」, 『규중 비사』, 『산골녀성들』, 『이조만가』(미완성작) 등이 있다.

본고에서는 김용식의 소설 중에서 역사 소재 소설 「발복」, 「설분」, 「보은단」, 「운영전」, 「고리백정의 사위」, 「무영탑」, 『규중비사』, 『설랑자』, 『이조만가』 등 작품을 주요 연구대상으로 한다. 이상의 작품들은 모두 조선조로부터 신라시기로 거슬러 올라가는 시대를 배경으로 한 역사소설인바 진실된 시대상을, 그리고 역사적 진실에 부합되는 인물형상을 창조하려는 작가의 노력의 흔적들이 작품 곳곳에 묻어나고 있다. 또한 이상의 역사소설들은 동일한 제재와 시대를 다룬 한반도의 기타 문학작품과도 밀접한 관련이 있다. 이에 본고에서는 이 작품들이 어떻게 중국과 한반도 두 나라의 역사와 문화를 재현하였는지를 살펴봄과 동시에 김용식의 작품과 중한 관련 문학작품과의 연관성을 논의하려고 한다.

김용식의 역사소설을 연구함에 있어서 그의 소설을 어떤 유형의 역사소설로 볼 것인지는 반드시 짚고 넘어가야 할 문제이다. 역사소설은 말 그대로 역사를 다룬 소설인데 역사라는 기록적인 장르와 소설이라는 허구적인 장르로 인해 서로 상충되는 것이 다양한 논의가 이루어져 온 가장 근본적인 원인이라 할 수 있다. 때문에 기록적인 부분과 허구적인 부분이 작중에서 차지하는 비중의 다소와 역사적 인물에 초점을 맞추었는지, 역사적 시대 배경에 초점을 맞추었는지, 역사적 계급에 초점을 두었는지 등 다양한 기준에 따라 그 분류 또한 다양하다. 아래 역사소설의 정의와 유형에 대해 간단히 살펴보기로 한다.

역사소설이란 작품이 씌어진 시기보다 상당히 앞선 시대의 실제 배경과 인물 및 사건이 소재로 취급되는 소설을 말한다.[9] 역사소설의 소재 선택에 대해서 박용구는 「역사소설 입문」[10]에서 역사적인 사건과 인물을 소재로 다룬 것, 가공의 인물을 설정하여 배경만을 역사적인 사건에서 가져온 것, 소위 '역사적'이 아닌 단순한 면이나 과거를 배경으로 하고 인물도 가공인 것 등의 세 가지 부류로 나뉠 수 있다고 하였다.

소재를 사실에서 취한다고 해서 역사소설이 단순한 역사적 사실의 나열에 머물러서는 안 된다. 역사적 사실은 작가의 상상력에 의해 재해석되어야 함은 물론이며 그것은 현실과 어떤 관계를 맺고 있지 않으면 안 되는 것이다. 작품에서 사실적으로 다룬 부분이 역사적 인물이냐, 시대 배경이냐 하는 기준에서 볼 때 역사소설은 시대 배경과 사건은 실제 역사에서 따오되 중요인물은 그 시대에 살았음직한 가상의 인물인 경우와 역사상의 위인을 주인공으로 하여 한 역사적 시대와 사건을 역사적 기록에 최대한 부합하도록 재구성한 이른바 정사 소설로 나뉠 수 있다.[11] 터너는 역사성과 개연성에 대한 인식으로부터 역사소설을 '역사' 소설에 가장 근접해 있는 '기록적' 역사소설과 역사 '소설' 에 가장 근접해 있는 '창안적' 역사소설, 그 사이에 있는 '가장적' 역사소설로 분류하였다.[12] 그런가 하면 김윤식은 역사소설을 작가가 현대 소설에서 찾고자 하는 이데올로기를 역사적 소재를 빌어 형상화하는 방법으로 민족주의 이념을 표현한 이념형 역사소설, 계층 의식을 작중 인물에 구현한 의식형 역사소설, 역사를 자의적으로 비틀거나 주관화함으로써 역사를 사유화한 중간형 역사소설, 역사를 진기한 이야기라든가 허황된 이야기로 보아 엽기적으로 다루거나 심심풀이로 다루는 야담형 역사소설로 분류하였다.[13]

이상의 관점에 비추어보면 김용식의 미완성 장편역사소설 『이조만가』는 진실한 역사적 사건들을 비중 있게 다룬 '기록적' 역사소설로 볼 수 있다. 그 외 단편소설 「발복」, 「설분」, 중편소설 「보은단」, 「운영전」, 「고리백정의 사위」, 「무영탑」, 장편소설 『규중비사』, 『설랑자』 등을 포함한 역사소설은 모두 '기록적' 인 의미에서의 정사형 역사소설은 아니다. 그의 소설들은 진실한 시대 배경과 실존했던 역사 인물에 초점을 맞춘 의식형 역사소설이거나 '창안적' 역사소설에 가깝다. 허구와 기록의 비중으로 볼 때에도 소설의 전반 스토리에서는 허구의 비중이 큰 반면 시대 배경이나 지역적 특징 등으로 볼 때는 역사적 사실에 부합되도록 노력을 한 흔적들을 볼 수 있으며 또 실제적으로도 풍부한 역사지식을 바탕으로 창작하였다. 그가 소설 곳곳에서 역사에 기록되어 있는 굵직한 사건들과 인물들을 다루고 있다는 것을 쉽게 보아낼 수 있다. 때문에 김용식의 역사소재 소설을 논함에 있어서 중국과 한국의 역사와의 관련성을 찾아내는 것이 가장 핵심적인 부분으로 될 것이라 본다. 또한 김용식의 작품들은 중한 양국의 인문, 지리, 문화를 반영하고 있으면서 그 시기를 반영한 기타 문학작품과도 그물망처럼 연결되어 있다. 본고는 이런 연결에 의미가 있다고 보고 김용식 작품과 비슷하거나 같은 소재의 기타 작품과의 연관성을 비교적으로 살펴볼 것이다.

본고는 신역사주의를 주요 연구방법으로 채용한다. 문화시학이라고도 불리는 신역사주의를 단순하게 정의하면 문학 텍스트와 비문학 텍스트를 나란히 놓고 읽어내는 것, 즉 문학 텍스트의 특권을 거절한다는 것이다. 이는 문학 텍스트에 초점을 맞추고 역사를 단순히 참고사항으로만 여기는 것이 아닌, 문학 텍스트와 비문학 텍스트에 같은 무게를 싣는 것이다. 이 정의는 전통적으로 문학 텍스트에만 초점을 맞추던 것에서 벗어나 과거에 남긴 모든 텍스트의 흔적까지도 읽어내려는 강한 의도를 담고 있는 것이다. 문학과 역사의 관계에 대해 신역사주의가 주목하고자 하는 바는 '텍스트의 역사성'과 '역사의 텍스트성'인바 신역사주의는 이 두 가지가 어떻게 서로 매개되며 상호작용하는지에 대한 탐구이다. 또한 신역사주의는 문학과 역사는 완전히 별개로 존재하는 것이 아니고 문학 텍스트와 비문학 텍스트의 경계도 불분명하다고 본다. 그리고 신역사주의가 주창하는 '주관사관'에 따르면 "과거에 발생한 이른바 '객관적 사건'은 다만 역사 원재료일 뿐이며 우리들이 접촉하는 역사는 모두 서술된 것으로서 그 어떤 서술된 것도 모두 중성적인 것이며 따라서 필연적으로 서술자의 주관색채를 띠게 되며 주관적 해석에 의해 정도부동하게 변형되거나 왜곡되는 까닭에 순수한 객관적 역사는 존재하지 않는다"고 인정한다. 신역사주의의 주장인 화이트는 '역사의 텍스트성'을 극력 강조하고 언어 차원에서 역사서술과 문학서술의 동질성을 분석하면서 '역사서술'에서의 서술이 어떻게 역사의 재현을 좌우하는가에 대하여 지적한 바 있다.[14] 쉽게 말하자면 역사는 사실의 문제가 아닌 해석의 문제이기에 누가 해석하느냐, 어떤 시각으로 보느냐에 따라 역사가 달라진다고 본다. 따라서 본고는 신역사주의적 방법론으로 김용식의 생애와 창작을 살펴보고 작가가 어떤 시각으로 역사적 소재들을 선택하고 그에 대해 재해석을 했는지를 조명해 볼 것이다.

앞에서 이야기한 바와 같이 김용식의 소설의 곳곳에는 역사의 흔적들이 배어 있는바 비록 소설의 전반 줄거리는 허구적일지라도 그 시대 배경에 맞는 역사적 사실이나 인물들을 삽입함으로써 역사에 한발 다가가고자 한 의식적인 노력을 엿볼 수 있다. 뿐만 아니라 그의 역사소설은 대부분 설화에서 소재를 취했고, 동시대 혹은 동일인물을 다룬 기타 문학작품과도 관련성을 가진다. 때문에 그의 작품을 분석함에 있어서 신역사주의를 위주로 하는 한편 상호텍스트성 연구방법을 곁들일 것이다.

이른바 상호텍스트성이란 간단히 말하면 텍스트와 텍스트 사이의 상호관련성인데 한 텍스트와 다른 텍스트 사이에 존재하는 내용면의 연관성을 가리키는 뜻으로 이해할 수 있다. 하지만 점차 많은 이론가들에 의해 이것보다 훨씬 복잡한 개념들로 변형되었다. 우선 상호텍스트에 앞서 서양의 여러 언어들에서 텍스트text란의 말의 어원을 따져 보면 그 원초적인 뜻은 여러 올실로 짠 직조물織造物이다. 그 뒤에 텍스트란 이 낱말의 뜻이 확장되어 여러 가닥의 문장과 문맥으로 짜 맞추어 만든 글이나 말을 뜻하게 되면서 텍스트는 문본文本 또는 원문原文이라는 파생의를 가지게 되었다. 좁은 의미의 상호텍스트성은 단순히 작품들이 서로 관계를 형성하여 이루어지며 작품 간의 인용이나 영향 관계를 설명하기 위한 것이라 할 수 있다. 넓은 의미에서 상호텍스트성은 텍스트와 텍스트, 주체와 주체 사이, 텍스트와 사회문화적인 영향 관계에서 일어나는 모든 지식의 총체적인 연결에서 나타나는 현상들에 대한 개념이라 할 수 있다. 이 경우 주어진 텍스트는 단순히 문학 텍스트뿐만 아니라 다른 기호체계, 더 나아가서는 문화 일반까지 포함한다. 크리스테바는 상호텍스트성을 한 문학체계에서 다른 문학체계로 뿐만 아니라 비학문적 체계에서 문학체계로 전이되는 기호적 과정의 일부로 보았다.

포스트모더니즘의 관점에서는 텍스트에 대한 새로운 시각을 갖게 되는데 기존에 사용되던 모더니즘이나 구조주의와 같은 용어에 '포스트' 나 '후기', '탈' 과 같은 용어가 붙여지고 '해체' 라는 용어가 등장했다. 이러한 현상은 기존 관념과는 다른 것을 추구하기 위한 시도라고 할 수 있다. 텍스트에 대한 모더니즘적인 인식이 정전正典이나 한 작품으로서의 완결성을 갖는 것이었다면 포스트모더니즘의 관점에서는 이들을 부인하는 경향을 보인다.

본고는 우선 김용식의 생애와 그의 창작과의 함수관계를 통해 작가의 체험이 창작에 미치는 영향을 살펴볼 것이다. 다음 김용식의 역사소설과 한반도의 신라, 고려, 조선조 시기의 역사, 문화와의 상호텍스트성, 나아가 중국과 조선의 해당 시기의 문화 관계를 살펴보기로 한다. 그리고 그의 작품에 반영된 한반도의 문화를 관련 문학작품과의 관계 속에서 들여다볼 것이다. 또한 김용식 소설에 나타난 역사적 사건의 역사적 진실성 여부와 서사전략으로서의 역사 인물 낯설게 하기를 통해 김용식의 역사의식이 작품에 어떻게 체현되었는지를 알아보기로 한다. 본 논문의 목적은 특수한 문화 배경 하에서 풍부한 생활체험을 누적해온 작가 김용식의 역사에 대한 재해석과 문학적 텍스트로서의 역사의 활용을 알아보고 문학과 문화 및 역사 사이의 상호영향을 파헤치는 데 있다.

2장 김용식의 생애

1. 경상북도 영양군에서의 유소년기

김용식은 김녕군金寧君 김시흥金時興의 25세손이자 충의공忠毅公 김문기金文起의 17세손으로 1925년 1월 9일, 경상북도 영양군 청기면 상청동의 몰락한 양반 가문에서 출생하였다.

김녕김씨 충의공파에 속하는 김용식의 가문은 대대로 충절과 애국애족의 행보를 이어온 가문이었다. 충의공 김문기(1399−1456)는 조선 전기의 문신으로서 단종 복위 운동에서 병력 동원을 책임졌다가 능지처참을 당한 신사육신[15]의 한 사람이다. 그리고 그의 종조부(조부의 맏형)는 1962년 한국정부로부터 건국공로훈장을 추서 받은 김도현(1852−1914)이다. 김도현은 고종 31년(1894) 동학혁명이 일어나자 사재를 털어 의병을 일으켜 경상북도 동북부 및 강원도 일대에서 의병 활동을 하다가 1914년에 일제에 의해 국권이 강탈당하자 관어대 앞 바다에 투신하여 순국한 의병대장이었다. 나라가 망했으니 전국시대 제나라의 노중련魯仲連처럼 바다를 밟고 들어가겠다는 뜻을 밝힌 그는 1914년 11월 7일 동짓날 다음과 같은 절명시를 남기고 도해순국蹈海殉國하였다.

我生五百末 조선왕조 오백년 끝자락에 태어나 赤血滿腔腸 붉은 피 온 간장에 엉키었구나. 中間十九載 중년의 의병 투쟁 19년에 鬚髮老秋霜 모발만 늙어 서리 끼었는데 國亡淚未已 나라가 망하니 눈물이 하염없고 親歿心更傷 어버이 여의니 마음도 아프구나. 萬裏欲觀海 머나먼 바다가 보고팠는데 七日當復陽 이레 날이 마침 동지로구나. 獨立故山碧 홀로 외롭게 서니 옛 산만 푸르고 百計無一方 아무리 헤아려도 방책이 없네.

白白千丈水 희고 흰 저 천길 물속이 足吾一身藏 내 한 몸 넉넉히 간직할 만 하여라.

김도현은 자신의 육신을 일제에 의해 남의 땅이 되어 버린 곳에 맡길 수 없다는 강한 의지로 순국을 택했고 그의 희생은 많은 사람들에게 충격을 주었다. 김도현의 동생이자 김용식의 조부 되는 김호현[16] 또한 의병운동에 참가하여 참모역을 하였다. 가문의 적극적인 반일의병운동으로 그의 일가는 일제의 탄압을 받았고 한학 선비였던 그의 부친이 책상물림에 일할 줄 몰라 생계를 유지할 방법이 없었으므로 집안은 하루아침에 패가로 되고 말았다. 그때부터 김용식의 사상에는 반일감정이 뿌리 깊이 각인되기 시작하였다.

「흘러간 육십 평생」이라는 회고록에서도 밝혔듯이 일본 제국주의는 우리 민족의 철천의 원수일 뿐더러 김용식의 가문의 불구대천의 흉악한 원수였다. 하여 집안 어른들은 원수의 말과 글을 배울 수 없다는 이유로 자녀들을 학교에 못 가게 했고 김용식은 어려서 학교 대신 서당에서 한학을 배우면서 글 읽기를 시작하였다.[17] 반일감정에서 비롯된 어른들의 반대로 학교에 다닐 수 없었던 1932년부터 김용식은 사숙에서 한학을 수업하였다. 하지만 그도 얼마 못 가 집안의 어려운 사정으로 한학수업을 중단하고 문전걸식을 하다시피 영남 땅 일대의 친척 집을 떠돌았다. 열네 살 때에야 겨우 학교에 다니기 시작하면서 신문화에 눈을 떴지만 그마저도 겨우 1년 밖에 지속되지 못하였다. 1939년 2월, 김용식 일가는 두만강을 건너 중국 흑룡강성 해림현으로 이주하였다. 이 시기에 그는 독서에 남다른 흥미를 가지고 수많은 서적들을 탐독하였는데 서당에서 공부한 한학은 수많은 고전 명작들을 탐독하게 된 기초가 되었다.

선비 가문에서 태어나 서당에서 글을 익힌 그의 성장배경은 그의 창작에 튼튼한 밑거름으로 되었다. 역사소재소설을 창작하면서 그가 보다 생동하고 핍진하게 봉건사회 시대상을 그려낼 수 있었던 것은 모두 그의 유년기의 특수한 생활경력이 있었기에 가능한 것이었다. 그는『규중비사』의 창작과정을 밝히는 글에서 자신의 문학창작과 유년기 경력의 영향에 대해 언급하였다.

> 몰락된 양반 가문에서 태어난 나는 어려서 서당에서 한학을 배우면서 양반 가문의 생활내막을 직접 보고 듣고 체험했으므로 이 소설의 화면을 그려냄에 있어 생소한 제재를 억지로 다루는 느낌이 없이 비교적 핍진하고 실감 있게 형상할 수 있었으며 언어 구사에 있어서도 매개 등장인물의 신분에 어울리는 말을 구애 없이 쓸 수 있었다.[18]

이는 비단『규중비사』뿐만 아니라 그의 모든 역사소재소설 창작과정에 해당되는 이야기이다.

2. 중국 북만에서의 청년기

김용식은 빼앗긴 고향을 떠나 중국 흑룡강성 해림현 안성촌에 정착한 후 소학교 4학년에 입학하여 수업을 시작하였다. 어려서부터 많은 책들을 읽고 책벌레로 불리운 김용식은 이 시기부터 문학적 자질을 보이기 시작하였는데 1940년 5월, 소학 시절에 지은 시「보름달」이『만선일보』에 발표되었다. 일제의 무참한 침략을 받는 수난은 만주에 온 뒤에도 계속되었고 김용식의 반일의지와 민족심은 이주한 뒤에도 변함없이 굳건하였다. 일제의 억압을 받고 있던 수학시절 그의 문학창작은 활발히 이루어지지 못했는데 그 원인을 다음과 같이 밝히고 있다.

> 위만사도학교에서 공부할 때였다. 나는 몇몇 뜻있는 동창들과 자주 밀회를 가지고 우리의 말과 글을 잃어버린 데 대한 끝없는 울분을 서로 하소했고 애국 시인들의 한시와 시조를 읊으면서 민족의 얼을 지켜나가자고 우국의 정을 나누기도 했다. 그러다가 학교 당국에 발각되어 호된 초달을 몇 번이나 받았고 정학처분도 두 번이나 받았던 것이다.
>
> 그러니 아무리 가슴에 정열이 불타는 열혈청년이라 한들 무슨 글을 쓸 수 있었겠는가? 설사 썼다고 하면 그 저주로운 『황국신민을 노래하고 군국주의를 구가하는 그따위 치욕스런 글밖에는 못썼을 것이다.[19]

민족의 말과 글을 지킬 의지를 다지면서도 그는 치욕스러운 글을 쓰느니 차라리 창작의 공백을 선택했다. 김용식의 본격적인 문학창작은 해방 후에 시작되었는데 1945년 12월 11일 흑룡강성 목단강 시립연합중학교를 졸업하고 1946년 10월 흑룡강성 해림현 안성소학교에서 교편을 잡으면서 본격적인 문학창작을 시작하였다. 해방으로 민족의 말과 글을 다시 찾은 기쁨을 그는 문학창작으로 마음껏 표현하였다.

> 1946년도 가을부터 북만의 한 산간벽촌에 학교를 창설하고 아동교육에 진력하는 한편 문맹퇴치운동을 벌려서 청장년들의 눈을 띄

우기에 몸을 내부쳤고 또한 남녀청년들을 이끌고 문예연출활동을 전개함으로써 해방된 새날을 목청 높이 노래했던 것이다.[20]

김용식은 처녀작으로 서정시 「소생향의 아침」을 목단강시 시급市級 잡지인 『건설』 1946년 10월호에 발표한 뒤 1947년 봄, 단편소설 「혁명가의 아내」를 목단강 『인민신보』에 발표했고 극본 「애국자의 적혈」, 「홰불」 등을 써서 현지 청년들을 조직하여 연출 활동을 진행했다. 그러다가 1948년 3월 국민당 토비들에게 쫓기여 목단강시로 몰려든 조선인 난민들을 귀농시키는 인민정부의 시책이 내려지자 귀농민들과 함께 내몽골 아영기로 들어가서 당지 조선인 교육중심인 아영기 중심소학교를 창립하고 교편을 잡게 되었다. 이 시기 몽골 초원을 개척하여 벼농사를 지어 풍작을 거둔 긍지를 담아낸 시 「척지의 가을」을 하얼빈 『민주일보』에 발표하기도 하였다. 또한 극본 「사선을 헤치고」 등을 써서 청년과 학생들을 조직하여 연출 활동을 하기도 했다. 1951년 1월부터 1957년 7월까지 치치할시 조선족 중학교의 교원으로 있으면서 소설 「밤길」, 민간이야기 「장정과 중」, 판소리 「희망의 노래」, 「봄노래」, 시 「전사의 편지」, 가사 「정든 처녀야」, 「송화강」, 「북대황 삼경」 등 다양한 장르의 작품들을 『연변문예』, 『아리랑』, 『연변일보』, 『목단강일보』 등 잡지와 신문에 발표했는데 그 가운데서 「정든 처녀야」는 한어로 번역되어 중국음악가협회 기관지인 『가곡』에 발표되었고 중앙인민방송국 라디오 프로그램에서 매주일가로 방송되었으며 유럽과 동남아시아에까지 널리 소개되어 『사회주의 국가 명곡집』에도 올랐다. 그 후 1955년, 김용식은 흑룡강성 치치할시 정치협상회의 정협위원으로 당선되었다.

김용식이 북만에서 생활하기 시작한 1940년부터 연변으로 전근한 1955년까지는 살펴보면 격변의 15년이었다. 1940년부터 김용식이 중학교를 졸업한 1945년까지는 중국 조선족이 아직 공민으로서의 신분을 갖지 못한 채 이민자로 살아가던 시기였는데 조선족 문학사에서는 이 시기를 이민 후기로 정의하고 있다. 광복 직전까지의 이민 후기에 김용식은 일제의 탄압으로 창작의 공백기를 가졌다. 일제로부터 해방된 1945년부터 1949년 중화인민공화국이 창건되기 전까지 중국에 살고 있던 조선족들은 국민당의 구축驅逐정책과 이에 합세하여 동북 각지의 토비들이 조선인들을 대거 학살하고 박해하는 만행[21]에 의해 또 한 번 수난을 당했는데 중국 내에 거주하던 조선인은 이 시기 절반으로 줄어들었다. 그 뒤 중화인민공화국의 창건에 이르러서야 동북3성에 거주하던 조선인들은 중국조선족으로서의 전변과정이 완수되었다. 이 시기 김용식도 민족신분은 '조선족'이며 국가 신분은 '중화인민공화국의 공민'[22]인 특수한 문화 신분을 갖게 되었고 흑룡강과 내몽골에서 교직생활에 종사하며 간간이 문학창작을 지속하였다. 이 시기의 그는 시, 가사, 민간이야기, 극본, 소설부터 판소리까지 문학의 전 장르를 넘나들며 활발한 창작을 하여 작가로서의 자질을 남김없이 발휘하였다.

3. 중국 연변에서의 정치적 수난기

1956년도에 김용식은 북만 대표로 민족의 구전문학을 발굴하고 정리하는 문제를 주요 의제로 하는 중국 작가협회 연변분회의 회의에 참석하게 되었는데 이는 그가 연변으로 전근하게 된 계기가 되었다. 이후 1957년 8월 중국작가협회 연변분회로 전근한 뒤 문학월간 『아리랑』 편집을 맡게 되면서 시, 가사, 문예 단평 등을 발표하였다.

이는 교직에 종사하면서 틈틈이 문학창작을 하던 데로부터 전문적으로 문학 창작을 할 수 있는 좋은 기회였다. 하지만 그 기쁨도 잠시, 1957년 중국 대지를 휩쓴 반우파투쟁이 일기 시작하였다. 반우파투쟁과 비판의 불벼락은 삽시간에 조선족 문단에 신성낙락晨星落落의 사태가 벌어지게 하였다. 이 '광풍폭우' 속에서 김학철[23]은 '반동분자'로, 김용식과 최정연, 김순기, 김동구, 채택룡, 주선우, 고철, 백호연, 서헌, 그리고 신진 시인 조룡남 등은 자산계급 '우파'로 몰려 하루아침에 '계급의 적'으로 낙인이 찍혀 18층 '지옥'에 굴러떨어졌고 그들의 작품도 반당반사회주의 '독초'로 몰려 가혹한 비판의 '단두대'에 오르게 되었다. '우파'로 몰린 작가들 중 일부는 조선으로 피신하였고 대부분은 농촌에 추방되어 '노동 개조'의 시련을 겪게 되었다. 중국 공산당 제11기 3차 전원회의[24] 이후, 우파분자로 몰렸던 사람들의 진상을 재심사하고 정책을 시달하였는데 재심사 결과에 따르면 조선족 간부와 지식인들 가운데는 진짜 자산계급우파분자가 단 한 명도 없었다. 연변의 '반우파투쟁'[25]은 100% 착오적인 정치 참안[26]이었던 것이다.

김용식 역시 우파 모자를 쓰고 투쟁대상으로 되어 1957년 12월부터 이듬해 4월까지 줄곧 비판을 받다가 1958년 4월, 가족을 거느리고 화룡현 와룡향에 내려가 1961년 9월까지 노동 개조를 하였다. 이로부터 장장 22년에 걸친 그의 정치적 수난기와 창작의 공백기가 시작되었다.

선비의 가문에서 책만 붙들고 살아오던 김용식은 이때부터 갖은 인생고를 겪게 된다. 우파 모자를 쓰고 농촌에 내려가 있는 기간 설상가상으로 1958년의 대약진[27], 인민공사화 운동[28]까지 겪었다.

1961년 9월에 우파모자를 벗고 연변 군중예술관으로 배치되어 『연출재료』 편집으로 일하게 되었지만 겨우 1년이 지난 후 또 계급투쟁을 절대 잊지 말아야 한다는 논조가 나오자 조직에서는 그를 기층으로 가서 더 단련시켜야 한다는 구실을 달아 화룡현문화관으로 내려보냈다. 그리하여 1962년 8월부터 1965년 7월까지는 화룡현문화관에서 창작보도를 하게 되었다. 이처럼 김용식은 형식상에서는 우파 혐의를 벗었지만 실제로는 줄곧 우파분자 취급을 받고 있었다. 그러다가 1964년 말부터 사회주의 교육운동이라는 정치운동이 일어나자 4류분자, 5류분자에 대한 무자비한 계급투쟁이 전개되었다. 이에 김용식은 퇴직하고 다시 화룡현 와룡향으로 내려간다.

> 형식상에서 모자를 벗었다고는 하나 여전히 우파분자 취급을 받는 나로서는 그 기세 드높은 계급투쟁의 불도가니 속에서 견뎌내기가 어려웠으므로 생각다 못해 퇴직할 것을 제출했는데 1965년 9월에 비준이 내려서 가정이 있는 농촌으로 나가고 말았던 것이다. 가속은 그때까지도 성시로 들어갈 수 없어서 내가 처음 개조하러 나갔던 농촌에 그대로 있었던 것이다.[29]

퇴직하고 농촌으로 간 지 반 년 남짓하자 이번에는 장장 10년간 중국 대륙을 휩쓴 문화대혁명[30]이 일어났다. 그 기간에도 김용식은 우파 모자를 썼던 경력으로 늘 불공정한 대우와 의심을 받곤 하였다. 오랜 시간 수집하고 보관해온 책들을 모조리 빼앗기고 "뻬떼피구락부 주모자"란 누명을 쓰고 반혁명분자로 잡혀 나가 군중투쟁을 받기도 하였다.

> 내 키보다 높은 고깔모자를 씌우고 앞가슴에 개패를 채우고 뒤등에 깨진 양철통을 지워서 골목골목을 끌고 다니며 회술레를 시킨 다음 다시 군중대회에 내세워놓고 투쟁을 하곤 했다. 1년 동안 다른 '잡귀신'들과 함께 창고에 갇혀있으면서 낮에는 논밭으로 나가 사원들과 같이 일하다가 쉴 참이나 일이 끝난 다음에는 또 사원들 앞에서 투쟁을 받아야만 했다.[31]

1969년 초가을에야 수용소에서 석방되어 나온 그는 모진 고생을 이겨내지 못하고 간경화로 몸져눕게 된다. 하지만 열악한 환경에서 제대로 된 치료는커녕 휴식조차 할 수 없었다. 그 지옥 같던 시간들을 김용식은 이렇게 회고했다.

> 아, 문화대혁명, 고금 중외에 그런 험악한 동란이 과연 있어 보았을까?
>
> 그 때리고 마스고 빼앗는 아귀수라장과 같은 난장판을 어찌 입으로 말할 수 있으며 붓으로 다 그려낼 수 있으랴. 참으로 사람의 머리로서는 상상조차 할 수 없을 만큼 해괴망칙하고 흉악무도하고 참담하고 처절하고 억울하고 원통하고… 가지가지 비인간적 꼬락서니들이 한데 엉켜붙어 범벅이 되고 미친 듯한 아우성 소리, 웨치는 구호 소리, 가련한 비명소리가 암담한 하늘땅에 꽉 찼던 그 대동란의 세월을 생각만 해도 몸서리가 칠 뿐…[32]

일제의 침략으로 삶의 터전을 잃었던 김용식의 불운은 중국에서도 계속되었는바 가장 불안정한 동란의 시기를 온몸으로 체험하였다. 1976년 10월, '4인무리'는 거꾸러지고 비로소 문화대혁명이란 암흑한 시간도 끝이 났다. 그 지옥같은 소용돌이 속을 벗어난 김용식은 억누를 수 없는 기쁨을 담아 판소리 「접힌 날개 다시 펴서 천공 만리 날아보자」를 창작하였다.

4. 개혁개방 이후 창작의 전성기

1957년, 반우파투쟁으로부터 갈팡질팡 혼란스러웠던 중국 사회는 10년 동안의 문화대혁명까지 거치고 나서야 비로소 안정되기 시작하였다. 개혁개방 전기에는 극좌 정치 노선이 빚어낸 수많은 혼란을 제거하고 정치 노선과 사상 노선을 올바른 궤도에로 올려놓는 것을 목적으로 한, 잘못된 것을 바로잡는 정책撥亂反正을 전개하였고 '문화대혁명'과 과거의 역대의 정치 운동에서 발생한 "억울한 사건이나 잘못 처리된 사건冤假錯案"들을 조사하여 시정하는 작업을 전국적으로 힘있게 벌여나갔다.[33] 문단도 그제서야 활기를 되찾을 수 있게 되었다.

이 시기 조선족 작가들을 비롯한 중국의 소설가들은 역사와 현실, 사회와 인생, 문학 관념에 대한 사고와 반성을 거듭하면서 소설 문학을 '정치의 시녀'가 아닌 인간의 희노애락을 반영하는 '인간학'으로 복귀시키기 위하여 부단한 창조적 작업을 벌여왔다. 역사에 대한 반성, 현실에 대한 투시, 인간의 내면세계에 대한 발굴을 중심으로 하는 다양한 탐구를 진행했으며 사실주의 전통에로의 복귀와 함께 서양 모더니즘 문학을 망라하는 외국 문학을 비판적으로 수용하면서 창작 방법상 다양화의 조짐을 보이기 시작했다. 중국 조선족의 이민사, 개척사, 투쟁사를 재현한 역사소설, 극좌 정치노선이 조선족 인민들에게 들씌운 불행을 폭로한 상흔소설, 민족문화의 뿌리를 파헤친 반성소설, 개혁개방의 현실 속의 모순, 갈등 속에서 과감히 추구하고 개척해나가는 신형의 인물들을 그려낸 개혁소설 등이 나타났다.[34]

김용식은 혼란한 시대의 소용돌이에 휘말려 직접적인 피해를 입은 소설가로서 사회의 변화에 더욱 민감하게 반응할 수밖에 없었다. 그의 말처럼 '초년고생'에 '중년 고생'까지 해오면서 그는 인생의 쓴 맛을 볼대로 보았고 또 사회의 격변을 아프게 체험하지 않으면 안 되었다. 하지만 그런 시대에도 그는 올곧은 선비의 정신을 잃지 않았고 문학에 대한 사랑과 열정 또한 한순간도 잃은 적이 없었다.

인생과 창작의 오랜 암흑기를 지나 1979년에 억울한 역사문제가 시정된 뒤에야 김용식은 비로소 창작의 자유를 맞이한다. 그의 대부분의 역사소재 소설들은 1979년부터 1986년 세상을 뜨기까지의 짧디짧은 6년 사이에 창작되었다. 이 시기 쌓였던 한을 풀기라도 하듯이 그는 밤낮을 잊어가며 창작에 몰두하였다.

> 다시 문단에 오른 지도 어언간 6년, 6년이란 비록 짧은 세월이지만 나의 문학 생애를 두고 말한다면 말 그대로 황금시절이었다. 나는 붓대를 힘있게 틀어잡고 주야 분전을 거듭해왔다. 잃어버린 반평생을 미봉하려고 한자라도 더 봉창해보려고 분초를 다투며 붓을 달렸다. 하기에 내가 쓴 글은 붓으로 썼다기보다 차라리 가슴으로 썼다는 것이

더욱 적절할 것이다. 그만큼 나는 한 가슴에 사무친 뜨거운 정열을 쏟아냈던 것이다.35

역사 문제가 시정된 뒤, 그가 제일 처음으로 착수한 작품은『규중비사』였다. 민간의 구전설화를 소재로 한 이 작품은 일찍이 1956년에 "백가쟁명 백화만발"의 문예 방침에 맞추어 단편으로 창작한 작품이었다. 하지만 반우파투쟁 당시 이 작품은 김용식의 죄증으로 되어 김용식은 비판대에 올라서게 되었다. 그 뒤 문화대혁명 시기 또 한번 잊고 있었던 원고가 발견되어 불살라지는 운명을 면치 못했다. 김용식은 자신과 운명을 같이 해 온 이 작품의 복구를 제일 처음 진행하였다. 단편이었던 작품을 중편소설로 고쳐 써서『연변문예』에 연재하고 그 후 다시 20만 자로 확장하여 요녕인민출판사에 보내 단행본으로 출판했다. 이 소설은 당시 베스트셀러로 되어 1981년 6월 길림성 소수민족우수문학작품상, 1981년 12월 전국 소수민족문학창작상, 1981년도 요녕성우수도서 1등상, 1982년 8월 동북3성 조문 우수도서 1등상을 받았고 1985년 2월 길림성 국제 국내 문예작품상 획득, 장례대회에서 장례증서를 받는 등 수많은 영예를 안았다. 김용식은 1983년 4월에 길림성 제6기 인민 대표대회의 대표로 당선되었고 1984년 11월에 중국 작가협회에 가입하였다.

김용식은 또 소싯적에 어머니에게서 자주 들은 옛이야기를 소재로 장편소설『설랑자』(1984)를 창작하여 책으로 펴내는데 이 소설집은 1986년 8월 동북3성 조문 우수도서 평의 판공실에서 발급하는 우수 도서상을 획득하였다. 김용식은 1979년 복직되어 창작활동을 시작해서부터 1986년, 세상을 뜰 때까지 6년 동안 『규중비사』, 『설랑자』, 『산골녀성들』 등 3부의 소설과 중편소설집 『무영탑』을 펴낸 외에 단편소설, 수필, 시, 민담, 평론 등 수십 편의 작품을 세상에 내놓는다. 그리고 조선왕조 말기 50년사를 다룬 『이조만가』의 초고를 완성하지만 아쉽게도 이 작품은 미완성작 유고로 남고 말았다.

5. 김용식의 생애와 역사소설 창작의 함수관계

작가의 창작은 그의 체험과 불가분의 관계를 가진다. 더욱이 그 체험이 특수성을 띠고 있을 때에는 그 관계가 더욱 두드러지기 마련이다. 김용식은 암흑한 시대에 태어나서 평생에 걸쳐 순탄치 않은 길을 걸어온 작가이다. 김용식의 창작에 가장 큰 영향을 미친 체험 중 하나는 일제 치하의 유년기 체험이다. 김용식은 유서 깊은 선비의 고장에서 성장하면서 다량의 서적과 고향의 전설 및 민족의 문화와 전통을 접했고 한편으로는 일제의 엄혹한 횡포를 겪기도 하였다. 종조부와 조부 모두 항일의병운동에 뛰어들었고 양반이던 그의 가문이 일가에 폐가로 전락된 것도 일제의 탄압에 의해서였다. 김용식의 역사 소재 소설에서는 반일정서를 쉽게 찾아볼 수 있다. 고려 시기를 배경으로 하는 『설랑자』에서는 중국과 조선의 해안 주민들에게 커다란 우환거리인 왜구들을 언급하며 '가미카제神風' 일화를 소개한다. 원나라와 고려는 해적의 무리를 소탕하기 위해 일본본토를 쑥대밭으로 만들 계획을 세웠으나 승승장구하던 두 나라 연합군은 태풍을 만나 부득이하게 퇴각하게 된다. 김용식은 소설에서 "그때 만약 태풍이 불지 않았다면 일본은 십중팔구 정복되고 말았을 것이며 일본이란 존재가 이 지구상에서 영영 사라졌을지도 모른"다고 격앙된 표현을 썼다. 그리고 「보은단」에서도 임진왜란 때 조선이 명나라의 원군과 함께 왜적을 물리친 일을 언급하며 중국과 조선은 예로부터 '공동의 원수'를 물리치기 위해 함께 피 흘려 싸운 형제적 우방이었다고 강조하였다. 조선왕조 말엽을 시대적 배경으로 한 『이조만가』에서는 일본에 대한 분노가 극에 달하는데 민비를 시해한 살인흉수들을 개선장군으로 떠받든 일본 군국주의는 '흉악한 폭도'들을 영웅으로 칭송한 '철면피한 강도적 논리'를 펼쳤다고 분노하였다.

민족의 위기를 몸소 체험하면서 그는 민족의 언어와 전통을 지켜야 된다는 신념을 갖게 되었다. 이 시기에 그는 창작을 꿈꿔봄과 동시에 민족에 대한 깊은 자긍심을 갖게 되었다.

> 나는 분에 넘치게도 이 보귀하고 신성한 책을 내 스스로 써낼 수는 없을가고 가슴을 조이기도 했다. 예술적 감동으로 사람의 심금을 울릴 수 있는 글을, 읽고 또 읽어도 싫증이 나지 않을 영원한 생명력을 가진 글을 써냈으면 민족과 겨레를 위하여 인류를 위하여 얼마나 빛나는 업적으로 될 것인가. 단 한 책이라도 그런 글을 써냄으로써 한세상 살아간 자취를 남겨야겠다는 엉뚱한 포부를 품어보기도 했다.
>
> 허나 나의 그 같은 욕망은 헛된 공상에 지나지 않을 수 없었다. 일본 제국주의가 미쳐 날뛰던 그 무시무시한 살벌의 시대에 문학에 뜻을 둔 소년의 앞길엔 암흑과 절망만이 도사리고 있을 뿐이었다. 그 암흑과 절망은 어린 넋을 무참히 짓밟았다.
>
> 드디어 일제는 대동아 전쟁이란 엄청난 침략전쟁을 벌려놓고 단말

마적으로 발악하게 되었고 우리는 자기의 말과 글과 지어는 성까지 송두리채 빼앗긴 채 철저히 망국노의 올가미에 목이 졸리어 숨도 바로 쉴 수 없게 되었던 것이다.[36]

그 시기는 창작은커녕 민족의 말과 글조차 쓸 수 없었던 시기였다. 하지만 그는 다량의 독서를 통해 우수한 작품들을 많이 접했고 역사 지식과 문학 수양도 함양할 수 있었다. 이렇게 보면 유년 시기는 창작을 위한 축적과 준비단계였다고 볼 수 있다. 이 시기에 접한 많은 역사지식과 지역의 전설들은 후일 그의 작품에 남김없이 체현되었다. 일례로 장편소설 『설랑자』는 바로 그의 고향—영양군의 전설들이 다수 포함된 역사소설이다.

다른 한편의 장편소설 『설랑자』는 내가 소싯적에 어머니한테 자주 들은 옛이야기를 소재로 하여 쓴 것이다. (중략) 나는 늘 어머니가 그리울 때마다 나에게 들려주신 옛이야기로 소설을 써서 후손들에게 길이 전해주리라는 소망을 품어왔던 것이다.[37]

『설랑자』 외에도 「설분」, 「밤길」, 「발복」 등과 같은 역사소재 소설은 모두 민족의 역사와 전설과 우수한 전통을 반영하였는데 여기에는 민족의 뿌리를 지키고자 한 작가의 강한 민족심과 후대들에게 민족의 우수함을 널리 알리고자 했던 작가의 강한 민족심과 민족의 긍지감이 내포되어있다. 그리고 일제의 통치에서 벗어난 뒤에 창작한 작품의 내용을 살펴보면 인간의 선량함(「밤길」)이나 풍작의 기쁨(「척지의 가을」) 등을 다루고 있는바 이는 개인적인 아픔을 겪기 전의 작품으로 대부분 긍정적인 주제들임을 보아낼 수 있다.

오직 하나의 염원—나의 작품이 겨레의 뿌리를 찾고 조상 전래의 전통과 유산을 이어받으며 민족의 얼과 자각성을 잃어버리지 않도록 편달함에 있어 저그나마 도움을 줄 수 있다고 하면 내 무엇을 더 바랄까 부냐.[38]

그의 작품에는 민족의 역사와 문화가 곳곳에서 살아 숨 쉬고 있다. 정치적 문제가 시정되고 창작의 자유를 되찾은 그가 가장 먼저 착수한 작품들은 대부분 역사소설이었다. 이는 당시 상흔문학, 반성문학, 개혁문학, 애정문학 등이 주를 이루던 중국 조선족 문단의 상황에서 볼 때 단연 독보적이었다.

김용식의 창작에 영향을 미친 다른 하나의 체험은 바로 중국으로 이주한 뒤 동란의 시대에 겪었던 억울한 사건들이다. 위에서 언급한 바와 같이 우파로 몰려서 22년간 겪었던 시련을 그는 문학인의 숙명으로 받아들였다.

옛말에도 글을 쓰자면 모름지기 만 권 책을 읽고 만리 길을 걸으라고 했는데 이는 곧 풍파와 곡절로 이어진 기구한 인생 경난이 없는 사람은 좋은 글을 쓸 수 없다는 말이 되는 것이다.[39]

창작의 자유를 빼앗긴 것은 물론 농촌으로 추방되어 갖은 고생을 겪고 자존심 상하는 투쟁까지 끊임없이 받으면서도 그는 문학에 대한 열망만은 잃지 않았다.

아득한 고금사를 한 끈에 꿰어놓고 사색해보았다. 보고 듣고 체험하는

지긋지긋한 오늘의 인생극을 철학적 깊이에서 더듬어보면서 간단없이 사색했다. 잠시도 사색을 멈추지 못하도록 끓어번지는 현실이 나를 핍박했다. 나는 낮이나 밤이나 일을 하면서도 밥을 먹으면서도 길을 걸으면서도 앉아서도 누워서도 마냥 사색의 바다에서 헤엄질쳤다.[40]

사색이 무르익을수록 글을 쓰고 싶은 욕망이 미칠듯이 괴어올랐다. 얼마나 글을 쓰고 싶었던가. 인생을 다 사는 그날까지 글을 쓰자던 그 짓궂은 숙망은 역경 속에서도 물러서지 않고 집요하게도 나를 괴롭혔다. 쓰고 싶은 글을 쓰지 못하는 괴로움보다 더 큰 괴로움이 세상에 다시 있을까 싶을 만큼 몸부림이 났다.[41]

그리고 10년 동란을 겪으면서 그토록 사랑하던 책들을 모조리 몰수당한 뒤에도 기억을 더듬어 책 속의 내용들을 되새겨보는 한편 머리 속으로나마 작품을 구상하였다.

10년이란 결코 짧은 세월이 아니다. 그 10년 동란기간에 나는 생사의 기로에서 헤매는 신세였지만 그런 역경 속에서도 문학을 잊어본 적이 없고 머리 속에서 붓을 놓은 적이 없었다. 나의 그 끈질긴 집념에서 쌓아올린 축적은 뒷날 문학창작에 있어 상상력과 형상 사유를 도와주는 유일한 원동력이 되고 밑거름이 되었던 것이다.[42]

장장 22년 동안 창작의 공백기가 있었음에도 그가 우파모자를 벗은 뒤 수많은 작품들을 세상에 내놓은 데는 그러한 노력들이 숨어있었다. 이 시기의 작품에는 비관적인 색채가 눈에 띄게 농후해졌고 주로 역사적 사실을 빌어 권선징악, 사필귀정, 인과응보의 주제를 표출한 것이 특징적이다. 그의 22년 동안의 체험은 실화소설 「소쩍새 우는 밤」이나 『산골 녀성들』 등의 소재가 되었다. 그리고 역사소설의 곳곳에 초기의 작품에 비해 슬픈 정서가 뚜렷하게 나타나고 있는바 비관적인 색채와 깊은 한은 그의 소설의 또 하나의 특징이기도 하다.

> 슬픔과 설움과 가슴에 맺힌 한을 체험해보지 못한 사람이 쓴 소설이라면 제아무리 세련된 필치로 생활을 섬세하게 그려냈다 할지라도 독자들은 거기서 가슴을 두드리는 감동도 심령을 사로잡는 공감도 짜릿한 흥분에서 오는 슬픔도 기쁨도 한숨도 웃음도 비분도 쾌감도 한마디로 생활의 진실을 느끼지 못할 것이다.[43]

한 맺힌 체험으로 인한 비극적 정서는 그의 작품 전반에 깊이 스며들어 있다. 고전소설 「수성궁몽유록」을 개작한 소설 「운영전」에서는 운영과 김진사가 금지된 사랑을 하다가 죽음이라는 비극적인 결말을 가져오고, 『규중비사』에서 류원하와 사랑에 빠진 백란당 역시 봉건사회에서 절대적으로 중시하던 문벌의 벽을 넘지 못하고 권력 암투의 희생양이 되어 죽음이라는 비극을 맞이한다. 『설랑자』의 이진성과 설부용 또한 문무관의 세력다툼으로 온갖 시련을 당하며 「설분」에서 길녀는 조정을 등에 업고 행패를 부리는 현륭원 관인에 의해 죽음을 맞이한다. 그리고 「무영탑」에서도 아사녀는 부부간의 생이별에 이어 혹독한 기다림에 지친 나머지 자결로 생을 마감한다. 이상의 작품들은 모두 비인간적인 봉건 예교의 굴레에 갇힌 청춘들의 잔혹사를 그려냈다. 그리고 그의 미완성 장편소설 『이조만가』는 저물어 가는 조선왕조를 배경으로 민족과 나라의 비가悲歌를 노래했다. 하지만 그의 소설에 짙은 비극적 정서만 난무하는 것이 아니다. 그의 작품은 역사를 거울로 삼아 다시는 되풀이되지 말아야 할 아픈 역사의 면면을 전면에 내세운 동시에 결국 모든 것은 제자리로 돌아오고 뿌린 대로 거둔다는 주제를 내포하고 있다. 하늘 무서운 줄 모르고 백성들을 유린하던 「설분」의 유시원에 대한 처형으로 수원부에는 비로소 평화가 찾아들었고 악명 높은 폭군을 만나 억울한 누명을 쓰고 망명했던 「고리백정의 사위」의 이장곤과 선량한 큰년이는 높은 자리에 올라 한 시대를 풍미한다. 또한 의로운 행동으로 한때 감옥에 갇혔던 「보은단」의 홍순언이 있었기에 종계변무 사안이 해결될 수 있었던 것은 물론 중조 두 나라의 관계가 더욱 돈독해질 수 있었으며 사랑하던 사람을 잃은 것도 모자라 살인범의 누명을 썼던 『규중비사』의 류원하도 결국은 누명을 벗게 되었다. 『설랑자』의 이진성과 설부용 역시 오해를 푼 뒤 전국을 떠돌던 시련을 경험으로 나라와 민족을 위하는 정책을 펼칠 수 있었다.

김용식의 역사소설은 신라에서 조선조 말까지를 시대적 배경으로 설정하여 그 포괄범위가 넓고 공간적 배경은 한반도와 중국 대륙을 넘나들고 있다. 그리고 두 나라의 관계를 다룸에 있어서는 양국의 선린관계와 유대관계에 주목하였다. 「보은단」은 홍순언이 과거에 명나라 병부시랑의 부인을 구했던 의로운 행동이 명나라와 조선의 오랜 역사적 사안이었던 '종계변무'의 원만한 해결을 가져오는 이야기이다. 소설의 말미에는 임진왜란 때 명나라에서 조선에 원군을 보내 함께 왜적을 물리친 역사를 언급하며 "중국과 조선은 예로부터 공동의 원수를 물리치기에 함께 피 흘려 싸워온 가장 믿음직한 형제적 우방" 이라고 두 나라의 선린관계를 강조하고 있다. 그리고 『설랑자』에서는 이곡이 원나라 황제에 상소를 올려 원나라에 공녀를 바치는 불평등한 제도가 개선된다는 이야기를 대서특필하며 두 나라는 대화가 가능한 평등한 관계임을 강조하고 있다. 『설랑자』의 맺음글에서는 이곡의 아들 이색에 대한 간단한 언급이 있는데 이색이 일찍이 원나라에 유학하여 성리학性理學을 고려에 인입, 전파하는 데 선도적 역할을 했으며 나아가서 원나라와 조선의 선린관계를 계속 발전시키는 데 크게 기여했다고 적고 있다. 그리고 「무영탑」은 당나라의 석공 아사달이 신라의 불탑건조를 위해 신라에 건너가는 이야기를 주선으로 하여 당나라의 우호적인 정책으로 안정적인 생활을 하는 신라인들의 이야기를 구체적으로 적고 있다. 김용식의 작품은 중국과 한반도 두 나라의 우호적이고 평등하며 친선적인 관계 묘사에 집착하고 있는 데 이는 그의 특수한 이중 정체성에서 비롯된 것으로 풀이할 수 있다.

민족과 국가 존망의 위태로운 시기에 뿌리 깊은 선비 가문에서 태어난 김용식은 유년 시기에는 일제의 횡포로 민족 언어사용의 자유를 박탈당하고 중국으로의 이민까지 경험하였다. 일제의 억압이 심해질수록 민족에 대한 그의 사랑은 더욱 깊어갔고 성장기에 꿈꿔왔던 창작의 한을 만주 땅에서 실컷 풀어보려 작심한다. 하지만 그에게 주어졌던 창작의 황금 시절은 일장춘몽처럼 사라지고 만다. 혼란스러운 중국의 국내정세에 그는 우파로 몰려 또다시 창작의 자유를 박탈당한다. 농사일은 물론 힘든 육체노동에 '고깔모자'를 쓰고 투쟁을 받으면서 자존심에 깊은 상처를 입은 것은 물론, 자신의 분신처럼 아끼던 수많은 서적까지 몰수당한 뒤에는 급기야 절망하지 않을 수 없었던 암울했던 시기를 악착같이 견뎌내며 김용식은 자신의 오랜 소망을 더 깊이 마음속에 새겨두었다. 모든 어둠이 걷히고 '접힌 날개'를 펼칠 수 있었던 시기는 고작 6년에 불과하였다. 하지만 22년간 마음속에 품어오고 머릿속에 그려 온 모든 작품들이 이 시기에 마치 그간의 울분을 토해내기라도 하듯이 쏟아져 나왔다. 그리고 이 시기의 작품들에는 중국과 한반도의 역사를 아우르는 해박함에 비극적 색채가 더해지게 되었다. 그래서 그의 매 하나의 작품들에서 인생의 흔적들을 발견할 수 있고 비운의 주인공의 모습에는 상처 깊은 작가의 모습이 투영되어 있다.

3장 김용식의 단편역사소설 연구

1. 「설분」과 용주사 관련 설화

동방예의지국으로 불리어온 유교의 나라 조선에서 가장 중요시했던 덕목이 '충'과 '효'임은 주지하는 사실이다. 임금에 대한 충성과 부모에 대한 효도는 절대적인 복종의 의미를 충당한다고 해도 무방할 만큼 견고한 사회 가치 관념이었다. 행효에 있어서는 부모의 생전은 물론이요, 사후에도 절대로 게을리하지 않았을 뿐만 아니라 오히려 그 의식과 절차가 더욱 복잡하였다. 그리고 그 행효의 중심에 임금이 있었다. 임금은 만백성의 아비요, 신하들의 군주로 충과 효를 한 몸에 받고 있는 절대적이고 독보적인 존재였다. 따라서 임금은 충과 효를 실행에 옮김에 있어 만백성과 신하의 본보기적 존재이기도 했다.

충 · 효 사상의 뿌리가 깊어가던 조선 시대, 문화정치의 시대를 연 성군이면서 정작 아버지에 대한 '효'를 마음껏 실행할 수 없었던 한 많은 임금 정조가 있었다. 정조는 11세의 어린 나이에 영조에 의한 아버지-사도세자의 죽음을 지켜보아야 했고 뿌리 깊은 원한을 간직한 채 효장세자의 양자로 혈통의 정통성을 지켜내야 했다. 왕위에 오른 정조는 선왕-영조를 거역한 '역적'으로서의 친부 대신 효장세자를 진종으로 추존하여 그 위패를 종묘에 배향했다. 반면 생부인 사도세자에 대한 추존은 그저 장헌세자라는 시호를 내리고 그의 사당을 경모궁으로 추존하는 것, 그를 죽음으로 몰아넣은 노론 세력과 외척일파를 숙청하는 것에 그쳐야 했다. 이것이 유교의 나라 조선에서 만백성의 아버지로서, 왕실의 구심점으로서의 정조가 할 수 있는 전부였다. 하지만 그것으로 생부에 대한 추숭을 그만둘 수 없었던 정조는 불교식 추숭을 선택한다. 사도세자의 묘소를 수원부 읍치가 있던 화산으로 옮기고 1789년 영우원을 수원으로 옮겨 현륭원을 조성하고 바로 곁에 용주사를 세워 만백성들에게 아버지의 억울한 죽음을 알림과 동시에 자식 된 도리를 다하고자 했다.

유교국가에서 원찰을 세워 효행을 실천했다는 데서도 충분히 보여질 만큼 정조가 현륭원 중건에 대해 온갖 심혈을 기울였음은 더 말할 것 없다. 따라서 현륭원 용주사에 대한 애착은 대단하였고 그 일에 가담한 관리들의 특혜 또한 많았음은 불 보듯한 일이다. 김용식의 단편소설 「설분」[44]은 바로 현륭원의 관인들의 횡포를 다룬 이야기이다. 정조가 아버지의 억울한 죽음을 알리고자 한, 그리고 자신은 억울하게 죽은 사도세자의 아들임을 통탄했던 용주사, 그런 효심을 역이용해 백성들을 도탄에 빠뜨린 현륭원 관인들의 횡포에 얽힌 민담을 바탕으로 한 이 소설은 정조 시대 최하층 백성들이 겪어야 했던 아픈 역사의 단면을 보여준다.

김용식의 「설분」은 조정을 등에 업은 현륭원 관인들의 백성들에 대한 횡포와 그들에 대한 처단을 주요 내용으로 하는바 전형적인 인과응보, 사필귀정의 주제를 다룬 작품이다. 정조와 용주사를 둘러싼 수많은 작품 가운데서 작가가 '곤장 한 대'로 악인을 처단하여 사필귀정의 결말을 맺은 이 설화를 소설 창작의 제재로 삼은 것은 그의 특수한 경력과도 관계된다. 이에 본 절에서는 「설분」과 용주사 관련 설화 및 조선조 역사와의 상호텍스트성을 살펴보고자 한다.

1) 「설분」의 시대 배경

단편소설 「설분」은 정조 집정시기, 수원부를 배경으로 하고 있다.

수원은 당시 전국 3대 명당의 하나로 정조의 선택을 받아 사도세자의 묘소를 모신 지방이었다. 따라서 수원을 언급함에 있어서 빼놓을 수 없는 인물이 사도세자와 정조이다. 사도세자는 조선왕조에서 비운의 왕자로 꼽히는 인물로 아버지인 영조와의 갈등과 당쟁에 의해 죽음을 맞이한다. 그런 사도세자를 「설분」에서는 다음과 같이 소개한다.

> 이조 제20대 영조왕은 처음 맏아들 효장을 세자로 책봉했으나 효장이 일찍 요절하자 다시 둘째 아들 장헌을 세자로 삼았다. 그런데 장헌세자는 성품이 방탕한데다 주색을 좋아하여 왕실의 종친들과 조정의 권신들로부터 미움을 받았다. 게다가 노론파와 소론파의 당파싸움에 끼어들어 진통을 겪다가 마침내 울분을 참지 못하여 광태를 부리게 되자 그에 대한 반발과 무함은 더욱 커졌다. 더구나 그의 생모가 아닌 영조왕의 계비 정순왕후를 둘러싼 세도재상의 기시와 배척까지 받게 되자 그만 서울을 떠나 평양으로 피해가서 주색을 일삼고 있었다.
>
> 이에 대노한 영조왕은 세자를 불러올려 책문한 다음 형벌을 내렸다. 형벌은 뒤주에 가두어두고 굶겨 죽이는 무서운 형벌이었다. 세자가 뒤주에 갇히어 굶어 죽은 후에야 왕은 형벌이 너무 과했음을 뉘우쳤으나 때는 이미 늦었던 것이다. 그제야 자기의 실책을 후회한 왕은 장헌세자의 위호를 복귀시키고 그의 죽음을 애도하는 의미에서 사도세자라는 시호를 내렸던 것이다.(김용식,「설분」, 40쪽)

사도세자에 대해 어느 정도 역사 사실에 부합되게 언급하였지만 몇 가지 사실과 다른 부분 그리고 잘못된 정보가 있는데 우선 그 점들을 짚어본다. 「설분」에서는 영조를 이조 제20대 왕이라고 언급하였는데 이는 사실과 어긋나는 것으로 영조는 조선의 제21대 왕이다. 이 부분의 잘못된 정보가 작가 김용식의 실수인지 아니면 인쇄 시 발생한 실수인지는 확인할 수 없으나 소설에 간혹 맞춤법이 틀린 현상이 나타나는 걸로 보아 두 가지 가능성을 다 배제할 수 없다고 본다.

다음은 사도세자에 대한 언급에 있어서 둘째 아들 장헌을 세자로 책봉하였다는 것과 "장헌세자의 위호를 복귀시"켰다는 것은 명칭의 사용에서 잘못된 부분이다. 장헌이라는 시호는 정조가 즉위한 뒤에 존호로 올린 것이다.

> 사도세자의 존호를 추후하여 올려 '장헌'이라 하고, 수은묘의 봉호를 '영우원永祐園'이라 하고, 사당을 '경모궁景慕宮'이라 하였다.[45]

때문에 세자 책봉 당시의 명칭을 씀에 있어서는 장헌이 아니라 선이라는 본명을 써야 타당할 것이고 "장헌세자의 위호를 복귀시킨"것 역시 영조대가 아니라 정조 즉위후의 일이기 때문에 역사 사실에 위배되는 것이다.

그리고 사도세자가 벌을 받은 직접적인 원인을 '평양행' 으로 보고 있는데 이 역시 역사 사실과 맞지 않는 부분이다. 사도세자가 평양을 비롯한 관서지방을 유람한 것은 영조 37년인 1761년 4월이었다. 하지만 영조는 이 사실에 대해 5개월 후인 9월에야 알게 된다.

> 홍봉한이 동궁에게 입대하고 말하기를,
> "위에서 (중략) 비로소 저하께서 서행하신 것과 동교에 집을 지은 것을 아시고는 집을 지을 때에 연출한 것은 어떤 재물이고 역사를 감독한 자는 어떤 사람이며, 서행할 때에 따라간 자는 누구이고 궐내에 머물러 있던

자는 누구임을 하문하셨습니다. ...후략...”

하니, (왕세자가) 하령하기를,

“...전략...서행은 4월 초 2일에 길을 떠났다가 22일에 돌아왔으며, 그리고 대궐에 머물러 있던 중관 유인식은 지금 이미 치폐되었고 따라간 중관은 다만 박문흥﹑김우장이다. 성교의 아래 어찌 감히 일호인들 가려 숨기겠는가?”[46]

그리고 이 일과 관련해 사도세자를 크게 꾸짖지 않았고 관서행 관련자들만 처벌을 하고 그 후에 이 일에 대해서 조용히 묻었다. 이 일이 영조가 사도세자를 사사하는 데 있어 하나의 원인으로 작용했을 가능성은 충분하지만 소설에서처럼 그 사건을 직접적인 원인으로 보기는 어렵다. 시기적으로 보아도 사도세자에게 형벌을 내린 시점은 일 년 뒤인 영조 38년인 1762년 윤 5월 13일이다. 때문에 사도세자의 죽음을 부른 직접적인 원인을 관서행으로 보는 것은 무리이다.

역사의 기록을 살펴보면 영조가 사도세자에게 형벌을 내린 직접적인 원인은 1762년 5월 22일에 있었던 나경언의 고변 때문이었다.

대개 나경언이 동궁의 허물 10여 조를 낱낱이 들었는데 말이 매우 패란하였다.

(중략)

임금이 창문을 밀치고 크게 책망하기를,

“네가 왕손의 어미를 때려죽이고, 여승을 궁으로 들였으며, 서로에 행역하고, 북성으로 나가 유람했는데, 이것이 어찌 세자로서 행할 일이냐? 사모를 쓴 자들은 모두 나를 속였으니 나경언이 없었더라면 내가 어찌 알았겠는가? 왕손의 어미를 네가 처음에 매우 사랑하여 우물에 빠진 듯한 지경에 이르렀는데, 어찌하여 마침내는 죽였느냐? 그 사람이 아주 강직하였으니, 반드시 네 행실과 일을 간하다가 이로 말미암아서 죽임을 당했을 것이다. 또 장래에 여승의 아들을 반드시 왕손이라고 일컬어 데리고 들어와 문안할 것이다. 이렇게 하고도 나라가 망하지 않겠는가?"[47]

이 일이 있은 뒤 사도세자는 뒤주에 갇히는 벌을 받고 8일 후인 1762년 윤 5월 21일 죽음을 맞는다. 수많은 비행을 저지르고 사사건건 마음에 들지 않는 것 투성이었던 아들이지만 그런 아들을 자기 손으로 죽인 영조는 뒤늦게 아들의 죽음을 추모하는 의미로 사도세자라는 시호를 내리게 되었다. 이때 정조의 나이 11세로 아버지의 죽음을 똑똑히 기억하고도 남을 나이었다.

정조는 즉위하던 첫날에 "과인은 사도세자의 아들이다."고 할 만큼 비운에 운명을 다한 아버지를 잊지 않고 있었다. 하지만 당쟁의 소용돌이 속에서 늘 위태로운 상황에 있었던 탓에 곧바로 아버지에 대한 추숭작업을 시작하지 못하고 즉위 13년인 1789년 10월에 비로소 사도세자의 묘를 현륭원으로 옮기고 이듬해인 1790년 용주사를 원찰로 창건하기에 이른다. 용주사라는 사찰의 이름에도 정조와 관련되는 연기설화가 전해져 내려오는데 사찰 낙성식이 있던 전날 밤 정조의 꿈속에서 용이 여의주를 물고 승천하였다 하여 사찰의 이름을 용주사라고 지었다고 전해진다. 사실여부는 확인할 수 없지만 사찰의 이름까지 직접 지었다는 것은 사도세자에 대한 정조의 지극한 효심으로 미루어 볼 때 아주 불가능한 이야기는 아니다. 실제로 정조는 사도세자의 묘를 이장할 때 주변의 신하들이 그 장소에서 머무르지 말 것을 간곡히 부탁할 정도로 크게 오열을 했다고 전해진다. 이러한 역사적 기록들을 통해 정조가 용주사에 얼마나 공을 들였는지를 쉽게 보아낼 수 있다.

다음으로 살펴볼 인물은 「설분」의 등장인물 중에서 유일한 실존 인물인 조심태이다. 소설에서 조심태는 흉흉한 민심을 읽지 못하는 조정의 처사에 불만을 품고 아무도 하려고 하지 않는 수원 부사에 자원해 나선 인물로 묘사되어 있다.

> 이때 한 무관이 자원해 나섰다. 그는 병조의 하급무관인 선전관으로 있는 조심태라는 사람이었다. (중략) 그러나 문관을 중시하고 무관을 경시하던 시대였기에 크게 출세하지 못하고 겨우 선전관이란 낮은 벼슬에 머물러 있었던 것이다.
>
> 조심태가 수원부사를 자원해 나선 데는 까닭이 있었다. 그는 현륭원 관인들의 행패 때문에 고통을 받고 있는 수원성 백성들의 하늘에 사무친 원한을 외면하는 조정의 처사가 몹시 눈에 거슬렸으므로 의분을 참을 수 없는 데서 큰 뜻을 품고 나선 것이다. (김용식, 「설분」, 47~48쪽)

이는 팔룡이를 비롯한 마을 젊은이들이 수원의 박부사를 삼태기에 담아 지경 밖으로 들어내는 일이 있은 뒤였다. 그 후 조심태는 현륭원 관인들의 행패를 간과하지 않고 유시원을 처단하여 일벌백계함으로써 수원부에 평화를 되찾아준다.

조심태는 영조 16년(1740) – 정조 23년(1799)에 생활했던 실존 인물이다. 또한 현륭원 조성 당시 실제로 수원부사를 지내기도 했다. 하지만 수원부사의 임명과 그 뒤의 일련의 사건들은 모두 허구이다. 화성건설은 정조 시대 모든 역량이 총동원되었던 최대 규모의 사업이었다. 그런 일을 직접적으로 도모해야 하는 수원 부사는 당연히 조정의 신임을 받는 인물이었다.

조심태는 정조의 두터운 신임을 받아 현륭원 조성 초기 수원 부사에 임명되어 수원읍 조성을 함께 해온 인물이다. 소설이나 설화에서처럼 현륭원의 흉흉한 민심을 수습하기 위해 후발주자로 나선 것이 아니라 큰 공정의 시작부터 전반 사무를 담당해온 것이다. 정조 13년(1789) 7월 11일 금성위 박명원의 상소로 영우원을 수원에 천장하기로 결정하고 수원 부사에 조심태를 선임하였다.[48]

조심태는 화성 건설에서 많은 공적을 쌓았고 그 공로를 인정받아 나중에 중앙정계에까지 진입한다. 역사의 기록은 그를 유능하고 추진력 있는 인사로 기록하고 있다. 다만 그가 문학작품에서처럼 민심까지 모두 얻은 관리였는지는 단정지을 수 없는 부분이다. 단기간에 새로운 도시를 건설하면서 조정의 요구와 민심을 모두 살피기는 예나 지금이나 힘든 일이었을 것이다. 갑작스러운 수원읍 조성으로 그곳에 살고 있던 백성들은 많은 불편을 감수해야 했다. 자신이 살던 터전을 버리고 새로운 곳으로 이주하여야 하는 상황은 농사로 삶을 영위하던 사람들에게는 좋은 점보다는 나쁜 점이 더 많았다.

두 달여 동안이라는 짧은 기간에 현륭원을 조성하기 위하여 민가 244호를 모두 이주시킨다는 것은 결코 쉬운 일이 아니었다. 이들 중 이사할 집은 242호였는데 집을 지어 이주한 것이 90호이고 이사하지 못한 경우도 150호나 되었다. 이들 중 구읍 근처에서 농사를 짓고 있던 백성들이 거의 반이나 되었는데 이주 비용을 받고도 가을 수확 이후에 실행하기를 원했으므로 큰 문제가 되었다.[49]

이런 면에서 보면 백성들의 원한은 새로 역임하여 공정을 진행하던 조심태에게로 향했을 가능성이 더 크다. 수원에는 "심태心泰가 태심太甚하니, 수원水原이 원수怨讐로다."라는 구전민요가 있었는데 이는 화성 건설에서 겪은 백성들의 질고가 얼마나 컸는지를 잘 보여주고 있는바 조심태에 대한 강한 불만을 드러내고 있다. 하지만 조정의 강력한 신임을 얻고 있던 조심태는 작품에서 아이러니하게도 조정에 맞서 백성들의 원한을 풀어주는 '바람직한' 부사로 등장한다. 이는 당시의 화성건설로 인해 힘들었을 수원 백성들이 그들의 입장을 헤아려 줄 해결사를 기대하는 데서 비롯된 카타르시스라고 보여진다.

「설분」은 비록 역사적 사실을 완벽하게 재현하지는 않았으나 적어도 기존 설화의 기초 위에서 당시의 시대적 상황들을 핍진하게 그려내고 있다. 이는 실존 인물들을 취급함에 있어서 최대한 사실에 가까운 설명을 하는 데서도 그러하거니와 주인공 팔룡이가 노비의 신분에서 해방되었다는 설정을 통해서도 정조대에 큰 사회적 문제였던 노비의 신분상승문제까지 언급하고 있다. 여기에서 최대한 정확하게 민족의 역 사와 문화를 알리고자 한 작가의 의도를 엿볼 수 있다.

2) 용주사 관련 설화와의 상호텍스트성

김용식의 단편소설 「설분」은 억울하게 죽은 사도세자를 기리기 위해 정조가 수원부에 세운 현륭원의 관인들을 둘러싸고 벌어지는 이야기로 그 줄거리는 대체로 다음과 같다.

> 길녀는 현륭원 관인들의 횡포가 날로 극심해져가는 수원부를 떠나

자고 팔룡이를 조른다.

팔룡이와 진복이는 추수를 앞두고 있는 곡식으로 햇쌀밥 한 그릇만 지어먹고 길을 떠나려고 결심한다.

우물가에 물 길러 나갔던 길녀는 유시원 일당의 눈에 띄어 욕을 본 뒤 숨을 거두게 된다.

수원부 관아에서는 길녀가 현륭원 관인들에게 함부로 발악한 죄가 무서워 스스로 자결한 것이라는 방을 붙인다.

수원부의 결정에 분노한 팔룡이는 마을사람들과 함께 수원부 관아의 박부사를 삼태기에 담아 마을 밖에 버린다.

조심태라는 사람이 자원하여 모두가 기피하는 수원부사로 오게 된다. 관인 한명이라도 잡으면 혼을 낼 작정이었지만 정작 수일이 지나도록 잡히지 않는다.

유시원이 또 과부를 겁탈하려다가 조부사에게 잡히고 조부사는 효수를 하려고 했지만 조정에서는 곤장 한대만 치라는 전교가 내려진다. 이에 조부사는 은밀히 팔룡이를 불러들인다.

팔룡이는 무예의 비방을 써서 곤장 한대로 유시원의 숨통을 끊어 놓는데 성공하고 그 뒤로 관인들과 무뢰한들의 횡포는 씻은 듯이 사라진다.

지금까지 유전되어 온 「용주사」와 관련된 설화들은 수두룩하다. 설화가 생겨난 정확한 시점은 알 수 없지만 최근까지도 "곤장 한대의 복수"라든가 "용주사 돌중의 죽음" 등의 제목으로 새롭게 언급되는 걸로 보아 그 뿌리가 꽤나 튼튼한 민담 중의 하나였음을 알 수 있다. 용주사가 세워진 시기가 18세기 후반기임을 감안하면 적어도 용주사 관련 설화는 200년 동안 전해져 내려온 것이다.

그 과정에 크고 작은 변이양상을 보이는데 가장 큰 변이는 바로 이야기 속의 악행의 주체이다. 백대진이 저술한 「곤장 한대의 벌」[50]은 용주사 관련 설화 중에서 가장 앞선 시기에 기록된 자료로 보이는데 이 글에서 악행의 주체는 「설분」과 마찬가지로 현륭원 관인들이다.

> 조정을 뒤에 업은 현륭원 관인들의 횡포는 날이 갈수록 심해져 갔다. 우물가에서 물을 길던 한 여인이 집까지 뒤쫓아 온 관인들에게 변을 당한다. 처참한 광경에 남편이 대문에 묶인 채 자결하자 여인도 따라서 자결한다.
>
> 관아에서는 이 집 내외가 관인들을 모욕한 잘못을 뉘우쳐 자결한 것이라는 방을 붙인다.
>
> 추수가 끝나자 마을 사람들은 하나 둘 수원부를 떠나지만 떠나는 길에서도 종종 현륭원 관인들에게 붙잡혀 욕을 당한다.
>
> 새로 부임한 조심태는 관인들의 행패를 막으려는 의욕을 불태웠지만 누구 하나 감히 관인들을 잡아들이지 못한다.
>
> 유시원이라는 관인이 과부를 겁탈하려다가 조부사에게 덜미를 잡히고 조부사는 효수할 준비를 한다. 그러나 조심태에게 효수하지 말고 곤장 한번만 치라는 왕의 전교가 내려진다.
>
> 조부사의 은밀한 부탁을 받은 옥사령은 곤장 한대로 유시원의 숨통을 끊어놓는데 성공한다.
>
> 그 뒤로 현륭원 관인들과 무뢰한들의 행패는 씻은 듯이 사라지고 조심태는 벼슬이 올라 훈련대장에까지 이른다.

하지만 그 이후에 발간된 모든 설화에서는 용주사의 승려들이 횡포를 저지른 것으로 나타난다. 흥미로운 사실은 1965년 이후 발간된 설화, 즉 1980년대 초부터 1990년대 말까지의 관련 설화의 제보자가 동일 인물이며 시간상으로 보나 전후 맥락으로 보나 제보자에 의한 악행 주체의 와전임을 쉽게 보아낼 수 있다[51]는 것이다.

단편소설「설분」이 발표된 시기는 1983년이다. 시기상으로 보면 충분히 1965년에 발간된『한국야담전집』의 영향을 받은 작품으로 추정할 수 있다. 또 내용 면에서도 기타 설화와 상당히 흡사한 면을 보이고 있다. 하지만 당시 우파모자를 쓰고 농촌에 내려가서 3년 동안 노동 개조를 하고 1979년에야 억울한 누명을 벗은 작가 김용식의 상황으로 볼 때, 더구나 "진시황의 분서갱유도 무색할 그 무지와 몽매와 폭력만이 살판치던 시절"[52]인 문화대혁명의 소용돌이 속에 있었던 작가가 직접「곤장 한대의 벌」을 읽고 집필했을 가능성은 희박하다. 이로부터 작가가 오래 전부터 이미 용주사 관련 설화를 접했고 나중에 인물을 한층 더 형상화하고 갈등을 더욱 심화시킨 소설로 집필했다고 보는 것이 타당할 것이다.

악행의 주체가 와전되어 현륭원 관인들이 아닌 용주사의 승려들이 횡포를 저질렀다는 이른바 '곤장 한대' 이야기와 관련된 민담은「볼기 한대로 사형 집행」이라는 수원 설화에서 찾아볼 수 있는데 내용은 다음과 같다.

수원의 용주사에 있는 중들이 행패가 심했는바 고을을 돌아다니면서 별짓을 다 하다가 하루는 젊은 과부를 욕보게 해서 수청에 갇혔다. 이 일이 조정에 알려지자 조정에서는 죄인을 석방하라 명하였고 수원부에서 벌을 주어야 한다고 죄상을 고하자 할 수 없이 볼기 한 대만 때려서 내보내라는 명이 떨어졌다. 그러자 수원부에서는 볼기 한 대를 때려서 죽일 만한 장정을 물색하였고 자처해서 나선 장정이 때릴 듯 말 듯 하다가 죄인이 방심한 틈을 타서 때리니 볼기 한 대로 사형을 집행하는 데 성공했다.

단편소설 「설분」과 수원 설화 「볼기 한대로 사형 집행」[53]은 발표시기가 거의 비슷한바 전자는 1983년에, 후자는 1981년에 발표된 동일한 배경에 동일한 화소를 다룬 문학작품이다. 하지만 「설분」은 인물 설정에서 설화와 차이를 보인다. 설화에서는 악행의 주체가 용주사의 중으로 되어있지만 「설분」에서는 현륭원의 제반 사무를 맡아보는 관인들이 악행을 저지른 것으로 되어있다. 백성들에 대한 파렴치한 수탈과 행패는 피해자의 입장에서 볼 때엔 그 주체가 관인이든 승려든 별로 큰 차이가 없겠지만 당시의 시대상황과 불교의 도덕적 교의 등 면에서 살펴보면 시사하는 바가 크다. 주지하다시피 조선은 척불숭유를 지향했던 유교 국가였다. 하지만 정조는 유교적으로 실행할 수 있는 효를 다한 후 불교적 효행을 택한다. 그만큼 정조가 불교에 대해 반감을 갖고 있지 않았다는 것이다.

정조는 기본적으로 유학자이나, 군왕의 학문은 일반 사대부나 백성들과의 학문과는 다르다는 인식을 기반으로 자유로운 사상을 섭렵하였다. 또한 정조는 유학의 도를 우선시하지만 그것이 사회를 모두 다 이끌어간다고는 판단하지 않았다. 그렇기 때문에 불교나 도교도 필요하다고 판단했던 것이다. 특히 불교의 공을 인정하고, 수용의 길을 터준 것은 당시 조선사회에서는 파격적인 행위가 아니라고 할 수 없다. 그리고 불교를 자신의 왕권 강화에 이용하는 정치 역량을 발휘하고 있다. 현륭원 천봉과 원자의 탄생 이후 정조는 불교에 대한 식견이 파격적으로 높아갔다. 정조는 개인의 신앙으로 불교를 추숭하는 동시

에 불교를 통한 왕권 강화를 시도한 것이다.[54]

유교의 나라 조선에서 불교는 기를 펴기 힘들었고 따라서 경제적으로도 힘든 상황에 처해 있었으며 모든 방면에서 포용정책을 폈던 정조대에 들어서서야 그나마 대접을 받을 수 있었다. 당시의 이러한 상황들을 고려할 때 악행의 주체가 승려인 문학작품이 탄생하기는 어려웠을 것이다. 현륭원 조성 초반에는 용주사의 승도들의 생활이 어려웠음을 짐작케 하는 기록들도 보인다.

> 수원부사 조심태는 "조포사 중들의 생활이 쇠잔합니다. 그들에게도 다 같이 참작해 나누어주고 지혜紙鞋를 만드는 본전으로 삼게 한다면 반드시 혜택을 입히는 방법이 될 것입니다." 하니, 대신에게 가서 의견을 들어보라고 명하였다. 좌의정 채제공이 말하기를, "운영에 매우 조리가 있으니 마땅히 진술한 대로 시행해야 합니다. 전물錢物은 균역청과 금위영. 어영청 두 군영의 관서별향고關西別鄕庫에서 적당히 분배해 주어야 할 것 같습니다."라고 하였다.[55]

이는 실록에 기재된 것으로 정조 14년 5월의 내용이다. 이와 맥락을 같이 하여 「설분」에서는 용주사의 승려들이 악행을 저지를 상황이 아님을 보여주는 장면이 등장한다.

> 현륭원 안에는 용주사라는 큰 절을 짓고 많은 중들을 데려다 밤낮없이 염불을 외우게 했으며 원내의 제반 사무를 맡아보는 벼슬아치들을 따로 배치하였다. (김용식, 「설분」, 40쪽)

이 대목에서 볼 수 있듯이 용주사의 승려들은 행정사무와는 동떨어져 있었고 사도세자의 원혼을 추모하는 것이 그들의 소임이었다. 그리고 '밤낮없이' 염불을 외웠다는 내용으로 보아 그들이 고을을 돌아다니며 행패를 부렸을 가능성이 희박하다.

그렇다고 해서 승려들의 악행을 사실 왜곡으로 보기는 어렵다. 불교식으로 사도세자를 추숭하기 위한 작업을 왕성하게 벌였던 배경에서 승려들이 지나치게 기고만장했을 가능성은 충분하기 때문이다. 불과 5개월 후인 정조 14년 10월의 일성록에는 용주사 승도들이 소란을 피운다는 제보를 접한 정조가 수원부사 조심태에게 그들을 엄히 단속할 것[56]을 당부하는 내용이 있다.

이상 내용으로 미루어 볼 때 용주사 관련 설화와 김용식의 「설분」에 나타난 악행의 주체 설정은 모두 역사적 사실에 근거했을 가능성을 갖고 있다. 그리고 이러한 악행의 근원은 모두 정조의 특혜에서 비롯되었음을 보아낼 수 있다. 물론 그것이 정조의 본의와는 전혀 관련이 없었지만 말이다.

정조의 특혜 담론은 현륭원을 지키는 능참봉이 특혜를 누리거나 백성을 괴롭혔다는 다른 설화에서도 쉽게 찾아볼 수 있다. 「민어로 집강벼슬」[57]이란 전설은 능참봉의 등쌀에 괴로워하던 사람이 정조에게 민어를 바치고 집강벼슬을 얻었다는 이야기이다. 그리고 「벼락 과거」[58]라는 전설은 변복한 정조가 사도세자의 묘를 가리키며 누구의 산소냐 물었더니 농부가 억울하게 죽은 뒤주대왕의 묘로 애기릉이라 부른다고 대답하자 정조가 흡족하여 과거에 붙게 하였다는 이야기이다.

「설분」은 비록 설화를 토대로 했지만 다른 구전 설화에 비해 더욱 사실史實적으로 시대 상황에 부합되는 인물형상을 부각하였다.

그리고 기존 설화에는 없던 인물형상 창조가 돋보이는데 주인공 팔룡이와 길녀의 설정이 그러하다. 설화에서는 그저 현륭원 관인 혹은 용주사 중들에게 억울하게 모욕을 당하거나 죽음에 이르는 과부, 혹은 젊은 부부가 피해자로 등장하지만 「설분」에서는 팔룡이와 길녀라는 젊은 부부를 주인공으로 내세워 이들의 형상창조에 많은 필묵을 들였다. 따라서 이야기의 갈등이 더 심화되고 갈등 해결 또한 더욱 극적일 수 있었다.

유시원 일당이 젊은 부부를 해치는 이야기는 다른 설화에서도 나타난다. 하지만 피해를 입은 뒤의 상황과 해결 방법에서 확연한 차이를 보인다. 설화에서 부부가 모두 목숨을 잃는 반면 「설분」에서 길녀는 치욕을 당하고 생명을 다 하지만 팔룡이는 자결을 하는 대신 복수를 다짐한다. 곧바로 이웃사촌인 진복이와 함께 마을 사람들을 이끌고 거짓 방을 붙인 박부사를 찾아가서 삼태기에 담아 메고 수원부 밖에 버린다. 그리고 현륭원에 찾아가 관인들을 처단하려 하지만 높은 담장에 가로막혀 실패한다. 설화에 비해 주인공의 능동성이 엿보이는 대목이다.

그리고 가장 큰 변화는 결말에 있다. 바로 이 유형의 이야기에서 가장 중요한 화소인 "곤장 한 대로 처형"을 한 부분이다. 설화에서나 「설분」에서 곤장 한 대의 명을 내리는 것은 모두 왕으로 설정되어 있다. 그리고 곤장 한 대로 목숨을 끊어놓을 것을 명하는 것은 새로 부임한 부사인 조심태이다. 하지만 직접 곤장을 때리는 나졸의 역할로는 여러 인물이 등장한다. 앞에서 살펴본 「볼기 한 대로 사형 집행」이라는 설화에서는 정체를 밝히지 않은 힘 센 장정이 자처해서 나서서

형을 집행한다. 그리고 다른 설화에서는 곤장을 치는 관졸 근무에서 은퇴한 지 오래된 힘 없는 늙은이가 노련하게 형을 집행한 것으로 되어있다. 또 어떤 설화에서는 관인들에게 억울하게 죽은 원령들이 나타나 건넨 석류를 먹은 나졸이 형을 집행했다고도 되어있다. 「설분」에서는 주인공 팔룡이가 직접 형을 집행하는데 이는 조심태의 계책으로 성사된다.

> 밤을 새워 노심초사하던 조부사는 마침내 무슨 꾀를 생각해냈는지 통인을 불러 팔룡이를 아무도 모르게 데려오라고 분부했다.
>
> 곤장을 때릴 소임을 맡은 사람은 다른 누구도 아닌 바로 팔룡이었다. 그는 사령복색으로 변장하고 얼굴도 남이 알아볼 수 없이 밀초를 발라서 외인으로서는 누구도 그가 팔룡인 줄을 알지 못했다. (김용식,「설분」, 50쪽)

조정의 명령을 어길 수 없었지만 현륭관 관인들을 단죄하고자 마음 먹었던 조심태는 생각을 거듭하던 끝에 은밀하게 팔룡이를 불러들여 나졸로 분장하고 곤장을 때리게 한다. 때문에 어떤 초인적인 힘을 빌리지 않고도 그 가슴에 맺힌 한만큼 강하게 처단할 수 있을 개연성을 보여주는 설정이다.

이상에서 살펴 본 바와 같이 김용식의 단편소설 「설분」은 지금까지 유전되어 온 "곤장 한 대의 이야기"의 화소를 소재로 하면서도 다른 설화에 비해 사실적으로 인물형상을 창조하고 갈등구조 또한 더 첨예하게 그려냈다.

우선 악행의 주체가 1980년대 이후의 설화에서 용주사 승려들인 것과 달리 현륭원 관인들로 되어있는 것은 원형 설화에 더 근접하다고 볼 수 있다.

다음으로 악을 근절하는 데 관건적인 계기로 될 수 있는 관인 유시원을 처단하는 일에 악행의 가장 큰 피해자인 팔룡이를 내세움으로써 사건을 전개하는 데 개연성을 더할 수 있었고 주인공의 능동적인 작용을 부각시켰다.

앞에서 언급한 바와 같이 「설분」에서 정조의 특혜를 입은 주체는 현륭원 관인들이다. 그들은 조정을 등에 업고 백성들에 대한 약탈과 유린을 밥먹듯 하고 있었다. 그들은 비록 "지체가 낮았지만 세도는 어마어마하였"기에 그야말로 엄청난 권력을 누렸다. "왕이 친히 거동할 때만"아니면 수원부와 주변 지역을 마음대로 휩쓸고 다니는 그들을 저지할 방법은 없었다.

> 수원부사는 현륭원 관인들의 행패를 번연히 알면서도 모른 체하고 내버려두는 수밖에 없었다. 왜냐하면 그들의 뒤에는 나라의 지존인 왕이 있고 서슬이 시퍼런 대감들이 버티고 있기 때문이었다. (김용식, 「설분」, 40쪽)

이처럼 소설에서는 현륭원 관인들의 횡포의 근원이 정조의 특혜에 있음을 직접적으로 지적하고 있다. 물론 현륭원 관인들에 대한 특혜는 그들의 악행에 대한 조정의 묵언과 비호에만 있었던 것이 아니다. 현륭원 관인의 등용 과정에도 당연히 크고 작은 '비리'들이 있었다. 대표적인 일례로 소설의 악인으로 등장하는 유시원의 경우 정조의 특혜 수혜자에 해당한다.

> 근년에 사돈의 팔촌벌이나 되는 먼 일가 집 딸이 궁녀로 뽑혀서 왕의 총애를 받고 있으므로 그 연줄로 이 현륭원 관인이란 감투를 얻어 쓴 무서운 날강도다.(김용식,「설분」, 44쪽)

기존 설화에는 없었던 유시원에 대한 이 설명은 유시원을 처형하기 직전 "곤장 한 대만 칠"것을 명한 왕의 전교가 신속히 내려진 데 대한 복선으로 작용한다. 유시원은 비록 조심태를 제외한 소설 속의 다른 인물들과 마찬가지로 허구적인 인물이지만 시대적 상황에 걸맞는 배경으로 소설의 인물 완성도를 한층 높이는 데 일조하였다.

이상에서「설분」의 상호텍스트성을 관련 설화와 조선조 역사와의 비교 속에서 살펴보았다.「설분」은 용주사의 '곤장 한 대의 벌' 관련 설화를 소설화한 작품으로 권선징악, 사필귀정의 주제를 다루었다. 김용식이 어려서부터 접했던 수없이 많은 민담과 설화 중에서 "곤장 한 대의 벌" 관련 설화를 소설화한 것은 그의 특수한 생활경력과 작품 발표 당시의 사회 상황과 관련이 깊다.

경상북도 영양군에서 태어난 김용식은 일제 치하의 사회에서 파란 많은 유년을 보낸다. 1940년 중국으로 건너온 뒤에도 계속되는 수난을 겪게 되는데 한창 창작에 열을 올리던 1957년 중국에 불어 닥친 반우파투쟁의 바람으로 하여 우파모자를 쓰고 22년 동안 부득이하게 창작을 멈추게 된다. 일본의 침략으로 인해 생활을 영위할 수 없어 강제로 이주해온 두 번째 고향이었지만 수난에 수난을 거듭할 수밖에 없었던 가혹한 운명으로 하여 그는 누구보다 억압받고 유린당하는 백성들의 고통을 더 깊이 공감할 수 있게 되었다.

중국공산당의 제11기 3차 전원회의에서 '문화대혁명'과 '좌'경 착오를 전면적으로 시정한 뒤 그 이듬해인 1979년에서야 김용식은 모든 역사문제를 시정 받고 다시 창작에 몰두할 수 있게 되었다. 문학창작의 황금기를 강제로 빼앗겼던 그는 자유를 얻은 뒤 그동안의 울분을 쏟아내기라도 하듯 의욕적으로 창작에 임하였다. 김용식은 조선족 작가들 가운데서 독보적으로 민족의 뿌리를 찾고 민족의 정체성을 잃지 않으려 힘써 온 작가다. 그는 줄곧 설화, 민담을 바탕으로 역사소재 소설 창작에 몰두하여 왔다.

「설분」이 발표된 1983년은 오랜 시간 정치 권리와 창작 권리를 박탈당했던 작가들이 봉인을 풀고 문단에 돌아온 시기였다. 이 소설은 정조대에 실재했던 화성 건설을 배경으로 당시의 시대상황과 세태를 생동하게 그려내고 있다. 조심태와 같은 실존 인물이 등장하는가 하면 팔룡이를 통해 정조대에 광범위하게 이루어지던 노비들의 신분상승에 대해서 언급하기도 하였다. 그리고 화성 건설의 이면에 숨겨진 백성들의 고통을 그려내고 지혜로 악당을 처단하는 서사를 통해 모든 것이 제자리로 돌아오기를 바라는 백성들의 염원을 담고 있다. 아울러 이러한 염원은 비단 정조 시대에만 해당되는 이야기가 아니라 억압받는 민중이 존재하는 모든 시대에 해당되는 이야기이다. 여기에 작가의 창작의도가 숨어 있다. 작가는 접목의 아픔을 겪고 있던 조선족들이 자신의 문화와 역사라는 뿌리를 잊지 말아야 함을 붓으로 강력하게 호소해 온 작가이다. 억울한 사건, 꾸며진 사건이 하나, 둘 시정을 받던 당시 사회의 콘텍스트 하에서 탄생한 「설분」은 사필귀정의 주제를 민족의 역사를 통해 대중들에게 전달한 역사소재 소설이다. 비록 기존 설화를 크게 뛰어넘는 설정이나 변화를 선보이진 않았지만 적어도 그 당시의 정치, 시대적 상황을 보다 사실적으로 보여주고자 한 작가의 노력이 엿보인다.

2. 풍수지리설을 다룬 「발복」

1983년 『아리랑』에 발표된 「발복」[59]은 명당을 통해 발복한다는 풍수설과 관련된 이야기를 다룬 단편역사소설이다. 살아서도 죽어서도 명당에서 좋은 기운을 받으려는 인간의 욕망으로 말미암아 풍수지리설은 오랜 시간 동안 한반도의 중요한 생활 철학으로 자리매김되어 왔다. 풍수설이 국가적 차원에서 중요시되어 온 학설이었음은 고려와 조선의 도읍지 결정을 통해서 알 수 있는데 고려의 개경 정도와 조선의 한양 천도가 바로 풍수지리설에 근거하여 도읍을 세운 사례이다. 왕실을 중심으로 하던 풍수설은 점차 민간에까지 보급되었고 조선조 후기에 이르러서는 명당을 차지하기 위한 불법행위들이 빈번하게 나타났다. 그리고 한반도 전 지역에 이런 사건과 일화들을 소재로 한 수많은 풍수설화들이 생겨나게 되었다.

「발복」은 한반도의 풍수 설화에서 소재를 취하여 창작된 소설로서 고려 현종 연간 황해도 은률 땅을 배경으로 하여 펼쳐지는 묫자리에 얽힌 이야기이다. 그 줄거리는 대체로 다음과 같다.

황해도 은률 땅에 억이라는 늙은 총각이 병든 노모를 모시고 살아가고 있었다. 억이의 지극정성에도 불구하고 노모는 끝내 세상을 떴다.

어머니의 무덤 곁에 묘막을 치고 삼년상을 지내기로 한 억이는 홍정승네 아들이 지관과 함께 산자리를 보러 다니는 것을 목격한다. 지관이 지정해 준 명당에서 홍정승의 장례가 끝난 뒤 억이는 밤을 타 어머니의 송장을 홍정승의 관 곁에 묻는다. 그 후로 억이는 남들 눈을 피해 명절 전날 밤이면 산소에서 제사를 지냈는데 얼마 못 가 이를 수상히 여긴 홍정승의 아들한테 잡힌다. 억이는 자신이 홍정승이 외직으로 나갔을 때 어머니와 가까이해서 생긴 자식이라고 거짓말을 한다. 홍정승네는 억이의 말을 믿고 할 수 없이 억이를 거둬들인다. 양반댁 생활이 몸에 맞지 않는 억이는 스스로 홍정승네를 떠나겠다고 한다. 홍정승네는 뒤날에 시끄러운 말썽이 생길 것을 미연에 방지하기 위해 억이에게 논 열 마지기를 내준다.

「발복」에는 한반도의 풍수설화에서 흔히 볼 수 있는 암장暗葬 모티프, 명당 발복 모티프가 구현되어 있다. 또한 풍수설과 제사 등 민간 문화를 생생하게 재현하고 그 당시의 생활화폭을 핍진하게 그려내면서 봉건사회의 엄격한 신분 차별을 폭로하고 우매한 봉건미신을 해학적으로 풍자하였다. 아래 본 절에서는 「발복」과 풍수설화 사이의 상호텍스트성을 살펴보기로 한다.

1) 「발복」의 풍수지리설

「발복」에서 억이는 어머니의 삼년상을 지내기 위해 산소 곁에 묘막을 치고 지내는데 이웃 마을에 살던 홍정승이 죽자 그의 아들이 묘자리를 보러 억이의 묘막을 지나게 된다. 이때 홍정승의 아들과 함께 지관 일행이 풍수설에 근거하여 묘자리를 점지하는 장면이 처음 등장한다.

> "과시 명당이로군!"
>
> (중략)
>
> "기묘하다마다, 저 불타산 줄기가 뻗어 내려오다가 구월산지 맥을 누르고 금사벌에 이르러 저렇게 기묘한 봉우리를 이루었으니 명산지기가 다 거기에 맺혔습네다."
>
> "그러니 여기가 바로 진혈이 된다는 말씀입니까?"
>
> "암 그렇고말고, 여부가 없지비. 좌청룡 우백호에 옥녀 탄금혈입네다."
>
> "청룡과 백호사이에 옥녀가 끼는 것은 무슨 뜻인지요?"
>
> "하하, 오른편에는 백호가 웅쿨시고 왼편에는 청룡이 서렸는데 옥 같은 미녀가 마주앉아 거문고를 타는 형국이니 그 호화가 얼마나 무진할 조짐입네까? 이게 바로 삼대 안짝에 삼공이 날 진혈이 아니겠수. 좌향만 잘 잡아서 령구를 모시기만 하면 삼대까지 갈 것 없이 당대에도 발복이 나겠는걸유. 이런 명당을 얻기가 어디 조연합네까." (김용식, 「발복」, 97~98쪽)

이 장면에서 명당, 진혈, 좌청룡 우백호 등 풍수지리학의 기본적인 개념들이 사용되고 있다. 풍수지리학에서의 이른바 명당이란 혈판을 중심으로 용혈사수龍穴砂水의 보국 안에 있는 평야를 이룬 일정한 범위를 말하는데 다시 말하면 혈판 앞의 평평한 들판을 말하며 형기形氣의 지기地氣와 리기理氣의 천기天氣를 고루 얻고 산과 물에게 조회朝會를 받는 곳이다. 먼저 태조산에서 발맥하여 뻗어 내려오는 행룡行龍이 고저기복하고 꿈틀대듯 좌곡우곡하며 유원하게 과협過峽을 거듭하며 내려와야 한다. 또 감싸안 듯 호위하고 많은 사砂를 거느리고 다시 소조산을 일으키며 그 중심으로 맥을 뻗어 주산主山 아래 있는 부모산父母山에 이르러 마치 어머니의 배 속에 아이를 잉태한 듯한 형상이 조화롭게 이루어져야 한다. 그와 더불어 속기束氣된 입수入首가 기운이 응집된 혈성穴星에 아름답게 접합되어야 한다.[60] 소설에서도 산수의 방위와 지맥을 살피는 이러한 심혈법尋穴法에 근거하여 홍정승의 묏자리를 지점하고 있음을 보아낼 수 있다. 또 혈장의 좌우에 병풍과 같은 청룡・백호가 환포교쇄環抱交鎖하듯 많이 감싸주는 데서 명혈明穴이 이루어지는바[61] 소설에서 언급한 청룡백호 역시 풍수설에서 명혈이 맺히는 증거로 볼 수 있다. 풍수지리의 기본 구성요소인 산수의 방위에는 음양오행의 개념도 반영되어 있는데 동쪽에 있는 좌청룡은 양陽의 기운을 뜻하는 것으로 본손本孫으로 여겨지며 서쪽의 우백호는 음陰의 기운을 뜻하는 것으로 딸, 며느리 등 외손으로 간주한다.[62] 이러한 이론에 비춰보면 소설에서 지관이 점지한 묏자리는 불타산과 구월산에 에워싸인 곳으로 금시발복今時發福이 가능할 정도의 명당으로 꼽힐만하다.

풍수설은 대체로 통일 신라 이후에 중국에서 한반도로 전래되어 한민족의 정신체계에 지대한 영향을 끼쳤다. 고려 태조의 훈요십조訓要十條의 제2, 제5, 제8항[63]에 나타난 풍수적 국시관國是觀이나 선거選擧에서의 지리과 설치 등은 풍수설이 고려조에 얼마나 실재적 의미를 지녔는가를 알려주고 또 조선조에서도 관상감에서 주관한 음양과(천문학, 지리학, 명과학)를 둘 정도로 풍수설은 실재적 의미를 가졌다. 이는 불교를 국가의 이념으로 삼았던 고려조나 유학을 이념으로 한 조선조에서 풍수설이 그것과 병존하였음을 의미한다.[64] 「발복」에서는 지관이 묏자리를 점지하는 근거로 중국의 풍수지리서 『청오경靑烏經』이 언급된다.

> 지관은 상주가 아직도 묘리를 완전히 터득하지 못했을 까봐 미심러웠던지 다시 청오경을 펼쳐놓고 손가락으로 짚어가며 산세와 형국이 여사여사함으로 지기가 왕성하다고 풀이해주는 것이었다. 이 청오경은 중국 한조 때의 풍수서로서 그 후 동방제국지관들의 필독서적이었는데 이 책을 숙독하기만 하면 풍수에 능한 지관으로 자처했던 것이다.(김용식, 「발복」, 98쪽)

『청오경』은 소설에서 소개한 바와 같이 중국 한 나라 때의 풍수지리학자 청오자靑烏子가 묏자리를 정하는데 필요한 사항들을 정리한 책이다. 『청오경』이 한반도에 유입된 정확한 시기는 알 수 없으나 가장 처음 문헌에 등장한 것은 최치원의 『고운집』의 「대숭복사 비명 병서」에서이다.

> “범묘梵廟(사원)의 경우는 어디에 있든 반드시 화합하게 되어 있는 만큼, 어디로 가든 간에 맞지 않는 곳이 없다. 그렇기 때문에 재앙이 일어나는 터도 복된 도량으로 전환하여, 백억겁토록 위태로운 세속을 구제할 수가 있는 것이다. 반면에 영수靈隧(묘지)의 경우는 아래로 지맥을 살피고 위로 천심을 헤아려서, 반드시 구원九原 속에 사상四象을 포섭함으로써 천만대토록 그 여경餘慶을 보전하게 하는 것이 법도로 되어 있다. 불법은 어느 한 곳에 머무는 상相이 없으나 장례는 행하기에 좋은 시기가 있으니, 땅을 바꾸어 거하는 것이 하늘에 순응하는 도리이다.[65]

하지만 『청오경』이 유행되고 풍수서로서 널리 쓰이게 된 시기는 대략 고려말 조선초부터인데 조선왕조실록에도 수차 언급되고 있다. 아래 조선왕조실록에 언급된 『청오경』과 관련된 기록들을 살펴보면 다음과 같다.

① 세종 23년(1441) 8월 27일 신묘 1번째 기사—민의생 등이 안산의 무덤 혈을 살펴보고 목효지의 글을 논단하다: 만약 길로 끊어진 것을 흉凶하다 하면, 『청오경靑烏經』의 주注에 이르기를, "혹 자연自然으로 이루어졌고 혹 인력人力으로 되었다." 하였고...[66]

② 세종 28년(1446) 7월 16일 임오 4번째 기사—견전의遣奠儀: 현궁玄宮을 이미 복정蔔定했으니 청오靑烏가 어긋나지 않았습니다. 헌릉獻陵의 옛 산에 접해서, 가성佳城의 새 곳을 정하였습니다.[67]

③ 세조 8년(1462) 2월 21일 병술 3번째 기사—장순 왕세자빈의 애책문哀冊文: 울울鬱鬱한 가성佳城은 영평鈴平의 지경地境인데, 청오靑烏가 길일吉日을 고告하니, 황온黃媼이 상祥스럽습니다.[68]

④ 예종 즉위년(1468) 11월 28일 갑신 1번째 기사—천전을 베풀고, 축시에 현궁을 내리고, 입주전과 우제를 베풀다: 백운白雲을 타고 제향帝鄕으로 가십니까? 청오靑烏를 점쳐서 수원壽原으로 가십니까?[69]

⑤ 선조 32년(1599) 7월 14일 신유 5번째 기사—윤근수가 사당 건립 장소를 정했음을 아뢰다:"나는 청오靑烏나 금낭錦囊 같은 풍수지리서와 망기望氣나 보산步山 같은 술법을 알지 못하는데, 경이 이처럼 자세히 살피니 족히 나라를 위해 충성을 다하는 마음을 알겠다. 참으로 감탄해 마지않는다."[70]

⑥ 선조 33년(1600) 9월 2일 임인 2번째 기사—대행 왕비의 장지에 대해 전교하다: 『청오경靑烏經』이나 『금낭경金囊經』 같은 술법은 본래 이해하기가 어렵고 이치로서 판단할 수도 없는 것이다.[71]

⑦ 선조 33년(1600) 10월 7일 정축 4번째 기사—행 충무위 사직 정구가 대행 왕비의 묏자리에 대해 아뢰다: 이것이 한 나라의 끝이 없는 복이 되는 것이니 아마도 청오자靑烏子가 선택한 더할 수 없이 좋은 곳이라도 이것과는 바꾸지 못할 것입니다.[72]

⑧ 광해 즉위년(1608) 2월 14일 신미 2번째 기사—선왕의 능을 어디에 쓸 것인가에 대하여 이항복 기자헌 등과 의논하다: 일찍이 『청오경靑烏經』에 대해 들은 적이 있는데 바로 지리地理의 원조元祖입니다.[73]

⑨ 인조 10년(1632) 10월 6일 경오 1번째 기사—인목 왕후를 장사지내며 지은 지문과 애책문. 대제학 장유가 짓다: 백호白虎에서 정기가 솟아오름에 청오靑烏로 능묘자리를 합당하게 잡아 은해銀海가 깊디깊고 주구珠丘가 두리둥실합니다.[74]

⑩ 경종 대왕 애책문哀冊文 애사哀詞: 청오靑烏의 복술蔔術에 맞아 백호白虎가 등정騰精하였습니다.[75]

⑪ 정조 15년(1791) 10월27일 무진-관상감에서 삼학에 대해 개정한 절목을 올리다: 지리학은 『청오경靑烏經』과 『호순신胡舜申으로 시험해 뽑는다.

⑫ 순조 21년(1821) 8월 7일 갑신 1번째 기사—효의 왕후의 시책문: 청오靑烏가 명당明堂을 인도했으니 건릉健陵에 부장祔葬을 치루었습니다.[76]

⑬ 순조 23년(1823) 2월 3일 계묘 1번째 기사—휘경원의 지문시책문 애책문의 내용: 길은 청문靑門을 나와서 가성佳城을 새로 얻었는데, 청오경靑烏經은 길지吉地를 고하고 현귀玄龜는 길하다고 하도다.[77]

⑭ 헌종 대왕 애책문哀冊文: 상설象設은 현수玄繸를 지키고 청오경靑烏經은 주구珠丘에 맞으니, 유명幽明이 일리一理임을 느껴 천추千秋에 의귀依歸하시리로다.[78]

조선왕조실록의 이상의 기록들을 살펴보면 ①, ⑤, ⑥, ⑧, ⑪에서의 청오경은 풍수지리로 언급되고 ②, ③, ④, ⑨, ⑩, ⑫, ⑬, ⑭에서의 청오경은 풍수지리법의 기준의 하나로 언급되었으며 ⑦에서의 청오는 풍수지리법에 능통한 사람으로 언급되고 있다. 그중 ⑧에서의 청오경은 특별히 풍수지리의 원조元祖라고 제시되었고 ⑪에서 청오경은 시험과목으로 되어있다. 이처럼 청오경은 조선조 전반에 걸쳐 기록을 찾아볼 수 있을 만큼 풍수지리학 필독서로 널리 사용되고 있음을 알 수 있다.

하지만 소설의 시간대는 고려 현종 연간(1009－1031)으로 고려 전기에 해당하는 이 시기에 청오경이 민간에 보급되었다고 보기는 어렵다. 소설에서 청오경을 언급한 것은 풍수설이 중국으로부터 한반도에 전래된 데 대한 간접적인 제시인 동시에 가장 유명한 풍수지리학서에 대한 소개 차원으로 해석할 수 있다.

소설에서는 또 이런 풍수설에 의해 지점한 뫼자리를 놓고 벌어지는 수많은 사례들을 언급하며 풍수설을 미신적인 행위로 인식하고 있다.

> 풍수설을 믿은 우매한 옛사람들은 부모조상의 묘 자리를 잘 잡기 위하여 무던히도 애를 썼던 것이다. 상사가 나도 좋은 묘지를 잡지 못하면 몇 달이 가도, 지어는 일 년이 지나도록 시체를 방치해두고 장사를 지내지 못하는 예가 있는가 하면 또 세월이 오래면 지기가 쇠멸한다면서 다시 면례하고 이장하고 지어는 묘 자리를 돈 주고 사고 남의 묘에 암장하고 묘 자리를 다투다가 재판까지 하는 등 실로 경가파산하는 것도 서슴지 않을 만큼 허다한 희비극이 거듭되었던 것이다.(김용식,「발복」, 98쪽)

실제로 조선조에는 뫼자리에 얽힌 사건들이 무수히 많았는데 소설에서 언급한 바와 같이 남의 묘에 암장하거나 묘 자리를 두고 다투다가 송사로까지 번지는 사례들은 기록에서도 쉽게 찾아볼 수 있는 것들이다. 「발복」에서는 명당으로 지정된 남의 묘에 몰래 암장하는 사건이 벌어진다. 억이는 명당 중의 명당이라는 홍정승의 무덤에 어머니의 시신을 몰래 안치하는데 다음의 『일성록』의 기록을 통해 조선조에 이러한 사례들이 빈번하게 일어났음을 알 수 있다.

> 대사헌 김하재金夏材가 상소하여 권면하고 이어 여러 조목을 덧붙여 진달한 데 대해 비답을 내렸다.
>
> 요사이 강릉康陵의 안산案山에 투장偸葬한 일은 진실로 하나의 변괴입니다. 비록 여러 무덤의 사이에 묘를 썼기 때문에 법대로 처벌을 받지는 않았으나 명정銘旌에 증고贈誥를 함부로 쓴것은 법을 범한 것이 매우 심하니, 예사롭게 보아 넘겨서는 안됩니다. 대체로 간사하거나 어리석은 백성들이 풍수설風水說에 현혹되어 이따금씩 남의 묘소의 위에다 묘를 써 복을 구하는 일이 있는데, 풍수설은 망매茫昧하고 떳떳하지 못하여 사람을 그르친 것 이 매우 많습니다. 그리고 또 국전國典에 산송山訟에 관한 법은 주周나라 제도인 묘대부墓大夫의 규정을 대략 모방하였는데, 규례가 많아 거행하는 데 혼란을 야기하여 그것을 조절하는 사이에 말류의 폐단이 극심합니다. 삼가 바라건대, 경조京兆 및 제도諸道에 명하여 『속대전續大典』 산송 조항의 법례 중 통일되지 않은 것은 모조리 품재稟裁를 거쳐 다시 새 제도를 반포하고, 이어서 지가地家의 음양서적 중 요망하고 허탄한 방술은 불태워서 속이고 유혹하는 습속을 금지시킴으로써 백성의 뜻을 안정시키고 나라의 법을 엄중히 하소서."[79]

이 기록은 작가 김용식이 소설에서 언급한 것과 맥락을 같이하는 것으로 남의 묘소 위에다 묘소를 써 복을 구하는 일은 백성들이 풍수설에 현혹되었기 때문이고 이러한 풍수설은 망매하고 떳떳하지 못한 것으로 사람을 그르친 일이 많다고 하였다. 조선왕조실록의 기록에서 암장과 관련된 사안들을 여러 곳에서 찾아볼 수 있다. 현종 1년(1660)의 "숭의전 및 왕태조의 능묘 근처에 투장하는 일을 금하다"라는 기사를 보면 왕릉 근처에 투장이 든 것을 조사하여 계문한 곳이 170여 곳이나 달했다.

> 숭의전崇義殿 및 왕태조王太祖의 능묘 근처에 투장偸葬이 든 것을 경기 감사로 하여금 조사하여 계문토록 한 적이 있는데, 이때 관찰사가 계문한 곳이 1백 70곳에나 달하였다. 예조가 거리의 원근에 따라 평지로 만들거나 그대로 두거나 하되 그 중 아주 가까운 곳은 이장시킬 것을 청하니, 상이 하교하기를, "투장의 일은 너무도 놀랍다. 일체 파내도록 하여 국법이 어떠하다는 것을 보여 주어야 하나 해조의 뜻도 하나의 방도이기는 하다. 아주 가까운 곳은 파내도록 하고 그 나머지는 모두 평지로 만들게 하되, 이 뒤로 또 법을 어기는 자가 나오면 관리가 중죄를 면하기 어려울 것이라는 내용으로 본도에 신칙하라." 하였다.[80]

또 영조 41년(1765)년의 "고려왕의 능들을 살피고 근처에 암한 묘를 발굴하여 버리게 하다"라는 기사에도 고려 왕릉 주변에 암장한 묘지들이 많았음을 알 수 있다.

> 예조禮曹 낭관郎官을 보내어 고려왕의 여러 능을 살피고 그 사초莎草를 보수補修하며, 그 근처에 암장暗葬한 묘를 발굴하여 버리라고 명하였다.[81]

이외에도 숙종 23년 (1697) 7월 13일 기사 「이상화가 익릉의 화소 안에 남이 모르게 암하였으므로 과죄하다」나 영조 40년(1764) 3월 5일「정릉의 금표 안에 암한 자를 파내라고 명하다」라는 기사 등을 통해서도 조선조의 암장 사례들을 쉽게 보아낼 수 있다. 실록의 기록들에는 대부분 왕릉과 관련된 암장과 투장 사례들이 실려 있지만 실제로 백성들 사이에서도 묫자리를 두고 많은 송사 사건들이 생겨났는데 이는 모두 풍수지리설에 의한 명당다툼에서 비롯된 것이었다.

2) 풍수설화 및 풍수소설과의 비교

앞에서 언급한 바와 같이「발복」은 한반도의 풍수설화에서 소재를 취한 풍수 소설이다. 선행연구에 의하면 한반도의 풍수설화는 문헌설화와 구비설화에 대량으로 수록되어 있는데 그중 문헌설화에 나오는 풍수 설화는 약 50여 편이고 구비설화는『한국 구비문학대계』에 수록된 것만 1,260여 편에 달한다. 이러한 풍수설화를 명당획득담, 명풍수담, 명당 탈취담, 명당발복담, 명당파손담 등으로 다양하게 나눌수 있다. 그중 명당탈취담은 문헌설화에서보다는 구비문학에서 더 다양하게 전개된다. 그 원인은 명당탈취담의 명당획득 수단이 도덕적 관념에 위배된다는 점과 인륜을 저버리는 이야기들을 가감없이 보여준다는 데서 찾을 수 있다. 명당탈취담에는 명당을 향한 강한 집념이 내포되었을 뿐 비도덕적인 행위에 대한 지탄은 결여되어 있다. 때문에 풍수설에 대한 비판이 적지 않았던 분위기에서 문헌담당층이 명당탈취담을 외면했을 가능성이 농후하다. 하여「발복」의 소재의 내원은 문헌설화보다는 구비문학에서 찾는 것이 더 적절하다.

「발복」에는 홍정승의 무덤에 몰래 어머니의 시체를 묻는 장면에서 드러난 명당탈취담과 그 행위를 통해 논 열 마지기를 얻게 되는 명당 발복담이 그려졌다. 발복담은 명당에 묘를 쓴 후 그 명당의 발복으로 부자가 되거나 벼슬에 올라 귀인이 되거나 자손이 번성하는 등에 대한 이야기다. 그리고 일반적으로 발복담은 이러한 혜택들이 따로따로 이루어지는 것이 아니라 부와 명예, 그리고 자손의 번성을 동시에 얻는 경우가 더 많다.

문헌설화의 명당 탈취담의 경우에는 사회 최하층 계급의 사람, 머슴이나 하인이 주인집이나 대감 집에서 쓰고자 했던 묘지에 꾀를 써서 부모의 뼈를 몰래 묻는 것으로 발복의 효과를 거두게 된다는 이야기가 많다. 『청구야담』의 「점명혈동비혜식占名穴童婢慧識」이 바로 여종이 주인 집의 명당에 몰래 부친의 뼈를 묻은 뒤 발복한다는 이야기이다. 그 줄거리는 대체로 다음과 같다.

> 관동지방에 곽생이란 자가 산승과 친밀하게 지냈으나 곽생의 아들들은 좋아하지 않았다. 곽생이 죽자 산승은 곽생을 위해 길지吉地를 정해주고자 하였다. 곽생의 아들은 자신도 풍수에 해박하다고 하면서 함께 구산을 떠난다. 곽생집의 어린 여종이 점심을 이고 따라갔다. 산승이 누대로 공경대부가 날 길지를 잡아주나, 아들은 자신의 풍수 이론을 들어 반대한다. 산승이 한 곳(군수 일인이 날 자리)을 지적하니, 아들은 기뻐한다. 아들은 전자를 버리고, 후자를 택해 장례를 치른다. 여종이 두 사람의 대화를 듣고, 주인이 버린 공경대부가 날 자리를 기억한다. 여종은 부친의 뼈를 몰래 공경대부가 난다는 명당에 이장하고, 모친과 함께 서울 근교로 도망간다. 모녀는 부지런히 일하고, 또 하는 일마다 성공해서 부자가 된다. 부잣집의 자제들이 혼인을 청했으나 거절하고, 몰락 양반으로 마을의 비웃음거리가 된 김 총각을 취해 결혼한다.

남편에게 스승을 두어 학문에 전념하게 했으나 원래 우둔하여 깨우침이 없었다. 생각을 바꾸어 서울로 이사 가 이이첨의 이웃에 살면서 남편에게 종일토록 군자의 외양을 갖추고 학문하는 모습으로 있게 한다. 세월이 흘러 마침내 남편은 도덕군자로 소문나고 이이첨도 그렇게 믿게 되었다. 부인(여종)은 은밀히 송아지 한 마리를 사서 들깨와 콩만을 먹여서 기르니 윤기 있게 살찐 소가 되었다. 이이첨이 중병이 나서 산해진미도 싫다 할 때, 그 소를 잡아 포를 떠서 수월을 두고 바쳤는데 소 한 마리를 다 먹고서 이이첨의 병도 완쾌하였다. 이이첨이 노복을 통해 김가를 방문할 의사를 밝히자, 부인은 남편에게 말하여서 본색을 탄로내지 말고 다만 겸손하라고만 시켰다. 이이첨은 김씨의 태도를 보고 참군자라고 생각해 벼슬을 천거했으나 굳이 사양하고 곧 딴 곳으로 이사하였다. 아들 삼형제를 낳았는데 인물과 재식이 출중해 고문문사高門文史의 딸과 결혼하였다. 부친을 천거한 이이첨을 배신할 수 없다는 아들들에게 이이첨을 탄핵하는 소疏를 강제로 써 올리게 하였다. 결국 이이첨은 이 소로 인해 제거당하고 아들 3인은 모두 등과해 청백리로서 요직에 있게 되었다. 하루는 아들들이 권귀權貴한 재상을 논박하려고 모의하는 것을 알고 밤에 몰래 불러서 자신의 근원과 여기에 이르게 된 전후의 사정을 이야기해 주었다. 그때 이 사실을 도둑이 듣고 큰 재물을 얻을 욕심으로 곽씨 집에 가 고하였다. 군색하게 살던 곽씨는 기뻐하여 김씨의 집으로 와서 먼저 부인에게 이 사실을 알린다. 부인은 기뻐하며 친정오라비가 왔다고 반기며, 안으로 들어와서는 노주의 예로 공경하였다. 곽씨 또한 친척으로 김씨의 집에 드나들며 원하는 바를 얻고, 또 김씨 아들들의 도움으로 군수자리를 얻게 되었다.[82]

「졈명혈동비혜식」에서 여종은 주인집에서 거절한 길지에 몰래 부친의 뼈를 묻는다. 때문에 여종의 행위는 상대적으로 가벼운 도덕적인 책임을 지게 된다. 설화는 여종의 발복 과정을 집중적으로 다루고 있는데 그 과정도 명당에 의한 신비로운 힘에 의존하는 것이 아닌 여종의 지혜로 이루어진다는 점이 특이하다. 명당에 산소를 정한 뒤 하는 일마다 성공해서 부자가 되지만 그 전제도 역시 부지런히 일했기에 가능한 것이었다. 부자가 된 후부터는 더욱더 여종의 지혜와 선견지명이 강조되었는데 우선 부잣집 자제들의 청혼을 마다하고 몰락한 양반가의 총각과 결혼을 한 점, 남편이 우둔하여 스스로 입신양명하기 어렵게 되자 이이첨의 신뢰를 얻는 방법을 택한 점, 세 아들이 등과하여 요직에 이르기까지의 과정에서도 모두 여종 스스로의 능력이 돋보인다. 그리고 나중에는 원래의 주인이었던 곽씨 또한 여종의 도움으로 군수에까지 이르게 되는데 이는 한편으로는 군수 일인이 날 자리에 묫자리를 정한 곽씨 자신의 발복이기도 하지만 직접적인 도움은 여종에게서 얻게 된다. 결과적으로 보면 「졈명혈동비혜식」은 명당을 포기한 자와 그 명당을 획득한 자 모두에게 발복이 이루어진다. 이는 「발복」에서 억이가 명당에 몰래 어머니의 송장을 묻은 뒤 혼자만 재물을 얻게 되는 것과는 확연히 다른 부분이다. 「발복」에서 억이는 홍정승의 묫자리에 몰래 합장하는 명확한 불법행위를 저지름으로써 「졈명혈동비혜식」에서보다 훨씬 큰 도덕적 책임이 따른다. 하지만 그럼에도 불구하고 명당을 절반 뺏긴 피해자인 홍정승은 발복에 실패하고 가해자인 억이가 오히려 발복한다는 것을 통해 소설은 궁극적으로 명당발복의 풍수설은 미신적인 행위에 불과함을 보여 주고 있는 것이다.

풍수설은 고전 소설에도 수용되었는데 그 영향이 크지는 않았다. 풍수설과 풍수설화가 수용된 고소설에는 「정을선전」, 「홍길동전」,

「김평국전」, 「이윤구전」, 「임진록」, 「흥부전」(박타령계렬), 「춘향전」 등이 있는데 「정을선전」과 「홍길동전」의 풍수설은 조선관념祖先觀念의 구현과 관련되어있고 「김평국전」과 「이윤구전」은 명당을 둘러싼 상쟁에, 「임진록」은 단맥斷脈에, 「흥보가」는 명당의 발복관념에 각각 관련되어있다. 그중 「흥보가」에 삽입된 풍수설은 도승이 흥부에게 집터를 잡아주는 부분을 말하는데 이는 흥부가 박을 통해 부자가 되는 원인遠因[83]으로 작용한다.

현대 소설에도 풍수설이 수용되었는데 김동리의 「황토기」, 승지행의 「련화도수」, 오유권의 「혈」, 송기숙의 「자랏골 비가」, 전상국의 「하늘 아래 그 자리」, 김원일의 「바람과 강」, 현길언의 「세상살이」, 신영철의 「하늘 국화」 등이 있다. 그중 「황토기」, 「련화도수」, 「세상살이」, 「자랏골 비가」 등에서는 명당을 둘러싼 암울한 상쟁과 그 결과로 파멸해가는 인간을 통해 풍수설을 부정적으로 수용하고 있다.[84]

「발복」에는 또 한반도 현대문학의 흔적들이 곳곳에 보이는데 한겨울에 생선이 먹고 싶다는 노모의 소원대로 억이 물고기를 잡아온 날 노모가 세상을 떠나는 상황은 현진건의 「운수좋은 날」의 마지막 장면을 떠올리게 한다. 「운수좋은 날」에서 김첨지의 아내가 조밥도 못 먹는 살림에 설렁탕이 먹고 싶다는 소원을 말하는 장면은 「발복」에서 한 끼 때우기도 벅찬 살림에, 그것도 엄동설한에 물고기가 먹고 싶다고 말하는 장면과 오버랩되며 「운수좋은 날」에서 설렁탕을 사온 날 아내가 죽는 설정은 「발복」에 와서 물고기를 잡은 날 노모가 세상을 떠나는 설정으로 치환되었다. 이는 힘든 생활을 영위해가며 사회 최하층이 겪는 슬픔을 극대화한 「운수좋은 날」에 대한 의도적인 패러디로 해석할 수 있다.

「발복」의 패러디는 홍정승의 부인이 홍정승의 아들로 둔갑한 억이와 남편의 닮은 곳을 찾는 모습에서도 계속된다.

> "얘야, 저 놈이 물 켜는 걸 좀 보아라."
>
> "그건 왜요?"
>
> "너의 아버지도 냉수 하나는 잘 자셨느니라."
>
> "그런데요?"
>
> "냉수 좋아하는 성미가 꼭 너의 아버지를 닮았단 말이다."
>
> (중략)
>
> "아버지가 냉수를 그토록 좋아하셨던가요?"
>
> "좋아하시고말고. 그러길래 혈육은 속일 수 없다는 말도 있지 않냐. 성미가 닮은 걸 봐서 너의 아버지 씨를 받은 놈임에 틀림없는 것 같구나."
>
> (중략)
>
> "그것만 가지고는 아직 확실한 판단을 내릴 수 없습니다. 그 밖에 다른 데는 더 닮은 데가 없습니까?"
>
> (중략)
>
> "얘야 또 닮은 데가 있다."
>
> "어딥니까?"
>
> "저놈의 발가락을 좀 봐라. 천상 너의 아버지 발가락 같구나. 그렇지, 발가락이 닮았다!"
>
> 홍정승의 아들은 어머니의 자신만만한 증언을 믿고 다시는 더 의심할 여지없이 이복동생임을 승인하고 말았다. 그리고 억이를 불러내서 어머니에게 인사를 시켰다. (김용식, 「발복」, 106~107쪽)

「발복」의 발가락이 닮았다는 내용은 김동인의 소설 「발가락이 닮았다」에 대한 패러디이다. 「발가락이 닮았다」에서는 생식능력을 잃은 M이 아내가 아들을 낳자 자신의 아들이 아닌 줄을 알면서도 가운데 발가락이 긴 것이 자기와 꼭 닮았으니 자신의 아들이라고 인정한다. 「발복」에서는 「발가락이 닮았다」의 클라이막스인 “발가락이 닮은 것”으로 자신의 혈육임을 인정하는 부분을 그대로 패러디하였는바 홍정승 일가에서 억이를 배다른 자식으로 받아들이는 데 있어 발가락이 결정적 역할을 하게 된다. 이 부분은 「발복」의 풍자적 색채를 가장 선명하게 드러내는 부분이기도 하다.

이상에서 「발복」과 한반도 풍수 설화, 고전소설과 현대소설 사이의 상호텍스트성에 대해 두루 살펴보았다. 문헌 설화에 수록된 풍수 설화는 「발복」의 창작에 소재를 제공하였고 풍수담이 수용된 고전 소설과 현대 소설은 풍수담에 대한 관점이 시대에 따라 점차 부정적으로 변해가는 과정을 보여주었다. 「발복」은 또 이야기의 전개 과정에 현대 문학의 전형적인 장면들을 패러디하여 해학성과 풍자성을 두드러지게 하였다. 결론적으로 보면 「발복」의 기저에는 작가의 봉건미신에 대한 비판적 시각이 깔려 있다. 소설은 풍수설을 미신으로 여겼고 지관이 지정한 명당은 발복은커녕 재물을 빼앗기는 결과만 초래하였다는 점을 통해 미신의 폐단을 강조하고 있다. 하지만 억이가 명당에 어머니의 송장을 모시게 된 동기나 결과적으로 물질적 부를 얻게 되는 것은 명당 발복담에 대한 신뢰를 보여주는 아이러니를 초래하기도 했다.

4장 김용식의 중편역사소설 연구

1. 「무영탑」의 그림자

1) 무영탑 전설의 전승과 변이

불국사 3층탑을 둘러싼 무영탑無影塔 관련 설화, 소설의 원형이 산생된 근거를 일연의 『삼국유사』에서 단서를 찾을 수 있다. 그런데 이 원형은 불국사 3층탑을 지을 때인 것이 아니라 선덕여왕善德女王(재위 632－647)이 신라를 다스리던 시기 황룡사 9층탑을 쌓을 때 생긴 일과 더 밀접한 관련이 있다.

> (지장법사는) 정관 17년 계묘 16일, 당나라 황제가 하사한 불경, 불상, 가사, 폐백을 가지고 귀국하였다. 자장법사는 불탑을 축조할 일을 선덕여왕에게 상주하였다. 선덕여왕은 이 일로 뭇신하들과 상논하니 뭇신하들이 "백제에서 장인을 청해 와야만 탑을 세울 수 있을 것이옵니다."라고 대답했다. 그리하여 보물들을 보내면서 장인을 보내달라고 백제에 청했다. 백제에서 보내온 아비지라는 장인이 탑을 쌓는 일을 관장하였다. 그리고 이간 용춘, 간고가 신라의 하급 장인 1백 명을 거느리고 거들었다. 사찰의 기둥을 세우는 날 아비지는 꿈속에서 자기의 조국인 백제가 망하는 광경을 보았다. 그리하여 의구심이 생겨서 일손을 멈추었더니 갑자기 땅이 뒤흔들리고 천지가 새까맣게 변했는데, 한 늙은 승려와 젊은 장사가 황금으로 만든 궁전의 대문으로부터 나와 기둥을 바로잡아 세워놓더니 어디론가 사라져 버렸다. 이리하여 아비지는 마음을 고쳐먹고 그 탑을 준공하였다고 한다. 사찰의 기둥에는 "무쇠 같은 기초는 우로는 그 높이가 42자요, 아래로는 183자"라고 기록되어 있다. 자장법사는 오대산에서 받아온 사리 100알을 여러 기둥에 나누어 봉안하였다.[85]

여기서 나오는 백제의 장인 아비지阿非知는 후세의 「무영탑」 관련 설화에 등장하는 백제의 석수쟁이 아사달阿斯達과는 이름이 좀 다르고 그와 관련된 이야기는 「무영탑」 설화나 소설들에서 나오는 부부간의 희로애락을 다룬 애절한 사랑의 이야기와는 거리가 멀다. 또한 무영탑의 유래로 볼 수 있는 그림자에 대한 언급도 없다. 다만 신라의 불탑 축조를 위해 타국(백제)에서 석공을 모셔왔다는 구성만 찾아볼 수 있을 뿐이다.

무영탑의 그림자를 언급한 동시에 영지와 불국사의 관련성을 제시한 기록 중 가장 오래된 것은 『동경잡기』로 볼 수 있는데 "영제影堤" 조에는 불국사 뒷산의 나무와 단청이 비치지 않는 바가 없다는 '그림자' 에 대한 단순 기록만 보인다.

> 영제는 방어지리에 있다. 경주부에서 동쪽으로 30리 떨어진 곳에 있는데, 못은 23섬의 볍씨를 뿌릴 규모이다. 불국사와는 서로 10리 떨어진 곳으로, 불국사 뒷산의 나무와 단청이 비치지 않는 바가 없으므로 영제라 이름하였다.[86]

그 후대의 기록은 성대중의 『청성잡기靑城雜記』의 「동도칠괴東都七怪」에서 찾아볼 수 있는데 무영탑은 그중 일곱 번째 괴이한 일로 서술되어 있다.

> 동도의 옥피리는 문경새재를 넘으면 소리가 나지 않고, 안압지雁鴨池의 부초는 연못의 수위에 따라 오르내리면서 항상 가라앉지 않고, 백률사柏栗寺의 순송筍松은 가지를 잘라내도 움이 트며, 매월당의 북향

> 화北向花는 해를 등지고 피며, 기림사祇林寺의 감천甘泉, 또는 오색 작약은 옮겨 심으면 제 빛깔이 나지 않으며, 불국사佛國寺의 무영탑無影塔은 그것만 못에 그림자가 비치지 않으니 이것이 동도의 일곱 가지 괴이한 일이다.[87]

그 뒤에 전해지는 「무영탑」 이야기의 기본골자를 제대로 갖추고 있는 기록은 『화엄불국사 고금역대 제현창기』에 실려 있는데 "서석가탑西釋迦塔 일명 무영탑" 조이다.

> 속전에 이르기를, 불국사 창사 시 당나라에서 온 한 석공이 있었는데 누이인 아사녀가 와서 석공을 만나자고 요구하였으나 큰 공사가 끝나지 않아 더러운 몸의 출입을 허락할 수 없다고 하며, 다음날 아침 곤방으로 십 리쯤에 천연으로 생긴 못이 있으니 그곳에 가면 볼 수 있을 것이라고 하였다. 아사녀가 그 말에 의지해서 가서 보니 과연 거울처럼 비쳤다. 그러나 탑 그림자는 없었다. 그래서 이름을 무영탑이라고 하였다.[88]

이 전설에 등장하는 그림자 연못은 실재한 못이었다고 하는데 조선 후기의 대선사 초의선사草衣禪師(의순, 1786 – 1866)의 「불국사 회고」[89]에서 그 근거를 찾을 수 있다.

升天橋外九蓮池	승천교 너머에는 구련지가 버젓하고
七寶樓台水底移	칠보 누대 밑에는 물결이 일렁인다.
無影塔看還有影	무영탑 아래 외려 그림자 있으니
阿斯來鑒到今疑	아사녀가 지금까지 비춰있나 의아해 하리.

「불국사 회고」, 초의시고 권1, 2번째 시

시에는 주석이 병기되어 있었는데 그 내용은 다음과 같다.

> 사지에 말하기를, 정원에는 탑이 둘 서 있는데 그중 하나가 무영탑이다. 탑을 만든 이는 당나라 사람이었는데, 그 누이 이름이 아사였다. 그를 찾아와 영지 주변을 서성거리고 있는데, 궁전과 당간지주·탑 들이 모두 수면에 비쳤으나 오직 정원의 다보탑만 그림자가 없었기 때문에 무영탑이라 불렀다고 한다.[90]

"무영탑에서 보니 어른대는 저 그림자無影塔看還有影"라는 이 시구에서 조선시대에는 이미 불국사의 다보탑이 "무영탑"으로 불려졌음을 알 수 있다. 지난 1970년대 불국사 복원 당시 기록(보고서)을 보면 비가 온 후 석가탑 근처 연못으로 추정되는 곳에 물웅덩이가 생겼고 탑 그림자가 비쳤다고 한다. 이 기록에서 주목되는 점은 "무영탑"이라는 명칭이 나타나고 있다는 점이다. 이로부터 우리가 비록 그 시절 무영탑에 어려 있던 구체적인 이야기는 파악할 수 없지만 무영탑에 관련된 이야기가 떠돌아다니고 있었음을 짐작할 수 있다.

그 뒤 일제 강점기에 이르러 오사카 긴타로와 오사카 로쿠손의 영지조에 와서 석공은 이름 없는 당인으로 그려지지만 아사녀는 누이가 아닌 부인으로 바뀌었다. 남편을 기다리던 아사녀가 석가탑 그림자가 영지에 계속 비치지 않자 연못에 투신하고 공정을 마친 석공은 연못이 있는 바위에 부인의 모습을 닮은 부처상을 조각한 뒤 부인을 따라 투신한다는 비교적 구체적인 이야기를 담게 된다.[91] 그 이야기 구성은 현진건의 기행문 「고도순례-경주」[92]에서도 볼 수 있는바 그 줄거리는 다음과 같다.

시기는 신라 35대 경덕왕 때였다.

재상 김대성이 석공을 모아 불국사 불사를 시작하면서 당나라 석공에게는 석가탑을 맡겼다.

석공이 침식도 잊고 일에 매진하며 몇 해를 보내자 당나라에서 아내가 찾아왔다.

여인의 몸으로 신성한 절문에 들어가지 못한다며 거절당했다.

문지기가 어디 가면 큰 못이 있고, 공사가 끝나면 석가탑의 그림자가 못에 비칠 것이니 그때 오라 하였다.

아내가 그 못가에 가서 기도하며 2년을 기다렸으나 석가탑은 비치지 않았다.

아내는 아무리 기다려도 석가탑 그림자가 비치지 아니 하자 못에 몸을 던졌다.

석공은 소식을 듣고 서둘러 공사를 마치고 찾아 왔지만 아내는 보이지 않았다.

석공은 밤낮으로 못을 돌며 아내를 찾았는데, 하루는 물가에 사람 그림자가 나타났다.

석공이 그 그림자를 잡으니 아내가 아니고 사람만한 바위 덩이였다.

석공이 아내의 얼굴을 잊지 않으려고 조각을 시작하자 아내는 부처의 모습이 되었다.

조각이 완성되자 석공은 못에 몸을 던져 아내 뒤를 따랐다.

그 이후에도 무영탑 전설은 줄곧 경주, 나아가 조선의 중요한 전설 중 하나로 오랜 시간 전승되어 왔다. 그중 최상수의 『경주의 고적 전설』(양양사, 1947), 『경주의 고적과 전설』(대제각, 1954), 『한국 민간전설집』에는 "영지影池"라는 제목의 무영탑 관련 전설이 실려 있는

데 『한국민간전설집』에는 이 전설이 「1934년 경주군 경주읍내의 김선도담」으로 되어 있다. 전 두 편의 전설과 제목과 내용이 동일한 것으로 보아 모두 동일인의 제보에 의한 기록임을 알 수 있다. 줄거리는 대체로 아래와 같다.

신라 서른 다섯째 임금인 경덕왕 10년의 일이다.

김대성이 불국사를 중창하였을 때, 당나라에서 건너 온 석수 한사람이 있었다.

석수는 조국의 명예를 위해서, 예술의 감격으로 인해 사랑하는 아내도, 세월 가는 것도 잊고 일심전력으로 몸을 역사에 바쳤다.

고국에 외롭게 남겨진 젊은 아내 아사녀는 남편이 여러해 동안 소식이 없자 신라로 건너온다.

아사녀는 불국사 문 앞에서 여자는 부정하다 하여 절문 안에 들어서는 것을 허락받지 못한다.

절문을 지키던 사람이 가여운 마음에 근처에 있는 큰 연못에 가서 탑의 그림자가 비칠 때까지 기다리라고 한다.

아사녀는 아침 저녁 못물을 들여다보며 기다린다.

석공이 아내의 소식을 들었을 때는 역사가 끝난 다음이었다. 그가 못가로 뛰어가서 아내를 찾았으나 보이지 않았다.

아내는 아무리 못물을 들여다보아도 탑의 그림자가 비치지 않자 연못에 뛰어들어 빠져 죽었다고 했다.

못가의 바윗돌에서 아사녀의 환영을 본 석공은 바윗돌에 부처의 모양을 새기기 시작한다.

「영지」의 무영탑 전설의 내용은 대체로 현진건의 「무영탑 전설」

과 크게 다르지 않다. 하지만 결말 부분에서 당나라 석공이 아사녀의 뒤를 따라 못에 뛰어든다는 부분은 등장하지 않는다. 「무영탑」 전설의 기본적인 내용이 큰 변용이 없이 당대에까지 전이되는 한편, 설화를 모티프로 새롭게 창작한 현진건의 장편소설 『무영탑』의 영향으로 당나라에서 온 석공을 백제에서 온 석공으로 기록한 전설들도 새롭게 등장하기 시작했다. 얼핏 『삼국유사』에 나오는 황룡사 9층탑 전설과도 비슷한 구성을 보이는 이 전설은 무영탑 전설의 또 다른 갈래인데 '정통' 전설보다 더 자주 언급되고 더 쉽게 찾아볼 수 있는 전설로 그 명맥을 이어왔다.

『한국의 전설기행』과 『한국불교전설 99』에 각각 "영지에 어리는 아사달의 영상"[93]과 "비련의 무영탑"[94]이란 제목으로 기록된 「무영탑」 전설은 전반 구성과 흐름에서 기존의 전설들과 차이가 없지만 당나라 석공이 백제의 석공으로 변이된 부분이 흥미롭다. 이는 민족주의적 경향이 짙은 현진건의 작품의 영향이 그만큼 컸음을 반증하는 것이기도 하다. 또 소설의 인기에 힘입어 그 이후에는 소설을 원형설화로 착각하여 기록한 결과이기도 하다.

일제 강점기를 경상도에서 보낸 김용식이 현진건의 소설 『무영탑』을 읽었을 가능성을 배제할 수 없다. 하지만 그에 앞서 「무영탑」 전설 또한 익히 알고 있었을 것이다. 때문에 그는 1980년대에 와서도 「무영탑」전설을 원래의 모습 그대로 기억하고 있었다. 김용식이 발표한 「무영탑」전설의 기본 줄거리는 다음과 같다.

> 신라 35대 경덕왕 때의 일이다.
>
> 재상 김대성이 왕명을 받들고 불국사를 짓게 되자 친밀한 국교를

맺고 문화교류를 크게 벌리던 당나라로부터 명공을 데려왔고 가장 간고하고도 막중한 역사인 석가탑을 그에게 맡겼다.

석공은 침식도 잊고 아내에 대한 그리움도 참아가며 석가탑을 짓는데 몸과 마음을 다하였다.

고국에 홀로 남겨졌던 아사녀는 쉬이 돌아온다던 남편이 몇 해가 흘러도 돌아오지 않자 남편을 찾아 신라로 향한다.

낯선 길을 떠난 아사녀는 몇 달이 지난 후 신라에 이르러 불국사를 찾아간다.

아사녀는 불국사 문 앞에서 완공하기 전에는 신성한 절문을 들어설 수 없다는 말을 듣고 망연자실한다.

아사녀의 하소연을 들은 문지기가 큰 못에 가서 석가탑의 그림자를 보며 역사가 끝날 때 다시 찾아오라고 한다.

아사녀는 문지기가 알려준 못으로 가서 하염없이 기다렸으나 유독 석가탑 그림자만 비치지 않는지라 그에 절망하여 치마폭을 뒤집어쓰고 못에 몸을 던지고 만다.

김용식의 「무영탑」 전설이 기타 전설과 다른 점은 아사녀가 신라로 가는 과정을 구체적으로 묘사한 부분이다. 이 부분은 그의 소설 「무영탑」에서도 그대로 드러나는바 현진건의 장편소설 『무영탑』과 가장 크게 다른 부분이기도 하다. 그리고 결말 부분은 아사녀가 못에 뛰어 드는 걸로 끝을 맺는데 기존 전설에 등장하는 석공이 돌에 부처상을 새기거나 아사녀를 따라 못에 뛰어드는 내용은 언급되지 않았다.

무영탑 관련 전설의 전승과정을 정리해보면 신라에서 불가탑을 축조할 때 백제에서 석공을 청해 왔다는 내용은 『삼국유사』의 기록이 가장 오래된 것인데 여기에서 언급한 불가탑은 불국사의 석가탑이나 다보탑이 아닌 선덕여왕재위 시기의 황룡사 9층 석탑이다. 불국사의 불탑 축조를 배경으로 하는 전설 중에서 가장 오래된 기록은 「동경잡기」인데 여기서는 불국사와 그림자 연못의 관계를 천명한 내용만 언급하고 있다. 그리고 지금까지 전해진 내용에 가장 근접되게 기록된 것은 「화엄불국사 고금역대 제현창기」인데 여기서는 불국사 창사시 당나라에서 석공을 모셔오고 그의 누이인 아사녀가 그를 찾아 서라벌로 와서 그림자 연못에서 기다리지만 그림자가 비치지 않았다는 내용을 담고 있다. 초의선사는 「불국사회고」의 시를 통해 이 그림자 연못이 실재함을 기록하는 동시에 이례적으로 그림자가 비치지 않은 탑보탑으로 언급한다. 그리고 일제 시기에 이르러 오사카 긴타로와 오사카 로쿠손에 의해 아사녀는 누이에서 아내로 바뀌며 그 뒤 「무영탑」 전설은 대체로 그림자가 없는 석가탑에서 야기된 젊은 내외의 비극적 사랑을 담고 있다. 또 이 전설을 원형으로 새롭게 창작한 현진건의 장편소설 『무영탑』의 영향으로 그 이후의 전설에서 석가탑을 축조한 석공이 당나라가 아닌 백제에서 온 것으로 변이되어 전통전설과 함께 꾸준히 전승되어 왔다.

2) 무영탑 관련 전설, 소설의 상호텍스트성

김용식의 중편역사소설 「무영탑」은 1987년 요녕인민출판사에 의해 단행본으로 출판되었다. 이 작품은 기본적으로 한반도에서 오랫동안 구비 전승되어 온 「무영탑」 전설을 스토리의 기본 골자로 하면서도 적지 않은 세부 내용을 많이 변용하거나 보충하였다. 그 줄거리를 요약하면 다음과 같다.

당나라 시절 중국 강남 땅에 있는 구화산九華山(안휘성 池州市 青陽縣 경내에 있음)에 신라인 지장법사의 탑을 만들어 세운 이름난 석공 왕씨의 아들 아사달은 당나라의 도읍인 장안에 신축하는 대명궁 공사장에 뽑혀 올라가게 되어 결혼한 지 얼마 안 되는 아내 아사녀와 같이 장안으로 올라간다.

신라 제35대왕 경덕왕(재위 742—765)의 칙지를 받들고 당나라로 석공을 구하러 온 신라의 사신 계림공은 대명궁 건축현장에서 기술이 빼어난 석공 아사달을 발견한다. 계림공의 청을 당나라 조정에서는 받아주었으나 갓 결혼한 아내 아사녀가 있는 아사달은 수륙 만리 낯선 신라에 가기를 원치 않았다.

하지만 황제의 칙령이라 부득이 신혼부부는 이별하게 되며 아사달은 신라에 가서 불국사의 석가탑을 세우는 일을 맡아 하게 된다. 남편과 헤어진 후 아사녀는 구화산으로 되돌아가게 된다. 몇 년이 지난 뒤 아사녀는 남편 아사달과 상봉하기 위하여 여자의 몸으로 신라를 향해 떠나며, 간난신고 끝에 신라 땅에 도착한다.

그러나 신라 불국사의 건축을 관장하던 신라의 대감 김대성은 아내를 만나게 되면 아사달의 마음이 들뜰까 봐 아사녀가 찾아온 소식을 비밀에 부치고 불국사 공사현장에 절대 들여놓지 못하게 하라는 엄명을 내린다. 아사녀는 5년 동안 연못가에 앉아서 남편의 얼굴과 남편이 만들고 있는 석가탑이 이 수면에 비치기를 기다렸으나 모두 허사였다. 아사녀는 실망한 나머지 그만 정신이 황홀하여 치마폭을 뒤집어쓰고 못 속에 몸을 던져 자살하고 만다.

석가탑이 훌륭하게 완성되자 신라 불국사 공사장의 문지기는 아사달에게 아내가 당나라에서 찾아와서 오랫동안 애타게 기다리다가 연못에 빠져 죽었다는 사실을 알려준다. 이 비보를 전해 들은 아사달은 사랑하는 아내의 얼굴을 바윗돌에 새기고는 아내의 뒤를 따라 역시 그 연못에 몸을 던져 죽고 만다. 신라 사람들은 아사녀와 아사달의 죽음을 슬퍼하며 그들의 시신을 건져내서 토함산 기슭에 고이 묻어주었고 그들의 죽음을 초래한 석가탑을 무영탑이라고 이름지어 불렀다고 한다.[95]

김용식의 중편소설 「무영탑」은 조선의 무영탑 전설과 그 기본적인 이야기 줄거리, 주제사상 등 많은 면에서 많은 일치성을 보이고 있는바 밀접한 상호텍스트성을 갖고 있음을 알 수 있다. 그러나 김용식의 「무영탑」은 조선의 무영탑 전설과 비교해보면 적지 않게 변용되고 보충되었음을 알 수 있다.

조선의 「무영탑」 전설이 주로 아사달이 신라로 온 뒤의 상황들에 중점을 두었다면 김용식의 「무영탑」은 당나라의 모습과 아사달을 찾아 신라로 향하는 아사녀의 여정에 필묵을 더 들이고 있다. 여기서 작가의 창작의도를 엿볼 수 있는데 김용식은 작품을 통해 중국과 한반도 양국 간의 문화교류의 유구한 역사를 보여주고자 하였다. 실제로 신라의 불교는 당나라 시기 중국화한 선종禪宗의 영향을 크게 입으면서 발전하였다. 신라의 승려들이 당나라에 건너가서 불법을 배우고 돌아올 때는 불경, 불상, 가사 같은 것을 가지고 귀국했을 뿐만 아니라 중국의 승려들이 신라에 와서 포교를 하거나 중국의 석공들이 불상을 만들기도 하였다. 이를테면 『삼국유사』에는 신라 때의 백률사栢栗寺 대웅전에 봉안된 석가모니상은 '중국의 신장中國之神匠'이 만들었다고 기록되어 있다.

계림의 북악은 금강령이라고 하는데, 그 산의 양지쪽 기슭에 백률사가 자리잡고 있다. 이 절에는 석가모니의 불상이 하나 모셔져 있는데 어느 때에 만든 것인지 알 수 없다. 혹자는 중국에서 온 신령스러운 장인이 중생사의 불상을 만들 때 함께 만들었다고 한다.[96]

김용식은 또 「무영탑」에서 불국사를 짓게 된 동기와 당나라의 유명한 석공을 청해 오게 된 경위를 신라 경덕왕 때의 재상의 아들 김대성金大城(? —774)의 꿈 이야기를 빌어서 설명하고 있는데 이 역시 전래의 「무영탑」 전설에서는 보이지 않는 부분인 바 김용식의 「무영탑」제10장의 관련 내용은 일연의 『삼국유사』에 실려 있는 김대성의 꿈 이야기에서 온 것이다.

김용식의 「무영탑」 제10장의 관련 내용:

신라에도 재주가 고명한 석수쟁이들이 얼마라도 있었는데 왜 하필이면 당나라까지 가서 청해와야만 했는가? 여기에는 그럴만한 연유가 없지 않았다. 불국사를 짓게 된 동기와 당나라 명공을 청해오게 된 연유를 잠깐 살펴보기로 하자-

김대성이 소싯적에 사냥을 매우 좋아했는데 한번은 서라벌 남산에 가서 곰 한 마리를 잡았다. 그런데 얼마 후 꿈에 곰의 망령이 나타나서 원수를 갚겠다고 대들었다.

"이놈, 니가 나를 잡았으니 나도 너를 물어죽이겠다!"

"내가 잘못했다. 제발 살려만 다고. 그러면 내가 너에게 속죄하기 위해 무슨 청이든 다 들어줄 테다. 그리고 좋은 일을 많이 해서 적선을 하겠다."

"그것이 정말이냐?"

"정말이 아니고 내가 어찌 거짓말을 하겠나…"

대성은 손을 싹싹 비비며 애원했다.

"그럼 내 혼을 위로해주는 절을 하나 지어줄 수 있겠냐?"

"있다마다. 살려만 주면사 절뿐이겠나. 그보다 더한 게라도 다 들어주마."

"좋다. 얼른 절을 지어라. 니가 만약 나를 속였다간 다신 용서치 않을 테다!"

대성은 꿈속에서 약속한 대로 곰을 잡던 장소에다 장수사를 짓고 곰의 혼을 위로해주었다.

이것이 동기로 되어 자기의 죄를 참회하게 된 대성은 남에게 어질고 부모에게 효도하는 착한 사람으로 변했다. 그로부터 불교를 독실하게 믿기 시작한 대성은 곰을 위해 절도 세웠을라니 왜 부모를 위해 절을 세우지 못하랴면서 토함산 중턱에 부모의 무병장수를 빌기 위한 불국사를 지었다는 것이다.(김용식,「무영탑」, 311~312쪽)

『삼국유사』중의 김대성이 불국사를 짓게 된 연유:

김대성이 소싯적에 사냥을 좋아해 하루는 토함산에 올라가 곰 한 마리를 잡고 산밑 마을에서 잠을 자는데, 꿈에 곰이 귀신으로 변하여 말하기를 "네가 나를 죽였으니 나도 너를 잡아먹을 것이다." 하므로 김대성이 겁에 질려 용서하기를 비니 곰 귀신이 말하기를 "네가 나를 위해 절을 지어주겠는가?" 하므로 김대성이 그렇게 하겠다고 맹세했다. 그 뒤 김대성은 곰을 위하여 사냥하던 자리에 장수사를 세웠다. 이리하여 마음에 감동되는 바가 있고 불교에 대한 믿음은 날로 독실해져서 현세의 부모를 위하여 불국사를 창건한 다음 전세의 부모를 위하여 석불사石佛寺(토함산 정상에 있는 석굴암石窟庵)를 지었다고 한다.[97]

이상의 인용문에 대한 대조를 통해 김용식의 「무영탑」에서 불국사를 짓게 된 동기를 설명하는 대목에서 『삼국유사』의 김대성의 이야기를 끌어 왔음을 알 수 있다. 그리고 우리는 이 대목의 인용문을 통하여 이는 신라인들이 곰을 영물로 모셨던 샤머니즘 전통이 불교를 수용했던 8세기의 시점에서도 여전히 사라지지 않고 있었음을 알 수 있으며, 아울러 신라의 불교에는 내세적인 가치관, 윤리관과 더불어 아주 강한 현세실용적인 가치관, 윤리관이 혼재되어 있음을 알 수 있다.

김용식의 「무영탑」 9장에서 인용된 「에밀레종」 전설 역시 중요한 기능을 수행하고 있다. 이른바 「에밀레종」 전설은 신라시대의 봉덕사에 걸려 있었던 「성덕대왕신종聖德大王神鍾」에서 파생된 것이다. 「성덕대왕신종」에 관련된 『삼국유사』의 기록을 옮기면 다음과 같다.

> (신라 경덕대왕은) 또 황동 12만 근으로 별세한 부왕 성덕왕을 위해 큰 종 하나를 만들고자 했으나 이 일을 성취하지 못하고 붕어했다. 그의 아들인 혜공대왕 건운은 대력 경무 12월에 유사구의 장인들에게 명령을 내려 큰 종을 주조하여 봉덕사에 걸어놓았다. 이 봉덕사는 효성왕 개원 26년 무인에 별세한 부왕 성덕대왕의 음복을 기원하기 위해 지은 것이므로 이 종에 "성덕대왕신종지명"이라고 아로새겨 넣었다.[98]

위에서 인용한 『삼국유사』에 수록된 「성덕대왕신종」에 관한 기록에는 별다른 전설이 기재되어 있지 않다. 「에밀레종」 전설을 척불양유斥佛揚儒의 종교사상 시책이 실시되어온 조선조에 이르러서야 비로소 생겨난 전설로 추정할 수 있는 근거는 바로 위에서 인용한 일연의 『삼국유사』에서 찾을 수 있다.

「에밀레종」 전설은 한반도의 경상북도를 중심으로 하여 조선팔도에 널리 전파되어 오랫동안 전승되어온 민간 구비 전설이다. 이를테면 경기도 출신의 황구연(1909−1987)이 구술한 설화에도 「에밀레종」 전설이 들어가 있다. 그 줄거리를 요약하면 다음과 같다.

> 큰 종을 만들어 선왕들의 명복을 빌라는 신라 혜공왕의 어명을 받은 봉덕사의 중들은 종을 만드는 데 필요한 재물을 민간에서 거두어 들이려고 방방곡곡 집집마다 찾아다니다가 한 민가에 들어간다. 중이 시주를 하라고 하자 젊은 부인이 "우리 집엔 나와 이 어린 애밖에 없으니 나를 죽이고 이 애나 가져가든지"라고 대답한다.
>
> 그 뒤 혜공왕은 나라의 인력과 재력을 기울여서 큰 종을 만들기는 하였지만 아무리 종을 쳐도 소리가 나지 않았다. 그 원인을 조사하던 중 젊은 여인네 집에 시주를 받으러 갔던 중이 여인이 "시주할 게 없으니 아이라도 가져가겠으면 가져가라"고 했던 일까지 토설한다. 이에 혜공왕은 그 중을 보고 어린애를 가져오라고 불같이 호령한다.
>
> 그리하여 큰 종을 뚜드려 부수어서 다시 녹이고는 펄펄 끓는 쇠물 속에다 그 어린아이를 집어넣었다. 큰 종이 만들어지자 종을 쳤더니 "에밀레, 에밀레!(어머니 때문에, 어머니 때문에!)"하고 어린 딸이 어머니를 부르는 소리 같은 이상한 소리가 났다. 지금도 이 에밀레종은 경주박물관의 종각에 걸려있다고 한다.[99]

김용식이 「무영탑」에서 설정한 시대적 배경은 신라에 불교가 전파되어 임금으로부터 백성에 이르기까지 불교를 신앙하는 열기가 그야말로 가마 속의 끓는 물처럼 들끓고 있었던 시절이었다. 그런데 척불양유의 조선시대에나 만들어질 수 있었던 「에밀레종」 같은 전설을 끌어다 넣은 것이 타당할지는 재고할 필요가 있다. 물론 허구적인 요소가 많은 비중을 차지하는 야담형 역사소설에서 이렇게 견강부회牽

强附會를 하는 것은 흔히 볼 수 있는 현상이기는 하지만 말이다.

튼튼한 뿌리를 갖고 오랜 시간을 거쳐 그 맥을 이어온 무영탑 전설은 1938년 현진건에 의해 장편소설 『무영탑』으로 재탄생되고 또 50년이 지난 1980년대에 김용식에 의해 중편소설 「무영탑」으로 새롭게 탄생하였다. 시간의 선후관계로 볼 때 김용식의 작품이 현진건의 소설의 영향을 받았을 가능성은 충분하나 실제로 이 두 소설은 동일한 설화를 소재로 삼은 부분 외에는 인물 설정과 공간적 배경 등 면에서 거의 공통점을 찾아볼 수 없다.

현진건의 『무영탑』은 1938년 7월 20부터 1939년 2월 7일까지 『동아일보』에 연재되었고 이어 9월에 박문서관에서 초판이 간행되었는데 그 대략적인 줄거리는 다음과 같다.

> 신라 경덕왕 시절, 서라벌 귀족 이손伊飡 유종唯宗의 딸 주만珠曼 은 초파일 불국사에 행차한 왕의 행차에 끼어 구경을 하다 석가탑의 정교한 솜씨에 놀란다. 석공 아사달이 왕 앞에 불려 오고 주만은 그에게 첫눈에 반해버린다. 하지만 아사달에게는 백제에 두고 온 아내 아사녀가 있었다. 아사녀는 아사달의 스승인 아버지를 여의고 아버지의 또 다른 제자인 팽개彭介 등의 괴롭힘에서 벗어나기 위해 남편을 찾아 서라벌로 향한다. 한편 당학파 금지金旨의 아들 금성金城은 꾸준히 주만을 향해 구애를 하지만 마음에 아사달을 품은 주만은 그런 금성을 받아들이지 않고 금성의 열렬한 구애는 번번이 실패하고 만다. 그러다 결국 아사달은 주만의 뜨거운 열정에 마음을 열고 사랑을 나누지만 이손 유종은 당학파인 금지의 가문을 피해 경신敬信과 주만의 혼약을 정한다. 궁지에 몰린 주만은 경신에게 아사달과의 관계를 털어놓고 경신 또한 그들을 돕지만 둘의 관계는 유종에게 들키고 만다. 화형을 당할 위험에 처한

주만을 경신이 구하지만 주만은 결국 죽음을 맞이하고 아사달을 찾아 서라벌에 온 아사녀는 탑이 영지에 비치기만을 기다리다 끝내는 영지에 빠져죽는다. 아사달은 슬픔을 못 이겨 초인적인 예술적 감각으로 두 여인의 모습이 섞인 원불願佛의 조각을 새기고는 영지에 뛰어든다.

현진건의 『무영탑』은 기존의 「무영탑」 전설과 그가 『동아일보』에 발표했던 「무영탑」 전설과는 사뭇 다른 전개를 보이는 바 소설은 무영탑 전설에서 석가탑 축조라는 사안만을 차용한다. 소설은 석가탑 축조를 둘러싸고 아사달과 아사녀의 비극적인 사랑을 다루면서 원형 설화에서는 볼 수 없었던 주변 인물들을 등장시키고 공간적 배경에도 변화를 주는 한편 더 복잡한 사건 전개 과정을 보여주고 있다.

우선 김용식의 「무영탑」과 현진건의 『무영탑』의 차이점을 아사달의 국적에서 찾아볼 수 있는데 위에서 언급한 바와 같이 김용식은 아사달을 화성사 지장탑을 세운 왕석공의 아들로 설정하여 애초부터 아사달과 신라의 인연의 고리를 만들고 있다. 반면 현진건의 『무영탑』에서 아사달은 백제에서 온 부모도 동기도 없는 천애 고아로 스승 부석에 의해 길러진 석공으로 설정되어있다. 그리고 김용식의 「무영탑」에는 석가모니, 김교각, 김대성 등 역사에 실재했던 인물이 간략하게 언급되거나 등장하는 외에 대부분 아사달과 아사녀를 중심으로 이야기가 전개된다. 하지만 현진건의 『무영탑』에는 허구의 인물들이 많이 등장하여 극의 갈등을 만들고 해결해가는 역할을 하는데 그중에는 아사달을 사모하는 주만과 그녀와 혼담이 오고가는 금성, 경신 등이 있다. 그리고 작가의 분신으로 보이는 인물인 이손 유종이 국선도의 거장으로 등장하여 당학파인 금지(김지)와 대립을 이룬다. 작품에서 당학파 금지는 당나라를 무조건적으로 숭배하고 그 노예같은 삶을 자랑으로 여기는 인물이다.

"글쎄 누가 아니라오. 이손의 안목으로는 신라 것이면 뭐든지 다 좋아 보이시겠지만 한번 당나라에를 들어가 봐요. 참 기가 막히단 말이오. 그야말로 옥야천리에 며칠을 가고 또 가도 산 하나를 구경할 수 없는 데가 없다. 산이 높으면 어느 것은 태산이라고, 바루 하늘을 찌르는구려. 하늘에서 내려온다는 황하수는 길이도 수천리, 뭐 바다보담 더 넓은 강은 없나. 경치로 말을 해도 소상강에 실비가 내리는 거라든지, 은하수를 그대로 기울여 놓은 듯한 여산폭포라든지, 이걸 보고 나서 신라 산천을 보면 소위 들판이란 손바닥만 하고 산이라고 올망졸망, 큰 강이라야 뭐 실개천 폭밖에 아니 되니..."(현진건, 『무영탑』, 139쪽)

금지의 아들 금성 또한 부정적인 인물로 묘사되어 있는데 당나라를 유학하고 한림학사라는 벼슬을 따낸 것을 가장 큰 자랑으로 여긴다.

당당한 금시중의 아들이요, 당나라의 말이나 글을 조금만 알아도 금쪽같이 쓰여 먹는 오늘날 자기가 당나라 유학까지 하였겠다, 한림학사란 기가 막힌 벼슬 가자까지 얻었겠다, 어느 모를 어떻게 뜯어놓고 보더라도 신라 천지를 통틀어 자기만한 신랑감은 없을 것이다.(현진건, 『무영탑』, 83쪽)

이들과 대립되는 인물인 주만의 아버지 이손 유종은 강한 민족적 자긍심을 갖고 있는 사람으로서 무조건적으로 당나라를 숭배하는 금지 부자와 그 무리들을 아니꼽게 여긴다.

> 금성 따위는 그의 반눈에도 차지 않을 건 물론이다. 당나라 유학을 하고, 한림학사란 당나라 벼슬참을 한 것을 가지고 금지의 집안에서는 굉장한 영광으로 아는 모양이었으나 유종에게는 오히려 눈꼴이 시었다. (현진건, 『무영탑』, 141쪽)

> 설령 금성이가 출중한 재주와 인물을 갖추었다 하더라도 유종은 이 혼인을 거절할 밖에 없었으리라. 첫째로 금지는 당학파의 우두머리가 아니냐. 나라를 좀먹게 하는 그들의 소위만 생각해도 뼈가 저리거든 그런 가문에 내 딸을 들여보내다니 될 뻔이나 한 수작인가.(현진건, 『무영탑』, 146쪽)

뿐만 아니라 이손은 당나라에 대한 큰 반감을 갖고 있는데 아래와 같은 부분에는 그의 생각들이 잘 드러나 있다.

> 도대체 당학이 무에 그리 좋은고. 그 나라의 바로 전 임금인 당명황만 하더라도 양귀비란 계집에게 미쳐서 정사를 다스리지 않은 탓에 필경 안록산의 난을 빚어 오랑캐의 말굽 아래 그네들의 자랑하는 장안이 쑥대밭을 이루고 천자란 빈 이름뿐, 촉나라란 두메 속에 오륙년을 갇히어 있지 않았는가.
>
> 금지가 당대 제일 문장이라고 추어올리는 이백이만 하더라도 제 임금이 성색에 빠져 헤어날 줄을 모르는 것을 죽음으로 간하지는 못할지언정 몇 잔 술에 감지덕지해서 그 요망한 계집을 칭찬하는 글을 지어 도리어 임금을 부추겼다 하니 우리네로는 꿈에라도 생각 밖이 아니냐. 그네들의 한문이란 난신적자를 만들어내기에 꼭 알맞은

것 이거늘 이것을 좋아하고 배우려 들고 퍼뜨리려 드니 참으로 한심한 노릇이 아닌가.

이 당학을 그대로 내버려두었다가는 우리나라에도 오래지 않아 큰 난이 일어날 것이요. 난이 일어난다면 누가 감당해낼 자이랴.(현진건, 『무영탑』, 146쪽)

석가탑 축조가 경덕왕 10년인 751년에 시작하여 3년 정도의 시간이 걸리고 안록산의 난이 755년부터 763년 사이의 사건인 점을 미루어 볼 때 석가탑 축조 시기 안사의 난을 언급한다는 것도, 더구나 그 결말을 언급한다는 것은 사실과 어긋나는 부분이다. 실제로 신라는 당나라와 친밀한 관계를 유지해 왔거니와 특히 경덕왕 시절에는 당나라와의 교류가 빈번하였고 정치제도와 경제제도 또한 모두 당의 제도를 참조할 만큼 긴밀한 관계를 유지하였다. 오히려 경덕왕 시기 관계가 예민했던 것은 일본이었는바 일본과의 관계는 극도로 악화되어 오랫동안 국교단절 상태에 있었다.

이로써 우리는 현진건의 『무영탑』에서 보이는 당나라에 대한 부정적인 견해는 역사적 진실에 입각한 것이 아닌 현진건에 의해 의도된 장치임을 알 수 있다. 현진건은 작품에서 당학파와 국선도를 주창하는 인물을 맞세워 작가 당대의 친일인사, 친일 풍조를 비판, 공격하는 한편 한민족이 절멸하지 않으려면 주체성을 가지고 민족혼을 지켜나가야 한다고 역설하고 있다. 현진건의 『무영탑』의 핵심적 메시지는 일제에 대한 항쟁을 통해 국권 회복을 꾀하고 나아가서 민족중흥에 대한 암시를 던져주고자 하는 것이었다.[100]

김용식의 「무영탑」은 당나라와 신라의 친선관계를 바탕으로 펼쳐지는 수많은 교류 중 하나의 흐름을 보여주었다. 아사달이 신라에 석가탑을 축조하러 가게 된 연유도 신라와 당나라의 오랜 선린관계에서 비롯된 것임을 강조하기 위해 지장법사인 김교각을 등장시키고 또 그를 통해 당나라와 신라의 관계가 단순히 우열로 획분할 수 있는 갑과 을의 관계가 아닌 상호적인 관계의 반복이었음을 은연중에 드러내고 있다.

3) 「무영탑」의 불교 색채

불교는 인도가 발원지이기는 하지만 한반도의 불교는 대부분 중국을 그 매개로 하여 또는 중국화된 불교를 수용함으로써 형성, 발전되어왔다. 김용식의 「무영탑」은 불교의 상징인 석가탑을 만드는 과정에서 생겨난 애정비극을 다룬 작품이기에 불교 문화의 요소는 이 작품의 아주 중요한 내용적 요소로 되었다. 「무영탑」에서는 불교에서 빼놓을 수 없는 중요한 인물 몇몇을 언급하고 있는데 제7장에서는 어린 아사달이 아사녀의 물음에 대답하는 형식을 통해 불교의 창시자인 석가모니의 출가, 성불과정, 불교대의를 간략하게 보여주었다.

> "석가모니는 나라의 왕자였단다. 장차 왕이 될 사람말이야. 그런데 스물아홉 살 때 그 호화로운 왕궁을 버리고 깊은 설산으로 들어가서 한평생 추움과 굶주림을 참으며 기도를 드리다가 드디어 불탄산 보리수나무아래에서 도를 터득하고 부처가 되었다지 않겠니. 그러니 고생과 고행은 그 의미가 다르지 않고 머야." (김용식, 「무영탑」, 298쪽)
>
> "도 말이야. 한마디로 해석해 줄 수는 없지만 아마 불도들이 지켜야 할 행실이나 걸어야 할 길을 말하겠지. 석가모니가 왕관도 버리고 험하고

무서운 설산으로 들어가 한평생 고행한 것은 자기를 희생하면서도 지옥에 빠져 헤매는 미련한 중생을 건져내기 위한 것이라니깐 그 도라는 것도 사람들에게 자기를 희생하면서라도 선행을 베풀어 지옥에서 헤매는 중생을 건져내는 길을 걸으라고 가르쳐 주는 도리를 말하겠지."
(김용식,「무영탑」, 298)

이상의 석가모니에 대한 나름대로의 해석으로부터 볼 때 김용식의「무영탑」에 등장하는 남주인공 아사달은 불교의 교리를 적지 않게 알고 있는 젊은이이다. 그런데 이 작품은 단순히 석가모니의 출가와 성불 과정 그리고 불교의 대의를 간단히 소개하는 데 그치고 말았다.

만일 김용식이 불교적인 금욕주의와 현세를 살고 있는 인간의 끊없는 욕망 사이의 모순과 갈등 속에서 방황하고 괴로워하는 아사달과 아사녀의 형상을 보다 심각하게 그렸더라면 이 작품의 사상적 깊이가 더 깊어질 수 있었을 것이라고 생각한다. 그러나 김용식의「무영탑」은 석가모니를 간단히 소개하는 데만 그쳤을 뿐 인물형상의 부각이나 인물성격의 창조에 충분하게 이용하지 못한 아쉬운 점을 보이고 있다.

작품은 또 당나라와 신라의 고대 불교의 교류에서 아주 돌출한 기여를 한 김교각金喬覺(696−794)을 중요한 인물로 등장시킨다. 김교각은 신라의 고승으로 성은 김씨이고 호는 교각이며 그 속칭은 금지장金地藏이다. 김교각은 젊은 시절에 유학생으로 당나라에 와서 공부하였다. 그러던 중 불교에 심취한 그는 "이 세상의 유가의 6경과 도가의 삼청법술을 포함하여 애오라지 불법의 첫 번째 교리가 나의 마음에 부합된다世上儒家六經、道家三淸法術之內, 只有佛門第一義與我心相合"고 하면서 귀국한 뒤에는 왕족의 생활을 포기하고 머리를 깎고 중이 되었다. 당나라 개원 7년(719년)에 24살이 된 김교각은 다시 중국에 건너와 처음에는 강남에서 전전하다가 나중에는 지금의 안휘성에 있는 구화산으로 들어갔다. 구화산 산중턱에 있는 구화행사九華行祠는 그가 처음 구화산에서 몸을 담았던 사찰이었는데, 구화산의 금선동金仙洞, 지장천地藏泉, 신광령神光嶺에는 모두 그의 발자취가 남겨져 있다.

김교각은 구화산에서 제자들을 인솔하여 관개수로를 빼 물을 끌어들이고 황무지를 개간하여 농사를 지었다. 그리하여 사찰의 주변은 모두 논과 밭으로 변했다. 이처럼 농사와 불사를 병중하여 먹고사는 것이 풍족해지니 그를 따르려는 사람들이 구름처럼 몰려왔다. 김교각의 고행과 도덕적 풍모가 신라에 전해서 신라에서도 수많은 신라인들이 바다를 건너 구화산에 몰려드는 바람에 그의 신도들은 더욱 많아졌다고 한다. 당시 구화산에 온 신라인들이 얼마나 되었는지는 정확하게 알 수 없으나 구화산에 있는 화성사化城寺에서 사방의 시주를 받아도 찾아온 신라인들의 먹고 입는 문제를 해결하지 못했다고 한다. 그리하여 김교각은 부득이 자기의 신도들더러 스스로 농사를 하고 땔나무를 하고, "바위를 뽑아내고 돌을 주워내여 밭을 개간하여 식량을 보충하게 하였다發石得土, 補充糧食"고 한다.[101] 이러한 구화산 화성사 승려들의 고행에 대해 김용식은 「무영탑」 제6장에서 여실하게 묘사하였다.

> 승려들의 생활은 지극히 간소하였다. 먹는 것은 쌀알이 혹간 보이는 나물죽으로 겨우 굶지 않을 정도였고 그밖의 일용품이란 것도 대개 산에서 천작으로 생긴 나무뿌리나 돌쪼박을 주어서 만들어 썼다. 중들이 동냥해 들이거나 돈많은 시주들이 공양하는 재물은 거의 다 사원 건축과 불사에 소용되는 시설을 갖추는 데 들어가게 되고 생활비용에는

극소부분이 할당되므로 간소하게 살아가지 않을 수 없었다.(김용식, 「무영탑」, 285쪽)

구화산의 여승들은 불경을 읽고 불사를 받드는 외에 시간을 타서 텃밭을 가꾸고 약초와 산나물도 캐며 바느질도 하고 의술도 스스로 익히군 했다. 그것은 생활용품을 자체로 장만해야 할뿐더러 병이 나면 치료도 중들끼리 서로 해주어야만 되었기 때문이다.(김용식, 「무영탑」, 283쪽)

전하는 바에 의하면 신라의 사신 소우昭佑와 소보昭普(전하는 바에 의하면 김교각의 두 외삼촌이라고 함)는 만 리길도 마다하고 구화산에 찾아와서 조카를 귀국하라고 설득하려고 했으나 오히려 김교각에게 감화되어 구화산에 남아서 불도에 전념하면서 김교각을 도와 나섰다고 한다. 이 두 사람이 원적하자 이들이 거처했던 두 암자를 이성전二聖殿이라고 개칭했다고 한다. 지금도 이 이성전은 보존되어 있다. 바로 김교각으로 인해 구화산은 중국 불교의 4대 명산으로 되었다.

김교각은 24살에 중국에 건너와서 75년 동안이나 구화산에서 살다가 당나라 덕종 정원 10년에 원적하였는데 그때 나이가 99세로 함 속에 앉아 있는 자세였다고 한다. 3년 후 함을 열어서 부도에 안장하려고 했을 때도 얼굴색이 마치 살아있는 것 같았고, 들자고 하니 뼈마디들이 마치도 금으로 만든 고리를 움직이는 것 같았다고 한다. 그리하여 사람들은 그를 지장보살의 화신이라고 여기고 그 육신을 석탑안에 봉안하고는 김지장金地藏이라고 불렀다. 이 지장보살의 육신이 매장되어 있다는 구화산의 진신보전眞身寶殿은 후세에 여러 번 수선하여 지금까지 보존되어 있다. 김용식은 지장법사 원적 이후의 기적을 지장법사보다 후에 구화산에 온 신라의 고승 무가화상의 이른바 원적 이후의 기적으로 탈바꿈시켜 놓았다.

> "가만, 내말을 들어봐. 무가화상은 늙은 뒤에 복호동 석굴 속에 숨어 있으면서 산열매와 풀뿌리를 캐먹으며 살지 않았겠니. 그런데 얼마 살았는고 하니 나이 일백스물여섯 살에 앉은 채로 꼿꼿이 굳어졌다더라. 참 이상하지? 근데 말이 더욱 이상한 것은 무가의 시체가 죽은 지 삼 년 뒤에사 발견되었는데도 조금도 썩지 않고 산 사람과 똑같이 앉아 있드란다. 이런 희한한 일이 어디 있나 말이다. 그래서 전원사의 중들은 무가화상이 생불이 됐다고 기뻐하면서 그의 시체를 가져다 소중히 모시었는데 지금도 그 절의 대웅전에 보존돼 있다드라."(김용식, 「무영탑」, 295쪽)

한평생을 중국에서 산 김교각의 한문 수양은 아주 높아서 그가 구화산에 있을 때 쓴 두 수의 시가 『전당시全唐詩』에 실려 있는데, 그 첫 수는 「산에서 내려가는 동자를 전송하며送童子下山」이다. 그 원문과 김용식이 「무영탑」에서 한글로 옮겨서 인용한 역문을 옮기면 다음과 같다.

空門寂寞汝思家	적막한 산중이라 집생각 뿐이더니
禮別雲房下九華	네 오늘 하직하고 구화산을 내리누나
愛向竹欄騎竹馬	난초를 가꾸고 죽마도 타고 놀며
懶於金地聚金沙	금모래 모아놓고 딩굴기도 했거니
添瓶澗底休招月	달빛어린 샘물에 꽃병을 헹구었고
烹茗甌中罷弄花	산나물 삶아놓고 어리광도 부렸더라.

好去不須頻下淚　　이별이 서럽다고 눈물은 무삼일고
老僧相伴有煙霞　　내 아직 너와 함께 달빛아래 서있거니

—「送童子下山」

이 시는 고행을 견뎌내기 어려워 환속하여 구화산을 내려가는 동자승을 위해 쓴 전별시이다. 이 시를 보면 김교각은 이 동자승과 함께 한동안 오순도순 재미나게 살아왔으며 배가 고픈 어려움도 같이 겪으면서 두터운 정을 쌓아왔다. 이 시에는 동자승에 대한 김교각의 석별의 정이 넘쳐흐르고 있다.

두 번째 시는「쌀을 보내준 데 감사 드리노라酬惠米」이다. 그 원문과 역문을 옮기면 다음과 같다.

棄卻金鑾納布衣　　왕실을 버리고 포의를 바꿔입고
修身浮海到華西　　수신을 위해 배타고 화서로 왔네.
原身自是酋王子　　이 몸은 본디 임금의 아들이지만
慕道相逢吳用之　　도를 흠모하여 오용지와 만났네.
未敢叩門求他語　　문을 두드려 다른 말 묻지 못하고
昨叨送米續晨炊　　어제 보낸 쌀로 조반을 지었네
而今飧食黃金飯　　오늘을 황금 같은 밥을 먹고나
腹飽忘思前日饑　　배 불러 며칠 전 배고품 잊었네.

—「酬惠米」

이는 벗이 쌀을 보내준 데 대해 감사의 뜻을 표한 시이다. 이 신라의 왕자가 구화산 석굴 속에 은거한 이후로 그 생활은 아주 어려웠다. 그 무렵에 청양현青陽縣의 제갈절諸葛節이란 사람이 몇몇 친구들과 함께 구화산에 놀러 왔다가 보니 심산 속에 "애오라지 중 한 명이 석굴 안에서 눈을 감고 좌선하고 있었는데, 그는 옆에 놓여 있는 다리 부러진 솥에다 백토에 쌀 조금 넣어서 끓여 먹으면서 살아가고 있었다唯一僧閉目石室, 其旁折足鼎中, 唯白土少米烹而食之."고 한다. 이 고행승이 바로 신라의 왕자 김교각이었다. 이에 큰 감동을 받은 제갈절과 그의 친구들은 "스님이 이처럼 고행하시는 것은 저희들의 불찰입니다"라고 하면서 시주를 하기 시작하였다고 한다.[102] 이 시로부터 보면 김교각은 이미 여러 날이나 쌀이 없어 굶어 지냈는데, 바로 이런 절체절명의 시각에 마음 착한 벗이 쌀을 보내주어 굶주림을 면할 수 있게 된 것이다. 김교각은 이 은혜에 깊이 감사를 드리면서 이 시를 썼다.

김용식의 「무영탑」은 구화산에서의 김교각의 수행을 적잖은 필묵을 들여 묘사하면서 김교각의 투철한 구도求道정신으로 인하여 "구화산은 일약 중원의 불교 성지로 추앙을 받게 되었고 그 이름은 불교의 종주국인 천축국에까지 알려지게 되었다"(김용식, 「무영탑」, 268)고 서술하고 있다. 이로부터 우리는 김용식이 이 작품을 창작하는 과정에서 많은 김교각 관련 자료들을 섭렵하였음을 엿볼 수 있다.

이에 만족하지 않고 김용식은 바로 신라의 불국사 석가탑을 만드는데 뽑혀 간 중국의 석공 아사달을 이 지장보살의 부도浮屠를 일떠세운 왕석공의 아들이라고 설정하고 있다. 이러한 인물 신분의 설정에는 당나라 문화에 대한 단순한 숭배심리만 작용한 것이 아니라 당나라의 불교문화의 발전에 대해 신라인들이 커다란 기여를 했음을 은연중에 알려주고자 했던 것 같다.

그런데 김용식은 794년 지장보살이 구화산에서 원적한 이후를

「무영탑」의 시대배경으로 삼았는데, 여기에 시간적인 오차가 많이 생겨난다. 신라 도읍에 있는 불국사는 『화엄불국사 고금역대제현계창기華嚴佛國寺古今歷代諸賢繼創記』에 의하면 이차돈異次頓이 순교한 이듬해인 528년(법흥왕 15년)에 법흥왕의 어머니인 영제迎帝부인과 기윤己尹부인이 이 절을 창건하고 비구니가 되었다고 한다. 그러나 『삼국유사』에 의하면 불국사는 751년(신라 경덕왕 10년)에 김대성金大城의 발원으로 창건되었다[103]고 하는데, 이는 가장 확실한 기록이다. 그러므로 김용식의「무영탑」이 설정한 시대 배경은 신라 35대왕 경덕왕(재위 742－765) 재위 시절이고 김교각이 구화산에서 원적한 시간은 794년이므로 적어도 30년의 시간적 차이가 생겨난다. 이는 이 작품의 맹점이 아닐 수 없다.

김교각과 불교 관련 인물 형상 외에도 신라시기의 자장慈藏(590－658), 원효元曉(617－686), 혜초慧超(704－787) 같은 인물들도 김용식의「무영탑」에 등장한다. 이를테면 구화산 주지승 보문화상의 말을 빌어 중국에 불법을 얻으러 왔던 신라의 승려들을 다음과 같이 소개하고 있다.

> "신라는 우리와 깊은 인연이 있는 나라야. 김지장 뿐아니라 자장법사도 정관년간에 오대산에 와서 도를 받아갔고, 원효대사도 건너와서 불경을 얻어갔지. 그리고 근래에 듣자니 신라의 젊은 중 혜초라는 사람도 와서 금강지법사의 제자로 있다가 지금은 천축국으로 갔다고 하두만"(김용식, 「무영탑」, 322쪽)

자장법사는 신라시대의 고승으로 성은 김씨, 속명은 선종랑이다.

그는 일찍 불교에 귀의하였으며 636년(선덕여왕 5년)에 제자 10명과 함께 당나라로 가서 불법을 배우고 7년만에 귀국하여 645년 황룡사 9층탑을 세우고 그 절의 주지로 취임하였다.[104] 자장법사는 신라야말로 예로부터 불교와 인연이 깊은 터전이라고 믿었는데, 그러한 불국토사상佛國土思想은 신라의 도읍에 불국사를 일떠세운 데서 보다 명료하게 나타난다. 그러므로 불국사의 석가탑을 세우려고 당나라에서 온 석공 부부의 비극적인 사랑을 그린 김용식의 「무영탑」에서 자장법사를 거론하는 것은 너무나도 자연스러운 것이라 하겠다.

신라시대의 고승 원효는 당나라로 불법을 배우려 가려고 하다가 두 번이나 모두 중도에서 돌아오고 만 사람이기에 실제로 당나라에 간 적은 없다. 이는 아마도 작자 김용식의 기억의 오류에서 비롯된 것이라고 추정된다.

신라의 젊은 불승 혜초는 중국의 광주에서 인도 승려 금강지金剛智에게서 밀교를 배웠다. 혜초가 수륙 몇 만리나 되는 머나먼 천축국에 가서 불법을 배우기로 결심한 것도 이 금강지라는 인도 스승의 권유 때문인 것 같다. 그리고 김용식이 설정한 시대 배경은 신라의 제35대왕 경덕왕(재위 741-765) 시기이므로 혜초가 천축국으로 떠난 시간과도 맞먹는다. 그런데 이 신라 고승 혜초는 지난 세기 말에 돈황이 구미의 제국주의 모험가들에 의해 대부분 도난당해 그의 여행기 『왕오천축국전往五天竺國傳』이 프랑스에서 공개되면서 세상에 알려지기 시작한 것이며, 중국이나 한반도의 문헌에는 거의 이런 자료들을 찾아볼 수 없었다.[105]

김용식의 「무영탑」에서 아사녀가 남편을 만나기 위해 신라에 오면서 품에 간직하고 온 것은 구화산에 있는 화성사 주지승이 써준 편지였다.(김용식, 「무영탑」, 340) 여기에 등장하는 구화산 화성사[106]는 실제로 김교각이 구화산에서 불교를 일으킨 그 유명한 사찰의 이름이다. 그리고 김용식의 「무영탑」에는 구화산의 주봉인 천대정에 오르면 지장보살이 하늘에서 내려 보낸 불경을 받았다는 고배경대古拜經台가 있는데"(김용식, 「무영탑」, 299)라고 묘사한 대목이 있는데, 여기에서 천대봉天台峰은 확실히 구화산의 주봉이며, 천대봉에는 확실히 지장보살이 하늘에서 내려보낸 불경을 받았다는 고배경대가 있다.

김용식은 중국의 4대 불교명산 구화산의 산명의 유래를 해석하면서 당나라의 대시인 이백의 시구를 인용하기도 했다.

> 구화산을 한나라 때에는 능양산이라 했고 양나라 때에는 구자산이라고 부르기도 하다가 당나라 천보 년간에 시인 이태백이 추포를 유람하면서 "내 일찍이 구강에서 구화봉을 바라보니 은하수는 녹수에 걸려 있고 아홉 떨기 부용은 곱게 피었더라"라는 시를 읊은 뒤로부터 구자산을 구화산으로 고쳐부르게 된 것이다.(김용식, 「무영탑」, 259쪽)

여기에서 인용한 이태백의 시의 전문은 다음과 같다.

昔在九江上	일찍이 장강에서 뱃놀이하며
遙望九華峰	멀리 구화봉 바라보았네.
天河掛綠水	폭포는 마치 은하가 푸른 물 쏟아붓는 듯 하고
秀出九芙蓉	산봉우리들은 마치도 아홉 떨기 연꽃 같구나.
我欲一揮手	내가 손 저어 사람을 부르려 하지만
誰人可相從	누가 나를 벗하여 노닐까?

君爲東道主　　그대는 이 고장의 주인인데
於此臥雲松　　신선처럼 구름과 소나무 베고 누웠구나.

이는 이백이 지은 시「구화산을 바라보면서 청양의 위중감에게 드리노라望九華贈青陽韋仲堪」이다. 이백은 당나라 천보 8년으로부터 상원 2년 전후의 12년 동안에 당시 청양현 현령으로 있었던 위중감韋仲堪의 초정을 받고 여러 번 추포秋浦에 놀러 갔다가 구화산을 유람하면서 늘 시를 지어 벗들에게 주었는데, 이 시는 바로 그중의 한 수이다. 이 시에서 "폭포는 마치 은하가 푸른 물 쏟아붓는 듯 하고, 산봉우리들은 마치도 아홉 떨기 연꽃 같구나." 두 구는 구화산의 빼어난 경치를 노래한 천고의 절창이다. 김용식은「무영탑」에서 바로 이 천고의 절창을 인용함으로써 구화산의 산수자연을 보다 차원 높게 묘사하였다.

4)「무영탑」에 비낀 두 나라 문화의 그림자

당나라의 젊은 석공 아사달이 불국사의 석가탑을 만들러 간 뒤 그의 젊은 아내 아사녀는 구화산에서 출발하여 장강에서 배길로 강녕(지금의 남경)까지 온 뒤에 신라사람들이 많이 살고 있다는 장강 이북의 서주徐州로 향한다.(김용식,「무영탑」, 323) 김용식의「무영탑」제12장에서 "서주는 일찍이 동한 때부터 상업이 발달한 대읍으로서 신라사람들의 왕래도 빈번했던 것이다"(김용식,「무영탑」, 323)라고 서술한다. 작가가 서주를 아사녀의 중국 대륙에서의 중요한 목적지로 설정한 것은 서주 그리고 장강 북안의 양주揚州는 당나라 때 신라교민들의 신라방新羅坊이 가장 많이 분포되어 있었기 때문이다.

당나라 시기, 특히는 나당 연합군이 660년 백제를 멸망시키고 이어서 668년에는 고구려까지 멸망시킨 뒤로 신라와의 민간문화 교류가 아주 활발해지게 되었다. 그리하여 신라인들은 한반도의 남해 서쪽 귀퉁이에 있는 완도나 서해안의 한강 입구나 지금 전라도 영암靈巖의 법성포나 충청도의 당진 같은 포구에서 떠나 중국 산동반도의 등주登州(회하 하구의 초주楚州)나 장강기슭의 양주, 동남 연해의 명주明州 같은 데 닿아서는 수로나 육로로 당나라의 도읍 장안으로 가기도 했다. 신라방新羅坊의 신라교민들의 주체는 상인, 해상운송업자, 선원, 조선 장인 등이었다. 김용식은 바로 이런 까닭에 「무영탑」에서 여주인공 아사녀가 우선 서주를 바라고 길을 재촉하는 것으로 묘사했다. 이는 서주에서 신라의 해상왕 장보고張保皐(790－846)와 그와 결의형제를 맺은 정년鄭年의 행적이 『신당서新唐書』[107]에 비교적 상세히 수록되어 있고 만당 시기의 문인 두목杜牧(803－약 852)은 『장보고·정년전張保皐、鄭年傳』[108]을 짓기도 했다. 김용식은 아마도 장보고, 정년 관련 문헌기록을 보았으리라고 생각된다. 김용식의 「무영탑」이여주인공 아사녀가 서주에서 등주로 가는 상인들을 기다렸다가 그네들과 함께 발해기슭의 등주에 득달하여 다시 배를 타고 황해를 건너 신라로 향하는 이 해상로선에 대한 묘사에는 아무런 무리가 없다.

그리고 김용식의 「무영탑」 제12장에서 여주인공은 아사녀는 남편을 찾아 신라국으로 가기 위하여 구화산을 떠나서 장강에서 배를 타고 내려 강녕에 도착한 후에는 북쪽으로 서주를 바라고 길을 재촉하다가 늙은 중을 만나서 그의 안내로 서주에 있는 신라방에 찾아가며 거기에서 서주 신라방의 우두머리인 장보민의 후한 대접을 받고 등주로 가는 배편과 동행자들까지 소개 받게 된다. 김용식의「무영탑」에서 소개한 중국 동남연해지역의 신라방에 대한 상황과 그 형성 원인에 대한 서술은 기본적으로 역사의 진실에 부합된다고 볼 수 있다. 김용식의「무영탑」중 신라방에 관련된 내용을 한 단락만 예를 들어 보기로 한다.

> 그때 당나라 동남해안지대에는 신라의 유민들이 무리를 지어 밀려들어 동네를 이루고 사는 곳이 여러 군데 있었댔다.
>
> 일찍이 신라의 상인들이 중원으로 내왕하며 장사하다가 돌아가지 않고 아주 정착한 사람이 있는가 하면 왜구의 등쌀을 받아내지 못해 그만 배를 타고 피해온 해안주민들도 있었고 또 법흥왕년간에 큰 기근이 들어 먹고 살기 위해 풍요한 중원을 찾아 만리풍랑을 헤가르며 흘러든 무리가 적지 않았다. 이렇게 적수공권의 신라사람들은 정처 없이 떠돌아다니는 국제걸인이 되었는데, 그 가운데는 불량배도 섞여 있어서 도적질을 한다 말썽을 일으킨다 소란을 부린다 하여 당나라로서는 실로 골치 아픈 일이나 아니할 수 없었다. (김용식,「무영탑」, 329~330쪽)

당나라 시기 중국 땅에 머물었던 신라 유민들의 행적은 중국의 문헌기록들에서 심심찮게 발견할 수 있다.

> 11년(816년) 조공을 바치러 왔던 신라의 왕자 김사신이 악풍을 만나 초주 염성현까지 표류하여 왔는데 회남절도사 리용이 이 소식을 들었다. 이 해에 신리에 기근이 들어 그 무리 170명이 절강 동부에서 걸식하였다. (十一年, 其入朝王子金士信等遇惡風, 飄至楚州鹽城縣界, 淮南節度使李墉以聞. 是歲, 新羅饑, 其衆一百七十人求食於浙東.)[109]

장보고와 정년이라는 신라인이 있었는데, 이들은 모두 싸움을 잘했으며 특히 창을 잘 다루었다. 정년은 또 바닷물 속으로 잠수하는 재주가 있었는데, 물밑의 땅을 밟으면서 50리를 가도 숨이 가빠하지 않았다. 정년은 장보고를 형이라고 불렀으나 장보고는 자기의 나이를 턱대고, 정년은 자기의 재주를 믿고 서로 승복하지 않았다. 이들 둘은 모두 신라에서 온 뒤로 무녕군의 소장으로 되었다. 그 후 장보고는 신리로 돌아가 신라의 왕을 알현하고는 "중국에서는 도처에서 신라 사람들이 노예노릇을 하고 있사옵니다. 원컨대 청해를 지켜서 해적들이 신라인들을 서쪽 중국으로 잡아가지 못하게 지키고자 합니다."라고 청원하였다. 청해는 바닷길의 요충지였다. 신라의 왕은 장보고에게 만 명의 군사를 주어서 청해를 지키도록 했다. 그리하여 대화 이후에는 바다에서 신라인을 팔고 사는 일이 근절되었고, 장보고는 이로 하여 신라에서 높은 관직에 오르게 되었다.[110]

김용식은 「무영탑」에서 서주에 있는 신라방의 우두머리를 장보민(김용식, 「무영탑」, 329)이라고 설정하였는데, 이는 김용식이 이 신라의 해상왕으로 불렸던 장보고를 염두에 두고 설정한 인물인 것 같다. 두목이 지은 『장보고, 정년전』에는 "신라인 장보고와 정년은 신라로부터 중국의 서주에 와서 당나라 군대에 들어가 군교 노릇을 했다新羅人張保皐、鄭年者, 自其國來徐州, 爲軍中小將校"고 기록되어 있다. 그 뒤 동양의 유명한 해상 무역가로 변신한 장보고는 824년에 산동반도의 등주(지금의 산동성 위해 부근) 부근에 있는 석도石島 적산포赤山浦에 법화원法華院[111]라는 절을 세우기도 했다. 적산 법화원은 장보고 수하 뜻있는 사람들이 관리하고 운영했는데, 사찰의 재물은 주로 장보고 장원의 수입에서 왔다. 이 사찰에 늘 거처하면서 수행을 하는 중

24명과 비구니 29명이 있었으며, 이들은 정기적으로 법회를 열었는데, 참가자들이 많을 때에는 무려 250명에 달했다.[112] 이들이 모두 당나라에서 살고 있는 신라인들이었음은 의심할 바 없다. 이 점에 대해 가장 확실한 기록을 남긴 사람은 일본의 고승 원인圓仁(793-864)법사였다. 원인법사는 천대종天台宗에 속하는 승려로서 그가 천대산天台山에 가서 불법을 배우려고 하였으나 당나라로부터 여행 허락을 받지 못했다. 그리하여 그는 신라인들의 도움을 받아 행선지를 고쳐서 오대산五台山과 장안長安에로 가는 길에 산동 등주 일대의 신라방들과 신라인들이 세운 사찰들을 방문하면서 당나라에 체류하고 있는 신라인들의 생활상을 친히 목격할 수 있었다. 그는『입당구법순례행기入唐求法巡禮行記』라는 여행기에서 신라인들은 장강 북안의 양주, 운하 연안의 초주와 연수군漣水郡 일대에서도 마을을 이루고 살고 있었다고 기록을 남겼다. 이곳의 신라방들에는 전문적으로 사무를 처리하는 "구당신라소勾當新羅所"라는 관청이 설치되어 있었는데, 이 행정사무를 총적으로 관장하는 구당신라소에는 전지관專知官과 통역관이 배비되어 있었다. 이처럼 운하와 산동반도의 도처에 신라인들의 집거지인 산라방이 분포되어 있었다. 특히 신라방이 밀집된 고장은 산동반도의 등주 문등현文登縣의 진장촌眞莊村, 적산촌赤山村, 해양현海陽의 유산포乳山浦, 모평현牟平縣의 소촌邵村 등이었다. 이곳에서 해안을 따라서 대주산大珠山, 교마포驕馬浦로부터 해주海州 숙성촌宿城村 일대에는 모두 신라인들이 살고 있었다. 이곳의 신라인들은 주로 해상운수, 상업과 무역, 목탄생산과 선박정비업 등에 종사하였다. 신라의 해상왕 장보고가 등주 문등현 적산촌에 법화원을 세운 후에 원인 법사는 세 번이나 이 절에서 총 2년 9개월 동안이나 묵으면서『입당구법순례행기』를 저술하였다.[113] 이 책은 당나라 현장玄奘(600−664)의『대당서역기大堂西域』와 원나라 때 중국을 다녀갔던 이탈리아인 마르코・폴로(1254−1324)의『마르코・폴로 여행기』와 더불어 '동양 3대 여행기' 로 평가받고 있다.

이런 역사 사실을 훤히 꿰뚫고 있는 김용식은「무영탑」에서 여주인공 아사녀가 중국 대륙에서의 마지막 도착지를 산동반도 발해기슭의 등주로 설정했던 것이다.(김용식,「무영탑」, 331) 그것은 산동반도 등주 일대가 신라 교민들의 집거촌인 신라방이 가장 많이 분포되어 있는 고장이었기 때문이다.

김용식은「무영탑」12장에서 법화사는 "신라사람들이 세운 절이었다"고 했지만「무영탑」의 여주인공 아사녀가 남편 아사달을 만나러 신라의 도읍을 바라고 배를 타고 황해를 건너가던 그 시절을 신라 제35대 경덕왕景德王(재위 742−765) 시기로 설정했기에 시간적으로 맞지 않는다. 그러므로 역사의 진실성을 추구하는 역사소설로서는 하나의 패필敗筆이라고 할 수밖에 없다. 바로 이런 까닭에 김용식은 대놓고 '장보고' 라고는 하지 못하고 이른바 '장보민' 이라고 이름을 달았던 것 같다. 역사적 진실에 대한 신중을 기하지 못한「무영탑」의 아쉬운 대목이다.

2. 개작소설「운영전」연구

김용식의 중편소설「운영전」은 동명의 조선고전소설을 원전으로 한 개작改作소설이다.「운영전」은 한문필사본이 원본이고「수성궁몽유록」,「유영전」등의 이름으로 수많은 이본을 갖고 있다. 조희웅의

『고전소설 이본목록』에 의하면 「운영전」의 이본은 총 37종이나 되는데 그중 한문 필사본이 25종, 한글 필사본이 8종, 한글 활자본이 1종, 일어 번역본이 3종이다.[114] 본고에서는 고전소설 「운영전」과 김용식의 개작소설 「운영전」을 구분짓기 위해 고전소설 「운영전」을 "수성궁몽유록"으로 칭하기로 한다. 「수성궁몽유록」은 대략 17세기에 창작된 것으로 추정되며 고전소설에서는 드물게 비극적으로 끝을 맺는 애정소설이다. 본 절에서는 「운영전」이 어떻게 조선조의 주요한 역사 사건들을 재구성하고 있는지를 살펴보고 해당 소설과 원전인 「수성궁몽유록」과의 차이점을 중심으로 살펴보기로 한다.

1) 「운영전」의 시대 배경

「운영전」은 액자형 구성을 취하고 있다. 그 시대 배경은 둘로 나뉘는데 액자 밖의 시간은 유영이 등장하는 17세기 중반이고 액자 안의 시대 배경은 안평대군이 활동했던 15세기 전반이다. 「수성궁몽유록」은 유영의 등장시간을 "만력신축 춘삼월 긔망"으로 밝혔는데 많은 연구들에서는 이 시간을 선조 34년인 1601년으로 보고 있다. 하지만 김용식의 「운영전」은 액자 밖의 시간을 안평대군이 향락을 누리던 때로부터 200년이 지난 뒤로 설정하고 있다. 이는 원본 고전소설에서는 보이지 않는 병자호란과 같은 굵직한 역사적 사건들을 다루기 위한 의도된 변형이다. 「운영전」의 중심 부분은 고전소설과 마찬가지로 액자 안의 이야기이다. 안평대군과 그의 궁녀 운영, 그리고 운영과 사랑을 나누는 김진사를 중심인물로 내세운 「운영전」은 실존 인물과 허구적인 인물, 역사적 사건과 허구적인 이야기를 잘 버무린 역사소재 소설이다. 아래 「운영전」이 역사인물과 역사적 사건들을 소설 속에 끌어들여오는 과정에 어떤 변형을 거쳤는지를 조선조 실기 문학과의 비교 속에서 살펴보고자 한다.

「운영전」은 세종대를 시간적 배경으로, 안평대군의 저택을 주요 공간적 배경으로 하고 있다.

> 그의 저택도 장안 서쪽 인왕산 아래 경치가 수려한 곳에다 대궐에 못지않게 으리으리하게 지었는데 이 저택을 수성궁壽聖宮이라 불렀다. (김용식, 「운영전」, 71쪽)

> 우리도 처음 뽑혀올 때사 대궐 궁녀로 왔지. 하지만 상감께서 유독 안평대군을 총애하시여 수성궁을 지으시고 우리를 갈라서 여기로 보냈으니 그렇지.(김용식, 「운영전」, 85쪽)

소설의 소개에 따르면 안평대군의 저택은 수성궁이라 불렀고 그를 유독 총애한 세종대왕(상감)이 지어주었으며 경치가 수려한 인왕산 아래 자리한 대궐 못지 않게 으리으리한 곳이다. 하지만 이 부분은 실록이나 관련 기록과는 큰 차이를 보인다. 우선 안평대군을 위해 세종대왕이 직접 저택을 지어 주었다는 내용은 허구적인 내용이다. 박팽년의 「비해당기」에는 안평대군의 저택과 관련된 기록이 있다.

> 정통正統 임술년 여름 6월 어느 날에 안평대군安平大君이 신위宸闈에 입시하였을 적에 상이 "대군의 당명堂名을 무엇이라고 하는가?"라고 조용히 묻자, 안평대군은 당명이 아직 없다고 대답하였다. 그러자 상이 증민시蒸民詩를 외우고 또 서명西銘을 들어서 이르기를 "편액扁額을

> 비해匪懈라고 하는 것이 적합하겠다." 하였다. 안평대군이 손 모아 절하고 머리를 조아린 다음, 한편으로는 기뻐하고 한편으로는 놀라워하다가 드디어 금원禁垣의 여러 선비들에게 글을 청하여 그 취지를 연역演繹토록 하였다.[115]

이로부터 안평대군의 실제 저택은 비해당이었음을 알 수 있다. 수성궁이란 명칭은 단종 2년의 조선왕조실록에서 처음 등장하는데 기록에 따르면 "문종의 후궁이 사는 곳을 수성궁壽成宮이라 칭한다"[116]라고 한다. 하지만 그마저도 소설 속의 수성궁과는 다른 명칭으로 되어 있다. 때문에 그동안 소설에 등장하는 안평대군의 저택-수성궁이 어느 곳인지에 대한 논의가 이루어져 왔는데 최근의 연구에 따르나면 「운영전」의 수성궁은 사실과 허구를 교묘하게 결합한 것으로 비해당 및 문종의 후궁이 거주했던 수성궁과 조선후기 문헌에 등장하는 수성궁의 이미지가 겹쳐져 있는 허구적 공간이다. 이는 작가가 안평대군을 왕으로, 그의 시녀들을 궁녀로 인식하도록 유도한 것이다.[117] 이러한 의도적인 장치를 뒷받침해 주는 장면은 처음에는 대궐 궁녀로 뽑혔다가 나중에 안평대군을 따라 수성궁으로 갈라져 나왔다는 운영의 말에서도 드러난다.

다음으로 살펴볼 것은 수성궁이라는 허구적인 공간에 존재하는 실존 인물 안평대군이다. 안평대군은 실존 인물이지만 기록물과 「운영전」에서의 형상에는 차이가 있다. 소설은 실존인물 안평대군을 그의 실제 모습에 허구적인 부분들을 덧입혀 실상과 가상이 혼합된 인물로 그려내고 있다.

소설 속에 그려진 안평대군의 형상을 살펴보면 안평대군은 팔대군 가운데서 인물이 가장 준수하고 재주가 뛰어나서 왕실 종친들과 조정의 중신들로부터 각별히 애대를 받을뿐더러 부왕인 세종대왕의 총애를 한몸에 지닌(김용식, 「운영전」, 70) 인물이다. 문재가 출중한 안평대군은 학업에 힘을 쓰는 동시에 날마다 어여쁜 궁녀들을 불러 모아 노래하고 춤추고 풍월을 읊조리는 것을 낙으로 삼았다.

> 수성궁의 주인 안평대군은 팔대군 가운데서 가장 학업에 힘을 써서 낮이면 글을 읽고 밤이면 서예를 익히었는데 그의 필법은 비록 중국 진나라 때의 명필인 왕희지는 따르지 못할망정 당대 조선천하에서는 이름을 날렸던 것이다.(김용식, 「운영전」, 78쪽)

> 수성궁의 주인인 안평대군은 날마다 한가한 시간을 보내기 무료한 나머지 시인 묵객들을 끌어들이고 어여쁜 궁녀들을 불러모아 노래하고 춤추고 풍월을 읊조리는 것으로써 낙을 삼았다.(김용식, 「운영전」, 71쪽)

그리고 소설에서는 사육신을 중심으로 한 지기들을 통해 안평대군의 넓은 인맥을 보여주고 있다.

> 문재가 출중한 그는 늘 집현전 학자들을 수성궁으로 불러들여 학문을 담론하고 필법을 겨루며 고금의 문장재사들을 이야기에 올리곤 하였다.
>
> 집현전 학자들로는 성삼문, 박팽년, 하위지, 이개, 유응부, 류성원, 최효 등이 안평대군의 지기로 되어 자주 수성궁을 나들었다. 그중에서도 학문으로는 성삼문이 으뜸이었고 필법으로는 최효가 으뜸이었다. 그러나 최효의 필법도 안평대군에는 미치지 못했다. (김용식, 「운영전」, 78쪽)

안평대군은 집현전 학자들을 비롯한 당대의 문인이나 관리들과만 교류한 것이 아니라 김진사와 같은 영락한 양반의 자제와도 지기로 지냈는데 이는 사람을 사귐에 있어 벼슬이 아닌 사람의 재주를 중요시하는 안평대군의 활달한 성격을 보여주고 있다. 안평대군의 이러한 모습은 실제 안평대군의 모습에 상당 부분 근접한바 안평대군은 조선 전기의 4대 서예가로 이름났고 학문을 좋아하고 시문, 서, 화에 모두 능하였으며 식견과 도량이 넓어 당대인의 선망을 한몸에 받기도 하였다. 또한 안평대군은 집현전 학자들과 돈독한 관계를 유지했으며 당대의 실력자인 김종서, 황보인 등과도 친했다. 그리고 이들과의 우정은 『몽유도원도』의 찬讚으로 확인되기도 한다. 그는 자유분방한 성격으로 당대의 최고의 권력자, 문인, 예술가에서부터 종교계 인사, 그에게 아첨하여 관직을 얻으려는 이들에 이르기까지[118] 인맥의 폭이 넓었다. 안평대군의 권세와 교유는 실록의 기록을 통해서도 쉽게 알 수 있다.

> 안평대군 이용이 소인들을 불러와서 친절을 베푸니, 조번이 연줄을 타고 아부하여 뜻을 굽혀서 일에 나아가기를 노복과 다름이 없었으며, 그런 까닭으로 이 직책을 얻게 되었다. 이때 간사한 소인의 무리로서 이용에게 붙어서 관직을 얻은 사람이 매우 많았다.[119]

「운영전」에서는 안평대군의 죽음의 원인이 사육신과의 밀접한 관계와 문종의 유언을 저버릴 수 없어 단종을 보좌한 데 있다고 하였다.

아시다시피 안평대군은 문사들을 가까이했고 그중에서도 성삼문,

하위지, 유응부 등과 가장 친숙하지 않았습니까. 그네들이 모두 사육신, 생육신으로 된 데도 관련이 있겠지만 또 대군으로 말하면 그의 맏형 문종의 유언을 저버릴 수 없어 어린 조카 단종을 보좌하다보니 수양대군이 그저 둘 리 만무했거든요.

(중략)

수양대군은 단종을 몰아내는 즉시로 안평대군을 강화도로 귀양보냈고 그 후에는 양주라든가 수원이라든가 어딘가에 데려와서 옥살이를 시켰으며 종내에는 사약을 마시게 해서 저승으로 보냈다고 합디다.(김용식,「운영전」, 118쪽)

하지만 안평대군 역시 수양대군에 맞선 야심가였음은 언급하지 않고 있다. 실제로 안평대군은 문종 집정시기 넓은 인맥으로 조정에 깊숙이 간여하였고 단종 즉위 후에는 막강한 권세를 자랑하며 정치적 야심을 품었다. 다만 안평대군이 자신의 권세를 믿고 느긋하게 활동한 반면 수양대군이 발 빠르게 움직여서 왕위를 찬탈했고 안평대군은 계유정란 후 강화도로 유배되었다가 얼마 후에 사사된다. 유배된 후 얼마 안 되어 바로 사사되었기에 소설에서 언급한 것처럼 안평대군이 양주와 수원 같은 곳에서 옥살이를 했다는 기록은 없다. 안평대군이 단순히 단종을 보좌하기 위해 수양대군에 의해 제거되었다는 소설 속의 내용은 실제와는 다른 부분이다. 그리고 사육신과의 친밀한 관계 때문에 수양대군이 안평대군을 제거했다는 부분 역시 실제와는 다르다. 실제로 수양대군은 안평대군이 조정의 핵심인물인 김종서와 황보인과 가까이 지내는 점을 경계하여 그들이 붕당을 모의했다는 죄명을 씌워 계유정란을 일으키고 안평대군을 유배 보낸다. 그리고 사육신인 성삼문, 하위지 등은 수양대군이 왕으로 등극한 뒤 단종의 복위운동을 도모하다 처형당하게 된다. 시간상으로 봐도 소설의 내용은 모순적임을 알 수 있다. 소설은 안평대군을 세종과 종친들의 긍정을 한몸에 받는 인물로 그린 반면 수양대군을 용상을 차지하기 위하여 형제도 숙질도 아랑곳 않고 골육상잔을 거리낌 없이 감행한 부정적인 인물로 그리고 있다. 때문에 안평대군의 최후를 다룸에 있어서도 골육상잔을 서슴지 않는 잔인한 수양대군과는 대조되게 끝까지 선왕인 형의 유언을 받들고 조카인 단종을 보좌하는 긍정적인 인물로 내세우고 있다.

「운영전」에서는 안평대군의 정실부인을 부정적인 인물로 그리고 있다. 조씨 부인은 도승지 조려의 딸로서 안평대군은 도승지의 세도가 무서워 부인의 눈치를 보고 운영을 비롯한 궁녀들 역시 조씨 부인을 제일 두려운 존재로 꼽는다.

> 안평대군의 부인은 도승지 조려의 딸이었는데 인물은 일색이었으나 투기심이 많은 여자로서 눈에 쌍불을 켜고 궁녀들의 행동을 살폈으며 밤으로 대군의 방에 궁녀들이 오래 머무는 줄만 알면 트집을 잡아 말썽을 일으키므로 대군도 늘 부인의 눈치를 보아가며 궁녀들을 부리지 않을 수 없었다. 그러므로 밤으로는 궁녀들을 오래도록 곁에 두지 못하고 벌써 초경만 지나면 다 저의 방으로 돌려보내는 것이 상례로 되고 있었던 것이다.(김용식, 「운영전」, 82쪽)
>
> "나는 대군의 부인이 제일 무섭드라."
>
> "무서우면 설마 잡아먹기야 하겠니."
>
> "전번에도 금련이가 아무 까닭 없이 불려가서 눈이 빠지게 꾸중을 듣고 와서 밤새껏 울지 않았다고."

"눈이 빠져도 그만하기 다행이라고. 죽지 않았으니 됐다. 이제 두고 봐라, 약차하면 우리들이 귀신도 모르는 죽음을 당할지도 모를 거다."

"아이고 무서워, 말만 들어도 소름이 끼치네."

"그러게 주군께서도 부인한테는 꿈쩍도 못하신단다."

"부인이 행악질을 하면 상감께서 아시고 벌을 내리실까 봐 그렇겠지."

"그뿐이겠나, 조정 대감들 가운데서도 일대풍파가 일어날 건데."

"부인의 세도가 그렇게 큰가 뭐."

"부인의 세도가 커서가 아니라 뒤가 시끄러우니 그렇지."

"부인의 아버지 도승지가 뭐라고 고자질했는지 상감께서는 주군을 엄하게 꾸짖으신 일이 있다고 하더라."

"오라, 그래서 부인한테 꿈쩍을 못하는가 보지."(김용식, 「운영전」, 85쪽)

대군의 정실인 조씨 부인은 고담책을 좋아하여 저녁마다 초성이 좋은 궁녀들을 불러들여 『금병매』 따위의 중국의 옛이야기 책들을 읽어달라 했다. 그중에도 금련이가 초성이 제일 좋아서 맡아놓고 불려갔는데 요새는 금련이가 된고뿔로 앓고 있으므로 운영을 대신 불러간 것이다.

조씨 부인은 본래 밤잠이 적은데다 팔자 좋은 귀부인이어서 이야기 책이 재미있기만 하면 밤을 새워가며 듣기가 일쑤였다. (김용식, 「운영전」, 133쪽)

하지만 이 부분은 모두 허구적인 부분이다. 실제로 안평대군의 부인은 도승지 조려의 딸이 아니라 좌부대언 정연의 딸이다. 도승지 조려(1420-1489)는 생육신 중의 한 사람으로 안평대군이 결혼하던 1429년에 겨우 열 살이었다. 안평대군은 1429년 좌부대언 정연의 딸과 결혼[120]하였는데 실제로 부인의 세도가 크다거나 그의 눈치를 보았다는 기록은 없다. 반대로 안평대군이 부인을 박대하였다는 기록은 곳곳에 보인다.

> 안평대군 이용李瑢의 부인 정씨鄭氏가 졸卒하니, 쌀·콩 아울러 70석과 종이 1백 권과 관곽棺槨을 내려주었다. 정씨는 졸한 병조판서 정연鄭淵의 딸인데, 용이 박대薄待하여 서로 보지 아니한 것이 이미 7, 8년이었다. 졸하게 되자 그 염斂하고 빈殯하는 여러 가지 일을 전혀 돌아보지 아니하였고, 그 아들 의춘군宜春君 이우직李友直도 또한 가서 보지 아니하니, 서인庶人의 죽음과 다를 바가 없었으므로, 보는 자들이 개탄하지 아니함이 없었다. 후에 리용이 사람들에게 말하기를, "내가 불사佛事에 지극히 정성을 드리고 지극히 부지런하였으나, 그러나, 세종世宗과 소헌왕후昭憲王後와 문종文宗이 서로 잇달아 붕어崩禦하시고, 아들 이우량李友諒도 또 따라서 죽고, 이제 또 아내도 죽으니 비로소 불사佛事가 사람들에게 무익하다는 것을 알게 되었다." 하고, 드디어 불사를 일으키지 아니하였다.[121]

이처럼 안평대군과 부인의 관계는 소설 속의 모습과는 상당한 거리가 있다. 안평대군은 정실부인과의 사이가 좋지 못하였고 혼인 관계 외에도 자유로운 애정 관계를 유지했다.

김용식의 개작소설 「운영전」은 고전소설과는 달리 많은 국문 시가, 특히는 시조들을 삽입하였는데 원작에서 궁녀들이 읊은 많은 한문 시가를 시조로 대체하였다. 그리고 그 원인이 훈민정음의 창제와 반포에 있음을 밝히고 있다.

때는 세종왕이 집현전 학자들을 거느리고 "훈민정음(한글)"을 창제하여 세상에 반포한 지 불과 몇 해 후인 한글 초창기였다.

세종왕은 역사상 처음으로 조선 문자인 한글을 창제했을 뿐만아니라 민족문화를 융성발전시키기 위한 공전의 거창한 사업을 벌리어 불후의 업적을 쌓아올림으로써 그 이름을 청사에 길이 남긴 영군이다.

세종은 훈민정음을 창제하여 세상에 반포한 다음 만백성이 누구나 자기의 글을 사랑하고 널리 써야 한다고 특별히 칙지를 내리였으며 몸소 정음으로 글을 쓰는 모범을 보여주기도 했던 것이다. 훈민정음이란 이름 자신이 곧 백성을 가르치는 바른글이란 뜻이다.

그러나 정음은 아직 모든 사람이 널리 쓰지 않고 있다. 이제 겨우 성상(임금)께서 집현전 학자들에게 「용비어천가」와 「월인천강지곡」을 짓도록 명하셨을 뿐인데...(김용식, 「운영전」, 135쪽)

훈민정음이 창제된 후 고루한 보수파들과 사대주의 완고파들이 정음을 멸시하고 한문을 고집한 상황과는 대조적으로 소설 속 궁녀들은 자발적으로 훈민정음을 사용할 것을 주장한다. 그리고 궁녀들의 이런 생각은 안평대군이 스스로의 편견을 깨닫고 훈민정음에 대한 관점을 달리하도록 만든다. 소설에서 궁녀들이 읊은 시조는 김종서, 박팽년, 이색, 이존오, 이조년 등의 작품인데 모두 당시 이렇다는 문사들에 의해 정음으로 창작된 시조라고 하였다. 하지만 이색, 이존오, 이조년 등은 고려시기의 문신들로 정음으로 시조를 창작했다는 것은 불가능한 일이다. 그리고 박팽년의 시조는 그가 단종복위운동을 벌이다 투옥되었을 때 지은 것으로 시기상으로 볼 때 안평대군의 생전에는 창작되지 않은 시였다. 그리고 「용비어천가」는 세종대왕이 훈민정음을 반포하기 전인 1445년에 시험삼아 사용해 짓도록 명한 작품이다.

민족의 글인 훈민정음의 창제 과정을 소개하고 그 사용의 시초인 「용비어천가」와 「월인천강지곡」 등 작품을 소설 속에 자연스럽게 녹여 내려 한 작가의 의도는 충분히 짐작이 가지만 시기상으로 적절치 못한 작품을 억지로 삽입한 부분은 아쉬운 대목이다. 또 능히 제자백가의 학문을 터득하고 이백과 두보의 시구마저 줄줄 읽어서 그 뜻을 무난히 새길 수 있었던 궁녀들이 한문의 어려움을 호소하며 정음으로 시를 짓겠다고 나선 부분도 뜬금없어 보인다.

「운영전」은 액자 밖의 시기를 병자난이 지나간 직후로 설정하였다. 때문에 유영이 바라본 수성궁은 병자난을 겪은 뒤의 짓밟힌 상처를 회복하지 못한 모습이었다. 소설은 두 번째 부분에서 유생의 눈을 빌어 병화를 겪고 난 도성의 처참한 모습을 묘사하면서 병자호란에 대해 언급하고 있다.

> 병자란이란 청태조 누르하치가 십만 대군을 일으켜 조선을 침공한 것을 말한다.
>
> 심양에 도읍을 정하고 후금국을 세운 누르하치는 동북으로 거란을 제압하고 서북으로 몽골을 물리친 다음 나아가서 관내로 쳐들어가 명나라까지 뒤엎을 웅심을 품었던 것이다.
>
> 인조왕 2년부터 누르하치는 조선에 향하여 명나라를 치는 데 조력해 달라고 강요해 왔다. 그러나 조선은 국초부터 명나라를 대국으로 섬겨왔고 임진왜란 때 왜적을 물리치는 데도 명나라의 도움을 받았으므로 대내적으로나 대외적으로나 명나라와의 신의와 친목을 으뜸으로 하는 것을 국책으로 삼아온 만큼 누르하치의 요구에 응할리가 만무하였다. 했으나 누르하치는 조선의 거절을 용인하지 않고 유명한 장군 용골대를

사신으로 보내서 위협했던 것이다. 그러나 조선은 여전히 굴하지 않고 결연히 거절하면서 사신을 접대도 하지 않았다.

이에 대노한 누르하치는 드디어 1636년에 몸소 십만 대군을 이끌고 압록강을 건너 곧게 서울로 풍우같이 진격했다. 그해가 바로 병자년이었다.

청군이 쳐들어오자 왕실과 조정에서는 어찌할 바를 모르고 쩔쩔 맸다. 왕자들과 비빈들은 급급히 강화도로 피란 갔고 인조왕은 만 조백관을 거느리고 황망히 북한산성으로 피해갔다.

그리하여 청군은 무인지경 같은 서울을 점령하고 갖은 행패를 부렸으며 따라서 북한산성을 포위, 공격하였는데 인조왕은 마침내 누르하치 앞에 맨발로 걸어나와 허리 굽혀 절하며 투항하고 말았던 것이다.(김용식,「운영전」, 72~73쪽)

작가는 병자호란을 사실에 근거해 객관적으로 서술하는 한편 "명나라와의 신의와 친목을 으뜸으로 하는 것을 국책으로 삼아온" 조선이 청의 요구를 거절했고 조선이 "굴하지 않고 결연히 거절"했다는 표현으로 조정의 친명 정책을 옹호하고 있다. 무너져 가는 명나라와의 신의를 위해 수많은 백성들을 잃고 결국 건국 이래 가장 큰 치욕을 보게 된 병자호란에 대한 평가는 그동안 무수히 많이 내려졌다. 대체로 조선시대에는 광해군에 대해 부정적인 평가를 내렸고 광해군이 실시했던 명나라와 청나라 사이에서의 등거리 외교는 20세기에 들어서서야 인정을 받기 시작했다. 반면 병자호란의 참극은 인조의 무능한 외교정치에서 비롯된 것이라고 보는 시각이 늘고 있다. 이에 반해 소설에서는 조선이 국초부터 명나라를 대국으로 섬겨왔고 임진왜란 때도 명의 도움을 받아왔기에 명나라와의 신의와 친목을 으뜸으로 하는 친명 정책이 유일한 선택이었음을 피력하고 있다. 그러면서 병자호란을 강국이 약소국에 대한 무차별한 침략으로, 불가피하고 불가항력적인 전쟁으로 기억한다. 때문에 병자호란이 불러온 역사의 참극에 대해서도 반성의 기미가 없이 속수무책이었다는 식의 결론을 내리고 있다.

2)「운영전」과 고전소설「수성궁몽유록」

앞에서 언급한 바와 같이 고전소설「수궁몽유록」의 이본은 총 37종으로 각 이본 간에는 약간의 차이가 존재하지만 기본적인 내용은 거의 같다. 김용식의 개작소설「운영전」은 고전소설에는 없는 내용들을 대량으로 삽입하고 어떤 부분에서는 내용을 변형시키기도 했다. 본 절에서는 김용식의「운영전」과 고전소설의 차이점을 기존의 소설들에 등장하지 않거나 그들과는 다르게 씌어진 부분들을 중심으로 살펴보고자 한다. 고전소설은 임명덕의『한국한문소설전집』에 실려있는「수성궁몽유록」[122]을 비교 대상으로 한다.

「수성궁몽유록」의 줄거리는 대체로 다음과 같다.

1) 수성궁은 안평대군의 구택으로 인왕산 아래 자리하고 있다.

2) 청파사인 유영은 만력 신축년 춘삼월에 수성궁의 후원을 노닐다 술을 마시고 잠이 든다.

3) 잠에서 깬 유영이 말소리를 따라 찾아간 곳에 한 소년이 절세미인과 마주앉아 있다가 유영을 맞이한다.

4) 유영은 소년과 인사를 나누고 미인은 시녀를 시켜 주안상을 차려오고 붓과 벼루를 가지고 오게 한다.

5) 세 사람은 술을 마시고 미인이 노래를 부르는데 그 내용이 슬퍼서 유영이 사연을 듣기를 청한다.

6) 소년은 자신은 김진사이고 미인은 안평대군의 궁인 운영이라고 소개를 하고 운영이 이야기를 시작한다.

7) 팔대군 가운데 가장 총명한 안평대군은 임금의 총애를 받았고 13세에 사궁에 나왔는데 궁의 이름은 수성궁이었다.

8) 안평대군은 밤낮으로 시서에 힘을 썼는데 도성 밖에 비해당을 짓고 맹시단을 축조하여 당대의 문장가들과 서예가들이 모두 그리로 모여들었다.

9) 하루는 대군이 궁녀들 가운데 10명을 뽑아서 글을 가르치기로 하는데 5년이 채 안 되어 모두 재주를 이루게 되었다. 하지만 궁녀들의 출입은 엄격히 통제하였다.

10) 하루는 대군이 궁녀들에게 시를 지으라고 하였는데 운영의 시에 누군가를 사모하는 뜻이 드러난다고 의심을 한다.

11) 운영은 자란에게 지난해 김 진사를 처음 만나 벼루를 받들던 일을 털어놓으며 그때 김 진사에게 반했음을 고백한다.

12) 운영이 김 진사를 처음 만난 뒤로 안평대군은 여러 차례 김 진사를 접대하였지만 궁녀들을 부르지 않았기에 문틈으로 엿볼 수밖에 없었다.

13) 운영은 시 한 수를 적어 두었다가 대군이 취한 틈에 벽에 난 구멍을 통해 진사에게 전달하고 김 진사 역시 운영에 대한 마음을 키워가지만 달리 방법이 없어 수심에 쌓인다.

14) 진사는 수성궁에 드나드는 무녀를 찾아가고 진사에게 흑심을 품었던 무녀는 진사의 편지를 은밀하게 운영에게 전해준다.

15) 대군은 궁녀들을 다섯 명씩 나누어 남궁과 서궁에 기거하게 하고 궁녀들은 자신의 신세를 한탄한다.

16) 자란과 운영은 중추절에 비단을 씻으러 오갈 때 무당의 집에 들러

김 진사를 만날 계획을 세우며 당춘대 아래가 아닌 소격서동에서 비단을 씻기로 한다.

17) 운영의 속셈을 아는 남궁과 서궁의 궁녀들은 빨래 장소를 두고 대립을 하다가 자란이 남궁의 궁녀들을 설득한다.

18) 운영은 빨래 장소로 가는 길에 병을 묻는다는 핑계로 무녀의 집에 들려 김 진사와 만나고 그에게 편지를 건넨다.

19) 빨래를 씻고 돌아오는 길에 다시 무녀의 집에서 김진사와 재회한 운영은 서궁의 담을 넘어올 것을 제안한다.

20) 진사는 노비 특의 도움을 받아 서궁의 담을 넘어 운영을 만나게 되고 그 뒤로 매일 밤 은밀하게 운영과 만나자 궁녀들은 이를 위태롭게 생각했다.

21) 특은 진사에게 운영과 함께 도망가라고 하고 운영은 자신의 재물을 갖고 가야 된다고 하여 특이 운영의 재물을 모두 옮기게 된다.

22) 김 진사는 시로 인해 대군의 의심을 사게 되고 운영에게 빨리 도망갈 것을 재촉하는데 운영은 꿈자리가 안 좋다고 노비 특을 의심한다. 게다가 자란까지 이들의 계획을 막아나선다.

23) 하루는 대군이 오언절구를 지으라고 명한 뒤 운영의 시에 또 연모의 정이 나타나므로 김생을 생각하는 것이 아닌가 문책한다.

24) 마음을 들킨 운영은 자결하려 하였으나 실패하고 이후로 김 진사는 출입을 못하고 병들어 눕는다.

25) 운영은 김 진사에게 이별의 편지를 전하고 진사는 쓰러지고 특은 운영이 나오지 못하면 재물은 자신의 것이 된다고 속으로 기뻐한다.

26) 특은 재물을 빼돌린 뒤 적의 습격을 받았다고 김 진사를 속인다. 김 진사는 얼마 후 특의 소행임을 알게 되지만 재물은 거의 다 사라진 뒤였다.

27) 특은 일부러 김 진사와 운영의 일을 소문내고 이 일을 알게

된 안평대군은 서궁의 궁녀 다섯 명을 문초하지만 궁녀들은 운영을 두둔하고 운영은 별당에 갇힌 뒤 자결한다.

28) 운영의 죽은 뒤의 일은 김 진사가 이어서 이야기한다. 김 진사는 특에게 절로 가서 운영을 위한 초례를 올리고 불공을 드릴 것을 당부하나 특은 절에서 부정한 행동만 한다.

29) 김 진사는 다시 절에 가서 다음 생에 운영과 재회할 것을 빌고 특은 우물에 빠져죽고 김 진사도 며칠 뒤 자결한다.

30) 이야기를 마친 김 진사와 운영은 천상계로 돌아가는 길에 잠깐 진세에 들린 것이라 말하고 자신들의 이야기를 영원히 전해줄 것을 부탁한다.

31) 유영이 잠에서 깨보니 사람은 온 데 간 데 없고 김 진사가 기록한 책자만 있었다. 책자를 챙겨 돌아온 유영은 명산을 두루 찾아다니더니 그 종적을 알 수 없었다.[123]

김용식의 「운영전」은 25개 부분에 96쪽의 분량으로 된 중편소설로 핵심적인 내용은 고전소설의 흐름을 그대로 따르고 있다.

1) 세종대왕의 셋째아들 안평대군의 저택 수성궁은 인왕산 아래에 있었다.

2) 안평대군이 생활하던 때로부터 200년이 지난 후일, 청파동의 가난한 선비 유영은 춘흥을 못 이겨 수성궁을 찾아갔다가 술기운에 잠겨 뒷산에서 잠이 든다. 밤이 되어 잠에서 깬 유영 앞에 소년선비와 미인이 나타난다.

3) 미인은 시녀들을 불러 주안상을 차리고 노래를 부른다. 김 진사와 유영은 통성명을 한다.

4) 김 진사와 운영은 유영의 청에 따라 자신들의 과거사를 이야기한다.

5) 수성궁 주인 안평대군은 문재가 출중하여 늘 집현전 학자들과 수성궁에서 학문을 론하고 풍류를 즐겼다. 안평대군이 궁녀들의 출입을 제한하는 한편 그들에게 글을 가르쳤는데 5년이 못 가 시와 경전에 통달하게 된다.

6) 하루는 대군이 궁녀들을 불러놓고 연기를 시제로 오언시를 짓게 하였는데 운영의 시에만 사모하는 뜻이 나타나 대군의 의심을 사지만 극구 부인한다.

7) 안평대군은 궁녀들을 돌려보내고 방에 돌아온 운영은 계속해서 소옥과 은섬의 의심을 받는다.

8) 문사들이 안평대군의 집에 모이고 안평대군은 궁녀들의 시를 구경시킨다. 그중 성삼문만이 그 시들이 궁녀들의 시임을 알아본다.

9) 수성궁에 김 진사가 찾아오고 안평대군과 시를 주고받다가 먹 시중을 들던 운영과 눈이 마주치고 둘은 서로에게 반한다.

10) 김 진사는 수성궁을 자주 내방했지만 운영과 만날 수 없어 상사병을 앓기 시작하고 운영도 연모의 정을 편지로 써서 우연한 기회에 수성궁에 오게 된 김 진사에게 은밀하게 전한다.

11) 운영의 편지를 받은 김 진사의 상사병은 더욱 깊어가고 부모는 무당을 부르는데 일찍 안평대군의 집에 자주 드나들어 궁녀들과 친분이 깊던 무당은 단번에 김 진사의 병을 알아채고 그로 하여금 다음 달 자신의 집에 찾아오라고 한다.

12) 무녀의 집을 찾아간 김 진사는 운영에게 쓴 편지를 전해 달라고 하고 김 진사에게 마음이 있는 무녀는 차일피일 미루며 김 진사를 유혹하려 하나 김 진사는 거절한다.

13) 질투심에 편지를 찢어버리려던 무녀는 진사의 환심을 사려고 편지를 전한다.

14) 안평대군의 궁녀들에 대한 단속은 더 엄격해지고 운영은 오랫동안

무녀를 만나지 못하게 된다. 운영은 비단 씻는 날 은밀하게 무녀의 집에 들를 계획을 세운다.

15) 비단을 씻는 날 운영은 무당의 집에 들려 김 진사에게 줄 편지를 전하고 비단 씻기를 마친 운영은 수성궁으로 돌아가는 길에 무당의 집에서 김 진사와 짧은 재회를 하고 궁장을 넘어 사랑을 나눌 것을 제안한다.

16) 김 진사는 노복인 특의 도움으로 담을 넘나들며 운영과 사랑을 나눈다.

17) 그 후로 매일 궁장을 넘어 운영과 즐거운 시간을 보내던 김 진사는 운영에게 같이 도망갈 것을 제안한다. 특의 도움으로 운영의 재물을 모두 빼내오는데 특은 재물을 진사의 집이 아닌 산 속에 묻어두고 운영을 빼내오는 일은 뒤로 미루자고 한다.

18) 김 진사는 특의 도움 없이 스스로 운영을 빼내오려는데 안평대군이 그를 불러 의중을 떠보다가 운영과의 관계를 알아차린다. 그리고 그날 밤으로 운영을 빼 내오려 했지만 실패한다.

19) 안평대군은 궁녀들에게 훈민정음으로 시를 짓게 한 뒤 김 진사와의 일로 운영을 문책하고 운영은 자결하려다가 궁녀들에 의해 제지당한다.

20) 탈출 기회를 놓친 운영은 영별을 알리는 편지를 써서 자연과 소옥의 도움으로 절에 보낸다.

21) 운영의 절명신을 받은 진사는 삶의 의욕을 잃고 특은 운영의 재물을 갖고 도망칠 계획을 세운다.

22) 특의 발설로 운영과 김 진사가 내통하여 재물을 빼돌린 일이 안평대군의 귀에 들어가고 안평대군은 궁녀들을 문초한다. 궁녀들은 운영을 두둔하고 운영은 자신의 잘못이라 말하고 별실에 갇혔다가 자결한다.

23) 자연과 은섬도 운영의 뒤를 따라 자결하고 특에게 절로 가서 운영의 명복을 빌게 하였으나 특은 부정한 행동만 한다.

24) 특은 거짓말로 김 진사를 속이고 이를 알게 된 김 진사는 다시 운영을 위한 제를 올리고 집에 돌아와 자결한다.

25) 이야기를 마친 운영과 김생은 눈물을 흘리고 유영은 그들에게 현실 세계에서 있었던 일들을 이야기해 준다. 그들은 시를 읊고 술을 마신다. 다시 잠이 들었던 유영은 김 진사와 운영의 이야기가 담긴 책을 간수하고 돌아와서 세상에 전한다. (김용식, 「운영전」, 93~120쪽)

이상에서 알 수 있다시피 「운영전」의 핵심적인 내용과 이야기 전개 방식은 대체로 고전소설과 크게 다르지 않다. 아래 구체적으로 어떤 부분들에서 고전소설과 달라졌는지 하나하나 살펴보기로 한다.

우선 앞서 언급한 바와 같이 「운영전」은 유영이 수성궁을 노닌 시간을 병자호란 직후로 언급하고 있는데 이는 고전소설들에서 1601년으로 설정한 것보다 30여년 정도 늦춰진 시간이다. 때문에 고전소설에서 수성궁이 폐허가 된 원인을 임진왜란으로 여기는 반면 「운영전」에서는 임병양란, 특히는 병자호란을 그 이유로 지목한다. 그동안 「수성궁몽유록」의 창작시기에 대해 1601년부터 1747년 사이의 여러 시대를 지목하는 논의가 있었는데 김용식은 창작연대를 17세기 중엽으로 보고 있었음을 알 수 있다. 그로부터 300년이 흐른 뒤 김용식은 조금 더 넓은 시각으로 「운영전」을 재창작하여 보다 많은 역사적 사건들을 다루었다.

「운영전」은 훈민정음의 창제와 반포 및 사용을 소설 속에 끌어들였다. 때문에 원작의 많은 한문 시가들을 시조로 대체하고 있다. 그 시작은 유영이 수성궁 후원의 아름다움에 취해 읊은 시에서 찾을 수 있다.

「수성궁몽유록」의 유영이 읊은 시는 소동파의 「여산」의 한 구절이고 「운영전」의 유영이 읊은 시는 김천택의 시조이다.

> 부생이 꿈이어늘 공명이 아랑곳가
> 현우귀천도 죽은 후면 다 한 가지
> 아마도 살아 한잔 술이 즐거운가 하노라(김용식, 「운영전」, 73쪽)

김천택은 조선 영조대(1724－1776)에 활약한 것으로 추정되는 시조 작가로 유영이 병자호란 직후 이 시조를 읊는다는 것은 불가능하다. 작가가 소설의 내용상 인생의 덧없음을 표현하기 위해 그 시간적 타당성을 제쳐두고 인용했음을 알 수 있는 부분이다. 이 시조는 한때는 휘황하던 수성궁이 폐허로 된 모습을 바라보는 가난한 선비의 시각을 가장 적절하게 표현하고 있으므로 자연스럽게 소설 속에 스며들었다.

시조는 또 안평대군이 김 진사와 운영 사이의 일을 눈치 챈 후 운영을 떠보기 위해 시를 짓게 하는 장면에서도 등장한다. 「수성궁몽유록」에서는 안평대군은 오언절구를 지으라고 명령한 뒤 운영의 시에 전에 지었던 부연시赴宴詩에서처럼 사모의 정이 드러난다고 그와 김 진사의 관계를 의심한다. 하지만 이 부분에 구체적인 시구는 언급되지 않는다. 「운영전」에서는 이 부분에서 안평대군이 칠언율시를 짓기를 명하지만 궁녀들이 훈민정음으로 짓겠다고 반발한다. 이에 안평대군은 그들이 알고 있는 시조를 읊어보라고 한다. 하여 서궁의 궁녀들은 각각 김종서의 「삭풍은 나무 끝에 불고」(1433), 박팽년(1417-1456)의 「까마귀 눈비 맞아」, 이색(1328-1396)의 「백설이 자자진 골에」, 이존오(1341-1371)의 「구름이 무신탄 말이」, 이조년(1269-1343)의 「이화에 월백하고」 등이다. 그중 운영이 읊은 것은 이조년의 시조이다.

> 이화에 월백하고 은한이 삼경인데
> 일지춘심을 자규야 알랴마는
> 다정도 병인양하여 잠 못 들어 하노라 (김용식, 「운영전」, 137쪽)

"다정도 병인양하여 잠 못 들어 하노라"라는 구절로 인해 안평대군이 운영과 김 진사가 사통하고 있음을 눈치 채고 문책하게 된다. 이처럼 작가는 내용상 가장 합리한 시조로 고전소설의 한문시가들을 대체하여 내용의 흐름을 자연스럽게 이어갔다. 다만 앞에서 밝힌 바와 같이 시조의 창작 연대와 소설 속의 시간이 일치하지는 않다.

「운영전」에서는 안평대군이 김 진사를 의심하는 과정에 궁예와 왕건의 일화를 인용하였는데 이 역시 고전소설에서는 찾아볼 수 없는 내용이다. 「수성궁몽유록」에서 안평대군이 김 진사를 의심하게 된 계기는 그에게 비해당의 현판에 넣을 시를 부탁하는 데서 시작되었다. 김 진사는 일필휘지로 시를 지었는데 그중 "담장이 어두워지는데 따라 풍류를 훔치네隨牆暗竊風流曲"라는 구절이 안평대군의 의심을 사게 된다. 이에 김 진사는 술에 취했음을 핑계로 얼른 그 자리를 피해버린다. 「운영전」에서는 안평대군이 궁인으로부터 김 진사와 운영의 사통을 미리 안 뒤 김 진사를 불러 술을 마시다가 자신이 궁예와는 또 다른 관심법을 쓰고 있다며 김 진사를 문책하기 시작한다. 그런 뒤 궁예와 왕건의 에피소드가 등장한다.

> 관심법이란 사람의 마음속을 꿰뚫어본다는 술법을 이름인데 이 술법을 맨 처음으로 쓴 사람은 태봉국泰封國 임금 궁예였다.
>
> 신라말년에 북부지방 반란군 두목이던 궁예가 강원도 철원 땅에 도읍을 정하고 '태봉국'이란 나라를 세워 스스로 임금이 되었던 것이다. 궁예는 세력이 커지고 국력이 강해짐에 따라 점점 천하의 독부로 자처하면서 흉악한 폭정을 펴기 시작했는데 백성은 도탄에 빠지고 신하들은 무참히 살해됐던 것이다.
>
> 폭군 궁예는 관심법을 쓴다면서 날마다 심심풀이삼아 신하들을 한 사람씩 불러다놓고 네놈이 모역을 도모했으니 죽어 마땅하다고 호통을 치며 끌어내다 처형해 버리곤 했다.
>
> 고려태조 왕건도 궁예의 관심법에 끌려들어 하마터면 애매한 죽음을 당할 뻔했으니 그 이야기는 조대가 바뀌어도 사람들의 입에서 입으로 줄곧 유전되어 왔던 것이다.(김용식, 「운영전」, 130쪽)

「운영전」에서는 궁예의 관심법에 관한 일화를 통해 평소에는 온화하지만 일단 법도를 어기는 사람에 대해서는 한없이 흉포해지는 안평대군의 또 다른 모습을 보여주고 있다. 또한 "늑대가 양 새끼를 노리듯 흉악한 눈초리로 진사를 응시하는" 안평대군의 '사랑의 훼방꾼'으로서의 모습은 고전소설에서보다 더 직접적으로 부각되었다.

「운영전」에는 또 운영의 재물을 빼돌린 노비 특이 신수점을 보는 장님을 찾아가 자신이 도망갈 곳을 묻는 장면이 등장한다. 이때 장님은 고리백정들이 모여 사는 곳을 도피처로 제시한다.

"저 압록강 상류에 양수척이란 곳이 있는데 거기로 가면 붙잡히지 않을 것인데…"

(중략)

"듣는 말에 의하면 고려 때 달단족의 후예라는 무리들이 생업을 찾아 헤매다가 거기로 기어들어 산짐승과 물고기를 잡고 고리짝 같은 유기제품을 만들어 팔아서 산다두먼."

"그럼 고리백정들이 모여서 사는 곳이 저 백두산 밑에 어딘가 있다고 하드니 바로 거기가 아닐까유."

(중략)

"달단족이란 어떤 씨종인지 알 수 있어야지. 아주 아득히 먼 서역 땅에서 굴러왔다든가…"(김용식, 「운영전」, 104쪽)

장님은 압록강 상류에 양수척이라는 곳이 도피처로 가장 안전하다고 알려준다. 여기에서 등장하는 양수척은 후삼국 시대부터 고려에 걸쳐 떠돌아다니면서 천한 직업에 종사하던 특정 사회계층 및 집단을 가리키는 말이다. 소설에서는 특정 집단이나 계층을 일컫는 명칭을 지명으로 사용하면서 그들의 유래에 대해서 달단족의 후예라고 언급하였다. 실제로 조선시대 백정의 기원에 대한 여러 가지 설 가운데서 가장 유력한 것이 달단족의 이주민설이다.[124] 장님이 알려준 이 도피처는 김용식의 「고리백정의 사위」에서 이장곤이 은신했던 곳과 흡사하다. 이장곤은 함경도 땅의 버들골이라는 백정들의 집거지에 은신을 하게 된다. 백정들의 생활모습을 여실히 그리면서도 언급하지 않았던 그들의 기원에 대해서 간단하게나마 「운영전」에서 다루었다는 점이 흥미롭다.

「운영전」에서는 운영이 김 진사에게 영별을 알리는 편지를 전하는 과정에서 조선시대의 불교에 대해서도 언급하였다. 자란은 백중날

조씨 부인이 불공을 드리러 절에 갈 때 따라가는 소옥이를 통해 운영의 편지를 절에 보내 김 진사에게 전달하도록 한다. 그러면서 조씨 부인이 사월 초파일, 칠월 백중날, 시월 상삿날을 하나도 빼놓지 않고 불공을 드리는 연유를 불교의 조선에로의 전파와 조선왕조 흥망의 역사를 통해 설명하고 있다.

> 세종왕이 만년에 불교를 숭상해서 대궐 안에 불당을 짓고 불공을 드렸기 때문에 왕실뿐만 아니라 사대부 집안의 부녀들까지 절에 가서 불공을 드리는 것이 그 시대의 풍조로 되었던 것이다.
>
> 일찍이 3국시기 초에 조선으로 전래한 불교는 통일신라시대에 이르러서는 국교도로까지 추숭되었고 고려조에 들어와서도 그 세력이 여전히 어마어마하여 나라의 정치와 경제명맥까지 좌우했던 것이다. 마침내 고려말엽에 이르러 불교의 행패가 너무도 우심하여 나라가 망할 위험에 직면하자 거국적인 배불운동이 일어나서 불교는 한때 그 위신이 땅에 떨어졌다. 그런데 이조 초엽에 이르러 불교가 다시금 성해지게 된 것은...(김용식, 「운영전」, 99쪽)

> 다시 배불숭유의 기운이 대두하여 불교를 이단시하고 승려를 천시하여 "중놈을 죽이고도 살인죄 지나"라는 말이 나올 수 있도록 일대 전변을 가져온 것은 중종이후에 해당하는 후세의 일이다.(김용식, 「운영전」, 100쪽)

이처럼 소설은 불교의 흥망성쇠의 반복적인 과정을 나열하면서 세종대왕 시대에 불교가 성행하게 된 원인이 이성계의 불교 숭상에 있었다고 하였다. 그리고 조선시대 흥행한 불교의 여러 가지 폐단들을 중점적으로 언급하였다. 이처럼 「운영전」은 조선조의 역사, 문화, 종교와 관련된 내용들을 소설의 곳곳에 삽입함으로써 민족의 역사와 문화, 그리고 종교에 대한 이야기들을 후세에 전하기 위한 노력을 아끼지 않았다. 「운영전」의 이러한 변형과 부연을 통해 작가 김용식의 창작 의도를 짚어보는 것으로 본절을 마무리한다.

김용식은 민족의 우수한 전통을 알리고 그 명맥을 잇는 것을 민족작가의 사명으로 알았던 작가이다. 때문에 고전소설 「운영전」을 개작하면서 작품 곳곳에 적절한 설명과 전형적인 역사적 사건들을 언급하여 민족의 역사를 재현하기에 힘쓴다. 이런 노력은 작품의 문맥 사이사이에 적절하게 녹아들었는바 병자호란, 왕건과 궁예의 일화, 조선시대 불교, 훈민정음 창제, 수양대군의 왕위찬탈 등 굵직한 역사적 사건들이 모여서 「운영전」은 그저 비극적인 애정소설이 아니라 역사소설로서의 가치를 지니게 되었다.

3. 「보은단」의 새로운 시각

「홍순언 일화」는 역관 홍순언이 활약했던 선조대 이래 꾸준히 각종 문헌에 수록되어 전해졌는바 조선시대 가장 인기 있는 야담 중의 하나라고 할 수 있다. 김용식의 「보은단」은 바로 「홍순언 일화」를 바탕으로 재창작된 역사소설이다. 「보은단」은 조선 선조대 실존 인물인 홍순언의 미담을 소재로 한 만큼 선조 시대의 중대한 사건들을 다룬 것은 물론 조선과 명나라의 관계를 엿볼 수 있는 흥미로운 사건들도 등장시킨다. 이에 본 절에서는 「보은단」과 조선조 역사 사이의 상호텍스트성을 살펴보고 나아가 「보은단」에서 보여지는 조선과 명나라의 관계를 살펴보기로 한다.

1) 「보은단」의 시대 배경

「보은단」은 종계변무 주청을 중심 사안으로 하여 벌어지는 이야기이다. 종계변무宗系辨誣는 조선 국초로부터 200년 가까이 끌어오다 선조 17년(만력 12년, 1584년)에야 성공했다. 1390년(공양왕 2년) 윤이尹彛(이초李初)는 명나라에 "이성계는 권신 이인임李仁任의 아들"이라고 고했다. 그래서 명나라 측의 역사문헌 『태조실록』, 『대명회전』에 이성계는 이인임의 아들로 기록되었다. 더구나 『대명회전』에는 "이인임의 아들인 이성계는 모두 4명의 고려왕을 죽이고 나라를 얻었다"고 기록되어 있었다. 김용식은 「보은단」 첫 부분에서 종계변무에 대해 설명하고 있다.

> 「종계변무주청사」란 이씨 왕가의 세계(족보)가 명나라 서적에 잘못 기재된 것을 옳게 밝혀서 고쳐달라고 요청하는 사신을 이름이다. 그것은 명나라 태조실록太祖實錄과 대명회전大明會典이란 책에 이왕조의 태조가 고려 권신 이인임의 맏아들로 잘못 기재되어 있었기 때문이다. 1393년에 고려왕조를 뒤엎고 이씨 왕조를 세운 이성계는 본래 적관은 전주고 태생은 함흥이며 이자춘의 둘째아들이다. 그런데 이인임의 맏아들이라 한 것은 사실 얼토당토않은 억지인 것이다.[125]

이성계가 고려왕조를 뒤엎고 이씨 왕조를 세운 것은 1392년의 일인데 소설에서는 1393년이라고 하였다. 이는 국호를 '조선'으로 확정

지은 해인 1393년을 강조하기 위한 작가의 의도인지는 확인할 수 없지만 이를 "고려왕조를 뒤엎고 이씨 왕조를 세운" 시기로 본 것은 명백한 오류이다. 소설에서는 또 명나라에서 이성계의 족보를 잘못 기재한 원인에 대해 명확하게 밝히지 않고 명나라의 단순한 표기상의 오류나 실수 정도로 언급하며 그 책임을 전적으로 명나라에 전가하려는 의도가 보인다. 조선에서 태조 이성계의 종계(족보)를 바로잡아 달라고 수차 당부하지만 명나라 조정에서는 묵묵부답으로 애를 먹이기도 하고, 다음번 책이 개정될 때 고쳐준다고 차일피일 미루기도 한 이유를 설명함에 있어서 이는 어느 정도 개연성을 가지는 설정이라 할 수 있다. 「보은단」은 종계변무가 성공을 하게 된 선조 17년을 배경으로 하고 있다. 200년 가까이 끌어오던 이 난제가 우연한 계기로 해결되게 되었는데, 「홍순언 일화」에 따르면 이는 역관 홍순언의 덕분이었다고 한다. 그러나 역사 사실은 이와는 다소 다르다.

1584년(선조 17) 주청사 황정욱黃廷彧은 조선왕실의 종계를 고친 등본을 명나라에 가지고 왔고, 1587년(선조 20)에 유홍兪泓을 파견해 『대명회전』 원본을 달라고 했다. 그러나 명나라는 아직 황제가 보지 않았다는 이유로 주려고 하지 않았다. 유홍은 머리를 땅에 짓찧어 피를 흘리며 간청했다. 이에 감동한 명나라 만력황제는 『대명회전』의 조선왕실의 종계 부분을 특별히 건네주었다. 그리고 1589년(선조 22년) 성절사 윤근수가 『대명회전』 전질全帙을 받아와 종계변무는 일단락되었다.[126] 홍순언은 종계변무를 성공시킨 외교활동에 직접 관여하였던 조선사절단의 수석 역관이었다. 홍순언이 귀국한 뒤에 다른 유공자들과 함께 조선 조정으로부터 큰 포상을 받았음은 조선조의 정사인『조선왕조실록』에 기록되어 있다.

> 종계宗系 및 악명惡名 변무 주청사辨誣奏請使 황정욱黃廷彧과 서장관 한응인韓應寅 등이 칙서를 받아가지고 돌아왔는데, 황제가『회전會典』가운데 개정한 전문全文을 기록하여 보여 주었다. 상이 모화관慕華館에 나아가 마중하고 종묘宗廟에 고한 뒤 하례를 받았다. 백관의 품계를 올려주고 특수한 사죄死罪 이하의 죄인을 사면하였다. 정욱과 응인 및 상통사上通事 홍순언洪純彦 등에게는 가자하고, 노비奴婢와 전택田宅·잡물雜物 등을 차등 있게 내렸다.[127]

> 광국 공신光國功臣과 평난 공신平難功臣의 녹권錄卷을 반사하고 고유제告由祭와 회맹會盟을 의례대로 한 뒤 물품을 등급별로 하사하고 나라에 대사령大赦令을 내렸다. 백관이 진하進賀하니 궐정闕庭에서 사연賜宴하였다. 광국 공신은 종계를 변무한 공인데…(중략)…2등…(중략)…홍순언[당릉군唐陵君으로 역관이다.] 등 7인이고…(중략)…전후 사신으로 가서 허락을 받아냈거나 의논을 드리고 주문奏文을 지은 공이 뛰어난 사람들이다.[128]

이처럼 조선 임금은 종계변무를 성공시킨 사행인원들을 모두 포상했는데, 그중 1등공 3명, 2등공 7명, 3등공 12명으로 도합 22명이었다. 상통사上通事인 홍순언은 2등 공신으로 포상을 받았지만 유감스럽게『선조실록』같은 정사에서는 홍순언의 특별한 공로나 또는 홍순언이 석성의 부인을 구원해주었기에 그 남편인 석성이 은혜를 갚기 위하여 도와주었다고 한 것에 대해서는 전혀 기록을 남기지 않았다. 마찬가지로 소설의 에필로그에서 언급한 것처럼 임진왜란 시 석성과 진

부인의 숨은 노력으로 지원군을 쉽게 얻었다는 내용 또한 사실적인 오류가 있는 부분이다. 하지만 이런 오류에도 그 근거가 되는 기록들을 찾아볼 수 있는데, 홍순언은 임진왜란 시 명나라에 파병을 요청할 때에도 역관으로 동참하였고 또 일정한 공로를 세웠음을 알 수 있다.

> 공신 도감이 아뢰었다. "전일 군사를 청하거니와 군량을 청하여 허락받은 사신使臣을 아울러 녹공하라고 전교 하셨으므로 정곤수鄭崑壽를 임진년에 군사를 청한 사신으로 이미 계품하여 녹공한 이외에 (중략) 아울러 수록하여 마련하였습니다. 군사를 청할 때에 공이 있었던 통사通事도 아울러 기록해야 한다는 분부가 계셨으므로, 각 행차마다 한윤보韓潤甫·이해룡李海龍·임춘발林春發·홍순언洪純彦·표헌表憲 등 한 사람씩 아울러 수록하였습니다. 감히 아룁니다."[129]

하지만 이는 어디까지나 역관으로서의 뛰어난 자질을 뒷받침해 줄 뿐이지 결코 석성과의 어떤 특별한 인연에서 성사된 일은 아니었다.

석성石星(?－1599)의 자는 공신拱辰이고 호는 동천東泉이며, 명나라 가정嘉靖 연간의 진사進士이다. 그는 정계에 몸 담고 있는 40여 년 동안 가정, 융경隆慶, 만력萬曆 세 황제를 거치면서 부침 많은 벼슬살이를 하다가 1590년(萬曆 18년)에 이르러서는 호부상서戶部尙書로 임명되었고, 이듬해인 1591년에는 병부상서로 되었다.

석성이 병부상서로 된 그 이듬해인 1592년 4월에 임진왜란壬辰倭亂이 발발했다. 조선에로의 출병 여부를 두고 명나라 조정의 문무백관들은 대부분 조선에 출병하는 것을 반대했다. 그 이유는 "오랑캐들끼리 싸우도록 놓아두지 우리가 끼어들 필요가 없다"는 것이었다. 그러나 병부상서 석성은 극력 조선에 출병해야 한다고 만력황제를 설득하여 조선에 원병을 파견했다. 출병한 후에도 초기에는 극력 전쟁을 해야 한다고 주장하면서 전쟁을 밀고 나갔다. 그리하여 조상이 조선인인 명나라 장군 이여송李如松(1549－1598)의 지휘 하에 평양, 개성을 수복하는 승전고를 울리면서 창궐하는 왜병을 남쪽으로 몰아냈다. 석성은 조선에 원병을 보내는 데 결정적 역할을 했는데 이는 왜구가 조선을 점령하면 명나라가 위험하다는 생각에서 내린 결정이기는 하지만 왜구의 창궐한 침공으로 인해 위기에 처한 조선을 구해준 것은 분명한 사실이다. 전쟁이 소강상태에 이르자 석성은 측근 심유경沈惟敬을 시켜 일본과 휴전조약을 맺고 조선의 4개 도를 일본에 주고 도요토미 히데요시를 일본 국왕으로 인정하는 선에서 전쟁을 마무리지으려 했다. 그러나 심유경에게 속아 강화가 파탄나고, 1597년 왜구가 정유재란丁酉再亂을 일으키게 되자 석성은 그 책임을 지고 억울하게 옥에 갇혔다가 옥사하고 말았다.

조선 조정의 임금과 신하들은 임진왜란 초기부터 만일 병부상서 석성의 지지가 없다면 명군은 출병하지 않았을 것이고 설사 출병했다고 하더라도 적극적인 자세를 취하지 않았을 것이라고 생각했다. 이런 까닭에 조선의 임금과 신하들은 석성에게서 그야말로 재조지은再造之恩을 입었다고 생각하면서 끝없는 감사의 마음을 갖고 있었다.

그리고 사실 임진왜란 초기 명나라의 출병을 이끌어낸 공신은 결코 조선의 역관 홍순언이 아니라 정곤수鄭崑壽(1538－1602)이다. 정곤수는 1592년 병조참판이 되었다가 형조참판으로 옮겼다. 임진왜란이 일어나자 의주로 선조를 호종하였다. 대사간이 되어서는 명나라에 원병을 청하도록 건의했으며, 청병진주사請兵陳奏使로 중국에 파견되었다. 정곤수의 간곡한 청원을 들은 석성은 조선에 대한 출병을 주도하였다. 중국의 일부 학자들은 이런 과정에서 사사로운 정이 작용했다는 아무런 증거도 없다고 하면서 「홍순언 일화」의 사실성을 부인하고 있다. 즉 조선에서 전해져 내려온 석성이 자기의 부인을 구원해 준 조선 사신 홍순언의 은혜에 보답하기 위하여 조선에 출병할 것을 적극 주장했다는 것은 허무맹랑한 낭설浪說에 불과하다는 것이다.[130]

그런데 이상하게도 임진왜란이 끝나서 반세기 남짓한 세월이 흘러 지난 뒤에 조선에는 참으로 재미나는 이야기, 즉 「홍순언 일화」가 파다하게 전해져 내려오기 시작하였다. 즉 석성이 조선을 위기에서 구해준 것은 사실은 한 조선 역관이 자기 부인에게 베푼 은혜에 보답하기 위해서였다는 것이다. 즉 명나라 연경(혹은 통주)의 한 젊은 절세의 미인이 조선의 역관 홍순언의 도움을 받아 유곽에서 빠져나올 수 있는 큰 은혜를 입었고 또한 후에 이 여인은 명나라 병부상서 석성의 후실로 들어갔는데, 석성은 부인의 영향을 받아 조선에 출병할 것을 극력 주장하면서 만력황제를 설복하여 출병을 성사시켰다는 것이다.

이는 어쩌면 약자로서의 조선인들의 정신승리법精神勝利法에서 파생된 자아위안, 즉 조선이 임진왜란 때 일방적으로 명나라의 은혜만 입은 것이 아니라 명나라도 조선의 은혜를 입었고 또한 그 대가로 명나라의 조선 출병을 이끌어 냈다고 생각하면서 조선 사람들 스스로 자기의 마음을 달래보려는 심산에서 만들어진 이야기라고 해석할 수도 있다.

「보은단」은 종계변무 문제를 둘러싸고 벌어지는 조정대신들 간의 의견 대립과 충돌을 당파싸움의 큰 틀 안에서 핍진하게 그려냈다. 그리고 동인과 서인으로 나뉘게 된 계기를 간략하게 설명함과 동시에 그 폐해를 폭로하는 한편 신랄한 비판을 가하고 있다.

> 선조 8년(1575년), 권신 김효원과 심의겸의 대립으로 조신들이 두 파로 갈라졌는데 김효원의 편에 선 도당을 동인, 심의겸의 편에 선 도당을 서인이라 불렀다. 그것은 김효원의 집은 서울 동쪽 켠에 있었고 심의겸의 집은 서울 서쪽 켠에 있는데서 붙인 명칭으로서 동서 양파가 서로 싸우기 시작한 것은 이때부터였다. (김용식, 「보은단」, 271쪽)

> 당파싸움은 장소와 시간을 가리지 않고 아무 때 아무데서나 서로 맞다들기만 하면 으르렁거리기가 고작이었고 배후에서는 반목과 질시, 모략과 중상이 거듭되곤 하였다. 이 당파싸움은 나라의 안위도 백성의 생사도 헤아리지 않았다. 오직 내 한 몸, 내 한 집안의 부귀와 영화, 권세를 위해서는 나라도 백성도 안목에 없었다. (김용식, 「보은단」, 269쪽)

이러한 당파싸움은 실제로 조선 사회의 가장 큰 문제였는데 그 싸움으로 말미암아 초래한 폐해도 수두룩하였다. 「보은단」은 그중 임진왜란과 관련된 사안을 예로 들어 양반사대부들의 추태를 폭로하기도 했다. 「보은단」에서는 1590년 조정에서는 황윤길과 김성일을 통신사절로 일본에 파견하여 일본의 침략기도와 준비상태를 확인하였는데 서인파에 속하는 황윤길이 일본이 반드시 침략해올 것이라는 보고를 내놓자 동인파인 김성일이 고의적으로 사실을 날조하여 반대되는 의견을 내놓았고 이로 인해 조선이 국방대책을 제대로 세울 수 없었기에 (김용식, 「보은단」, 27) 임진왜란 때 적절하게 대응을 하지 못했다는 실례를 들어 당파싸움의 폐단을 역설하였다. 황윤길과 김성일이 서로 상반된 의견을 내놓은 것은 정사에 기록된 사실이긴 하지만 김성일이 단순하게 서인파에 대한 대립을 목적으로 했다거나 임진왜란이 단순히 김성일에 의해 야기된 것처럼 씌어진 이 대목은 자칫 역사를 바라보는 편협한 시각을 초래할 수 있는 위험성이 보이기도 한다.

「보은단」에서 동인과 서인의 갈등은 명나라에 대한 태도에서도 극명하게 표현된다. 영의정 노수신의 태산같이 의지할 곳은 다만 명나라뿐이라는 말에(김용식, 「보은단」, 267) 대사헌 김성일은 "명나라를 태산같이 의지한다는 말씀도 동에 닿지 않는 실언인가 보외다. 영상 합하領相閤下의 말씀대로 명나라는 우리가 믿고 의지해야 할 대국이라 할진대 왜 그들이 제멋대로 우리 나라 왕실종계를 서책에 틀리게 기재했으며 또 그것을 고쳐달라고 누차 주청사를 보내도 마이동풍 격으로 듣는 체도 하지 않사웨까. 이는 소국에 대한 대국의 오만한 거동으로밖에 달리 볼 수는 없는가 하오이다."(김용식, 「보은단」, 267~268)라고 반박한다. 이에 분노한 노수신은 반대 의견을 피력하며 조선이 마땅히 친명 외교를 펴야 함을 강하게 주장한다.

> 명나라를 두고 말할진대 우리나라와 명나라는 국초 이래 줄곧 화평하게 지나왔으며 시종 미더운 인방으로 친목을 도모해왔다는 것은 누구도 부정할 수 없거니, 종계변무가 거절당한 사정을 가지고 명나라를 믿지 못하거나 무함하는 것은 경망한 언동이라 아니할 수 없소.
>
> (중략)
>
> 명나라를 믿지 않으면 그래 왜나라를 믿어야 하겠는고? 주린 범을

보고 날고기를 꿔달라고 빌어야 할까? 명나라를 내놓고 어느 나라가 우리를 도와줄 것 같소? 학봉대감, 답변이 있으면 말해보시오! 동남으로 왜구가 쳐들어오고 북으로 여진이 밀고 나온다고 할 때 그래 우리가 명나라에 의지하지 않으면 어디에 의지해야 될 것 같소?(중략) 다시 더 명나라에 대하여 이러쿵저러쿵 군소리를 늘어놓아 조신들 가운데 불신과 반감을 야기시키는 경망한 언동이 있고 보면 무릇 그 누구든간에 그로 하여 초래되는 엄중한 후과를 책임져야 할진저!" (김용식, 「보은단」, 272~273쪽)

작가는 동인과 서인간의 극명한 대립과 긴장한 분위기로 붕당정치의 폐해를 폭로하고 거기에 신랄한 비판을 가하는 한편 서인을 긍정적으로, 동인을 부정적으로 바라보는 시각을 노골적으로 드러내기도 했다. 소설에서 동인의 대표인물로 거론되는 김성일은 명나라에 대해서도 반감을 가지고, 일본의 침략기도와 준비상태를 제대로 보고하지 않는 등으로 국가의 위기를 초래한 인물로 설정되었다. 그리고 명나라와의 관계 문제에서도 동인들이 반감을 갖는 것은 "반대파에서 주장하는 것이면 설사 그것이 옳은 줄 번연히 알면서도 맞서고 나오는" 상례로 되었기에 아귀다툼이 일어났다고 부가설명을 하고 있다.

2) 홍순언 일화 및 관련 소설과의 상관관계

「홍순언 일화」는 『어우야담』을 시작으로 『계서야담』, 『공사견문록』, 『국당배어』, 『기문총화』, 『당릉군유사징』, 『대동기문』, 『동평견문록』, 『동야휘집』, 『삽교만록』, 『서포만필』, 『성호사설』, 『속재해기』, 『연려실기술』, 『열하일기 옥갑야화』, 『이향견문록』, 『중한시사』,

『택리지』, 『청구야담』, 『통문관지』, 『한경지략』, 『해동돈사』, 『신증동국여지승람』 등 약 30여 개 문헌에 기록되어 있고 또 「이장백전李長伯傳」, 「계씨보은록」, 「마원철록」, 「홍언양의연천금설洪彦陽義捐千金說」 등 소설로 재창작되기도 했다.

사실 홍순언이라는 역사 인물의 면면을 살펴보면 그는 높은 벼슬에 오르지 못한 일개 역관에 불과했고 가문이 특출난 것도 아니었다. 하지만 종계변무라는 큰일을 해낸 일행 중의 한 명으로 높은 상을 하사받으면서 일약 조선의 스타가 된다. 명망 있고 벼슬이 높은 종계변무주청사의 고관대작들이 상을 받은 것보다 서얼 출신의 역관에 지나지 않는 사람이 2등 공신에 녹권된 것이 더 큰 화제였음은 당연한 일이었을 것이다. 종계변무 성공을 계기로 홍순언의 명성은 널리 떨쳤고 그에 관한 수많은 일화들이 생겨나기 시작한다. 아래 「홍순언 일화」의 전개양상을 몇몇 주요한 문집들에 수록된 일화들과 함께 살펴보기로 한다.

홍순언의 이야기가 문헌에 가장 최초로 기록된 것은 『어우야담』인데 『어우야담』의 작자 유몽인과 홍순언은 29살 차이밖에 나지 않고 둘은 또 한 마을에 살았던 사이이다. 때문에 "곽지원과 홍순언의 의기"라는 제목으로 『어우야담』에 실린 홍순언의 이야기가 그 뒤에 전하는 수많은 일화들에 비해 볼 때 가장 사실에 근접하다고 볼 수 있다.

> 곽지원과 홍순언은 통역관의 거두이다. 모두 중국말을 잘하여 여러 차례 중국에 갔다. 지원이 연경 가는 길에 한 사람을 만났는데, 그는 사람들에게 부채를 져 전장과 노비를 모두 빼앗기고 장차 유리걸식할 지경에 있었다. 그가 울면서 지원에게 사정을 호소하자 지원은 자기

주머니를 뒤져 백은 300냥을 주고 이름도 묻지 않고 갔다. 이 때문에 중국 사람들은 지원을 중요하게 여겨 선로船路에서 수장水漿을 대접하며 모두 "곽영공께서 오셨다."라고 하였다.

순언은 나와 같은 마을에 살던 사람인데 사람됨이 영준하고 용모가 수려하였다. 그가 중국에 갔을 때 그 역시 옛날에 알고 지내던 이를 만났는데, 병환에 걸려 패가망신하고 처자까지 모두 팔아야 할 지경이었다. 순언이 즉시 백금 500냥을 써서 그의 처자와 전장을 돌려주니 이로 말미암아 순언의 이름이 중국에 떨쳤고 중국 사람들은 반드시 그를 '홍노야洪老爺'라고 칭하였다.

내가 일찍이 세 번 중국에 드나들면서 통역관들의 작태를 다 알게 되었다. 그들이 만리 바깥에서 이역 땅을 밟으며 분주히 오가는 것은 국사를 위해서도 아니고 공명을 위해서도 아니다. 그들이 바라는 바는 단지 중국인들의 재화와 통교하여 교역하는 이익을 크게 하고자 하는 것뿐이다. 아주 조그마한 이익만 보아도 지극히 존귀한 보물처럼 중히 여기는데, 곽지원, 홍순언 이 두 사람은 의기를 떨쳐 다른 사람들이 하지 못하는 바를 능히 할 수 있었으니 통역관 중의 영웅일 뿐만 아니라 옛사람들에게서도 보기 드문 영웅이다. 아! 높고 위대하도다.[131]

『어우야담』은 중국에 가서 지인에게 백금 500냥을 쓴 홍순언의 의기를 당시의 탐욕스러운 역관들과의 비교 속에서 다루었다. 그리고 그 이후에 전해진 모든 일화에서 반드시 등장하는 '종계변무' 사안이라든가 석성과의 만남, 임진왜란 시 명나라의 원병 등과 같은 이야기는 보이지 않는다. 『어우야담』 이후 『해동야언』, 『재조번방지』, 『기재사초』 등에 실린 홍순언 관련 고사들도 역시 홍순언의 의기에 초점을 두었는바 「홍순언 일화」의 기본적인 골격은 갖추지 못했다. 이는 16

세기 말부터 17세기 초엽까지의 임진, 정유, 병자 등 연간의 외침으로 인해 문사들의 활동이 자유롭지 못했던 데서 기인한다.[132] 「홍순언 일화」는 17세기 중엽 이후 『국당배어』에 와서 비로소 짜임새를 갖춘 이야기로 정리되어 기록되었는데 내용은 다음과 같다.

> 당릉군 홍순언은 선조 때의 역관으로 사리에 밝고, 의리가 있고, 남에게 베풀기를 좋아하는 그런 부류에 속하는 사람이었다.
>
> 젊은 시절에 그는 사신들을 수행하여 북경으로 가는 도중에 통주에 이르러 밤중에 청루에 놀러가서 포주 노파를 보고 "예쁜 계집과 하룻밤 즐기고 싶네."라고 하니 포주노파가 "여기에 선비 가문의 딸이 있사와요. 나이가 18세인데 국색이라고들 하고 있지요. 아직은 손님을 받아본 적 없어요. 하지만 부르는 값이 워낙 높은지라 아마 어려우실 텐데..."라고 대답했다.
>
> 이에 홍순언이 "돈이 얼마든지는 상관없네. 내 뜻을 전하고 서로 만나볼 수 있도록 하게나."라고 하니 포주 노파가 "그렇게 하지요."라고 대답하고는 들어간 지 한참 지나서야 한 여인을 데리고 나왔다. 홍순언이 보니 그야말로 선녀 같은 미모를 가진 절세의 미인이었는데, 웬 일인지 소복차림을 하고 있었다. 이에 홍순언이 "주인 노파의 소개에 의하면 그대는 선비 가문의 딸이라고 하는데, 어찌하여 청루에 몸을 맡겼고, 또 어찌하여 소복차림을 하고 있는 거야?"라고 물으니 여인은 고개를 다소곳이 숙이고는 다음과 같이 대답했다.
>
> "소첩의 부모님은 본디 절강 사람들입니다. 벼슬살이를 하면서 연경에 살게 되었습니다. 그러다가 불행하게 전염병에 걸려서 부모님은 한꺼번에 돌아가시고 말았습니다. 소첩은 워낙 형제도 없는 외딸이라 혈혈단신으로 사고무친한 신세라 의지할 데라고는 없습니다. 부모님의

관은 아직도 객관에 놓여 있고 고향에 운구하여 장사를 지낼 방도가 없습니다. 남에게 의지하려는 것이 부끄러운 일이고, 남을 도와주는 일이 또한 얼마나 어려운 일인지를 모르는 바는 아니오나 손님들로부터 화대를 받아서 장례비용을 마련하고자 합니다. 이는 막부득이한 일이고, 가슴이 미어지게 아픈 일입니다."

여인은 말을 마치고는 흐느껴 울기 시작했다.

홍순언은 이 말에 연민을 금치 못했다. 그는 자기가 만일 이 자를 건드린다면 그것은 의롭지 못한 처사라고 생각하면서 넌지시 물었다.

"고향에까지 운구하여 장례를 지내자면 비용이 얼마나 들어?"

이에 여인이 "사람들의 말에 의하면 은자 백 냥이 든다고 합니다. 아마 이만한 은자가 있으면 족할 것입니다."라고 대답하자 홍순언은 자기가 갖고 온 은자 백 냥을 모두 그 여인에게 건네주었다. 여인은 절을 하면서 감사를 표했다. 이 일을 알고 일행은 모두 홍순언의 선행을 비웃었다.

30여 년 후인 만력 갑신년에 지천 황정욱이 종계변무를 성사시키기 위하여 북경에 가게 되었을 때 홍순언은 수석 역관으로 수행하였다. 황성밖에 득달하여 조양문 앞을 바라보니 장막이 즐비하게 늘어서 있었는데 그 위용이 어마어마했다. 홀연히 한 사람이 말을 타고 달려와서 홍판사가 누구냐고 묻더니 석시랑의 부인이 만나려고 한다고 전갈했다. 홍순언은 당황하여 어쩔 바를 몰랐다. 장막 밖에 이르러서 부인이 장막 안으로 들어가자 홍순언은 돗자리 변두리에 꿇어 엎드려 감히 올려다 보지도 못했다. 이때 부인이 입을 열었다.

"어르신은 저를 알아보지 못하겠어요?그젯날 통주에서 어르신으로부터 큰 은혜를 입어 부모님의 시신을 고향에 옮겨다 묻을 수 있었지요. 그 감사한 마음은 세월이 흘러도 잊을 수 없어요. 술과 안주를 많이 장만하여 가지고 왔으니 동행하시는 분들과 함께 드시도록 하세요."

홍순언은 다시 절을 올리고는 물러났다.

종계가 모욕을 당한 일을 두고 여러 대에 걸쳐서 상주문을 올렸지만 개정함을 허락한다고 하면서 늘 차일피일 미루어왔는데 그 번 행차에 해결을 보게 되었다. 『대명회전』에 실려 있는 글을 특별명령으로 등사하여 보여주라고 한 것은 황제의 칙명이었다. 이는 본래 사신들의 주선으로 이루어진 것이라고는 하지만 부인의 연고 때문에 석시랑이 힘을 썼기 때문이었다고들 말한다.

이 일을 원만하게 마무리하고 귀국하는 날, 부인은 오색 비단 각각 20필을 선물로 홍순언에게 주었으나 홍순언은 시랑의 사저에 찾아가서 사양하였다. 압록강 기슭까지 당도하였을 무렵에 갑자기 물건 짐을 멘 군사들이 나타나더니 그 비단을 넘겨주었다. 홍순언이 또 사양하니 그 두목인 듯한 이가 나서면서 "이는 부인의 명령입니다."라고 대답하고는 물건들을 강가에 놓아두고는 가버렸다. 홍순언은 부득이 모든 사연을 자초지종 사신들에게 들려주었더니 사신이 그더러 그 선물을 받게 하였다.

집에 돌아간 뒤에 짐을 헤쳐보니 비단필의 끝자락마다에 "보은단報恩緞"이라는 세 글자가 수놓아져 있었다. 남의 어려운 사정을 알아준 홍역관의 의로움도 가상하지만 자기가 입은 은혜를 잊지 않고 이와 같이 꼭 갚은 부인의 마음은 더욱 가상하다. 서울에서 비단을 사려는 이들은 모두 홍순언네 집으로 몰려들었다. 그리하여 홍순언이 살고 있는 동네를 "보은단동報恩緞洞"이라고 불렀다. 이후로 이 동네의 이름을 "보은단동"이라고 명명했는데, 세월이 많이 흘러서 와전되었다고 한다.

임진년에 왜구가 쳐들어오니 어가는 서쪽으로 피신하게 되었다. 이 무렵 명나라 조정에서는 의논이 분분하였다. 혹자는 압록강을 굳게 방어하면서 전세의 변화를 지켜보자고 주장했고. 혹자는 오랑캐들이 서로 싸우는 데 중국이 나서서 조선을 구해줄 필요가 없다고 주장하기도 했다. 오로지 병부상서 석성만이 조선을 꼭 구해주야 한다고 주장하면서 먼저 병장기와 화약 같은 것을 조선에 지원해 주었다. 석상서는 조선의 사신들을 보고는 "당신네 나라를 생각할 때마다 눈물이 난다"고 말했다고 한다. 이는 약한 소국에 대해 동정하는 의로운 마음에서 우러난 것이기도 하겠지만 또한 부인의 일 때문에 그렇게 하였다고 말하는 이들도 있다.

홍순언은 광국공으로 되었고, 당릉군으로 책봉되기도 했다. 그의 후손들은 계해반정에서 정사훈으로 기록되었고 보천부사를 지내기도 했다. 사람들은 모두 이는 당릉군이 심어놓은 덕 때문이라고들 말한다.[133]

정태제鄭泰齊(1612-1669)는 벼슬이 예조 참판에까지 이르렀으며, 세 번이나 서장관書狀官, 정조사正朝使의 신분으로 청나라에 사신으로 파견되어 간 적이 있다. 이런 까닭인지 그의 『국당배어菊堂俳語』에 기록된 「홍순언 일화」는 그 세부묘사가 상세하고 또한 제일 일찍 문자로 기록된 것으로서 후세의 적잖은 동일 일화의 대본으로 되었다.

이 『국당배어』에 기록된 「홍순언 일화」에 따르면 종계변무의 성공과 임진왜란 때의 명군의 출병은 모두 홍순언이 석성의 부인을 도와준 일과 직접적인 관련이 있다.

정태제의 『국당배어』 중의 「홍순언 일화」의 기록대로 홍순언이 석성의 도움을 받아서 종계변무를 성공시켰는지에 대해서는 보다 상세한 고증을 해야 할 것이다. 다만 여기에서 특히 주목되는 것은 명나라의 석성의 부인이 자기를 구출해 준 조선 역관 홍순언의 은혜에 보답하기 위하여 "보은단"이라는 세 글자를 자기가 손수 수를 놓은 다섯 가지 색깔의 비단 100필을 홍순언에게 선물로 주었고 그로 하여 서울에는 "보은단동"이라는 지명까지 생겨났다는 기록이다.

서포 김만중의 시화평론집 『서포만필』에도 홍순언 고사가 실려 있다. 김만중은 홍순언의 종계변무사행에 초점을 맞추었고 대화수법을 많이 삽입하고[134] 사실과 허구를 적절하게 섞어 소설적 흥미를 높여주었다. 또 이익의 『성호사설』은 「홍순언 일화」의 진실적인 측면을 강조했다.

> 역관譯官 홍순언洪純彦은 왕가王家의 세계世系를 변무辨誣하는 데 공이 있어 광국공신光國功臣으로 책훈策勳하고 당릉군唐陵君에 봉했다. 세간의 전설에 의하면 순언은 이에 앞서 명나라 서울에 갔을 적에, 양한적養漢的에게 후한 뇌물을 주고 한 아름다운 창녀를 얻었었다. 양한적이란 창녀를 길러 값을 받는 칭호이다. 물어본즉 창녀는 본시 양갓집 여자로서 부모가 죽자 집안이 가난하여 장례 모실 길이 없으므로 스스로 몸을 팔아 이에 이르렀는데, 기실은 처녀로서 남자를 섬기지 않은 몸이라는 것이었다. 순언은 듣고서 측은히 여겨 마침내 돈을 내어 도와주고 관계를 맺지 아니하였었다.
>
> 그 뒤에 그녀는 상서尙書 석성石星의 총희寵姬가 되었는데, 변무辨誣하러 갔을 적에 순언은 그녀를 인하여 힘을 입었었다. 임진왜란에 이르러 명나라에서 군사를 내어 우리나라를 다시 일으킨 것은 석성의 힘이었는데 역시 그녀의 도움이었다고 한다. 『설부雪郛』에 「갑을잉언甲乙剩言」이 있는데 거기에 이런 말이 있다. "심유경沈惟敬이 불우한 몸으로 연경燕京에 우거하는데, 우사寓舍 곁에 한 칸의 방이 있어 물장수 심가왕沈嘉王으로 하여금 들어 살게 했다. 가왕은 본시 낙청樂淸 조상길趙常吉의 집 종이었는데, 왜적에게 잡혀가 18년 만에 달아나 연경으로 돌아와 조상길에게 의지하려고 하였으나 조상길은 그를 쓸 데가 없었다. 그래서 물을 팔아 스스로 살아가는 처지가 되었다. 유경은 때때로 그와 상종하여 일본에 대한 일을 이야기한 바 모르는 것 없이 환하였다. 때마침 대사마大

司馬 석성이 동쪽 일을 요리하는데, 석성의 총희의 아버지 원모袁某가 항시 유경과 상종하므로 유경은 그와 더불어 일본 일을 이야기하는데, 마치 몸소 그 곳에 갔다 온 자나 다름없었다. 그래서 원모가 석성에게 고하자 석성은 유경을 불러들여 말해 보고 대단히 기뻐하며 위에 아뢰어 유격장군遊擊將軍을 제수하고 일본에 봉사케 하여, 봉공封貢의 설에 나오게 된 것이었다." 무릇 역관으로서 광국공신의 훈勳에 참여하게 된 것을 보면 반드시 그 까닭이 있을 것이며, 임진년의 군사 원조는 석성의 총희로 인해서 된 것이라는 것도 역시 전혀 거짓말은 아닌 성싶다. 혹시 원모의 아내가 죽자 장사할 길이 없어서 마침내 그 딸을 팔아서 치른 것이 아니었던가? 『통문관지通文館志』에는 "여女가 바로 석 시랑의 계실繼室이다." 했는데, 이는 잘못된 것이다. 더구나 석성은 시랑이 아니었다.

석성이 동쪽 일을 전담하게 되자 원모는 마침내 심유경을 천거하였는데, 심유경은 우리나라에 대하여 실로 혈성血誠이었다. 동쪽으로 올 적에 심가왕을 대동하였고, 그가 순안順安으로 갈 적에는 먼저 그로 하여금 곧장 적의 진영에 들어가 행장行長을 타일러서 50일 동안에는 서로 침략하지 말 것을 약속하였으니, 대개 그가 일찍이 왜국에 머물러 있어 서로 익숙한 까닭이었다.

세간에서 또 전하기를 "순언이 두 번째 연경에 갔을 때 석성의 총희가 금과 비단을 잔뜩 싣고 와서 은혜에 보답하기를 심히 후히 하자 순언은 말하기를 "만약 이렇게 한다면 이는 이익을 노린 것에 불과하니, 나의 당초의 뜻이 아니다." 하고 모두 받지 아니하였다. 그녀 손수 짠 채단이 1백 필이었는데 수繡의 무늬는 모두 '보은단報恩緞' 세 글자로 되었었다. 이 채단을 받들고 와서 슬피 호소하므로 순언은 차마 이것조차 물리칠 수 없어서 마침내 가지고 돌아왔다. 지금 서울 서부西部에 '보은단골'이 있는데, 이는 순언이 사는 곳이므로 인하여 이름이 된 것이다."라고 한다.

『하담수기荷潭手記』에 이르기를 "광해光海가 즉위하자 명나라에서는 그가 장자長子가 아니라는 까닭으로써 엄일괴嚴一魁 · 만애민萬愛民 등을 보내어 임해군臨海君 진珒의 신병 여부를 조사하게 하니, 광해는 은자銀子와 인삼을 엄 · 만에게 후히 주었다. 이로부터 뇌물의 문이 한번 열리자 역관이 그 사이에서 방종하고 아유하여 회뢰가 아니고서는 이루어지지 않았다. 종계宗系의 변무辨誣에 당해서도 누차 갔으나 허락을 얻지 못하므로, 조정의 의논이 '중국의 일은 재물이 아니고서는 성사하기 어렵다'고 여겼는데, 순언은 말하기를 '외국의 사세는 중국과 같지 않으니 만약 이 길을 열어 놓는다면 그 폐단이 반드시 국가가 퇴폐하는 지경에 이를 것인즉, 이 일은 몇 해가 더 지연된들 무엇이 서럽겠는가!' 하며, 마침내 버티고 나갔던 것이다. 임진 · 정유년의 청병請兵에 이르러서도 일이 몹시 거창했지만 뇌물을 쓴 일은 일찍이 없었는데, 광해조 이래로부터 국가의 고질이 되어 약으로도 구할 수 없게 되었으니, 사람들이 순언의 선견지명에 감복했다."라고 하였다.

홍순언에 대한 세간의 전설을 소개하면서 이익은 홍순언이 북경에 가서 포주에게 후한 뇌물을 주고 아름다운 창녀를 얻은 것으로 기술하고 그 창녀는 훗날 석성의 계실이 아닌 총희가 되었다고 하면서 『통문관지』의 오류를 지적했다. 또 홍순언이 일개 역관으로 전례 없이 광국공신의 훈에 참여하게 된 것으로 보아 석성의 총희로 인해 된 것이 전혀 거짓은 아니라는 점을 지적하였다. 이런 면에서 보면 『성호사설』의 홍순언 관련 기록은 그 당시 성행하던 야담에 대한 사실적인 부분과 잘못된 점을 짚고 넘어갈 필요성을 강조한 일종의 평론에 가깝다고 할 수 있다.

「홍순언 일화」는 안석경(1718−1774)의 『삽교만록』에 이르러 큰폭의 개변을 보이는데 주인공 홍순언이 남녀 2인을 구제하고 구제된 남녀가 부부가 되는 구성으로 변하고 또 주인공이 남녀를 구제하기 위해 천금을 탕진하며 이 때문에 한동안 연행에 참여할 수 없었다는 새로운 이야기가 추가된다. 하지만 『삽교만록』이 널리 유행되지 못한 관계로 홍순언 고사의 연변에 직접적인 영향을 주지 못했다.[135]

이후 박지원(1737-1805)의 『열하일기・옥갑야화』에 등장하는데 그 내용은 다음과 같다.

> 당성군唐城君 홍순언洪純彦은 명明 만력萬曆 때의 이름난 역관으로서 명나라의 도읍 연경燕京에 들어가 한 청루에 놀러 갔었다. 기생의 얼굴에 따라서 화채의 등급을 매겼는데, 천금이나 되는 비싼 돈을 요구하는 기생이 있었다. 홍순언은 곧 천금으로써 하룻밤 놀기를 청했다. 그 여인은 나이 바야흐로 16세요, 천하절색이었다.
>
> 여인은 홍순언과 마주앉아서 울면서 하는 말이 "소첩이 애초 이다지 많은 돈을 요청한 것은 실로 이 세상에는 모두들 인색한 사나이가 많으므로 천금을 버릴 자 없으리라 생각하고서 당분간의 모욕을 면하려는 의도였던 겁니다. 그리하여 하루 이틀을 지나면서 청루의 주인을 속이는 한편 이 세상에 어떤 의리를 지닌 남자가 있어서 저의 잡힌 몸을 속贖하여 사랑해 주기를 희망하였어요. 그러나 제가 청루에 들어온 지 닷새가 지났으나 감히 천금을 갖고 오는 이가 없었더니, 이제 다행히 이 세상에 의기 있는 남자를 만나게 되었어요. 그러나 공公은 외국 사람인만큼 법적으로 보아서 저를 데리고 고국으로 돌아가시기에는 어렵사옵고, 소첩은 한번 몸을 허락한다면 그 오명을 씻기 어려운 일이에요."라고 한다.
>
> 홍순언은 그 여인을 몹시 불쌍히 여겨서 그에게 청루에 들어오게 된 경위를 물었더니, 여인은 "저는 남경南京 호부시랑戶部侍郞 아무개의

딸이옵니다. 아버지께서 장물贓物에 얽매였으므로 이를 갚기 위해 스스로 기생집에 몸을 팔아서 아버지의 죽음을 속贖하고자 하옵니다." 라고 대답한다.

홍순언은 크게 놀라면서 "나는 실로 이런 줄은 몰랐소이다. 이제 내가 아가씨의 몸을 속해 줄 테니 그 돈 액수는 얼마나 되는지요?"라고 묻자 여인이 "2천 냥이랍니다."라고 대답했다.

홍순언은 곧 그 액수대로 그 여인에게 치르고는 작별하기로 하였다. 여인은 곧 홍순언을 은부恩父라고 일컬으면서 수없이 절하고는 서로 헤어졌다.

그 뒤 홍순언은 이 일을 다 잊어버렸다. 몇 년이 지난 뒤에 홍순언은 또 중국에 들어갔는데, 길가의 사람들이 모두들 "홍순언이 들어오나요?" 하고 묻기에 홍순언은 다만 괴이하게 여겼을 따름이었다.

연경에 이르자 길 왼편에 사람들이 줄지어 서서 홍순언을 맞이하면서 "병부 兵部 석노야石老爺께서 어르신님을 마중하도록 명령을 내렸습니다." 하고는 곧 석씨石氏의 사저로 인도하였다.

석상서石尙書가 맞이하여 절을 올리면서 "은장恩丈이오십니까? 공의 따님이 아버지를 기다린 지 오래되었습니다." 하고는 곧 손을 이끌고 내실로 들었다.

화려하게 화장을 한 석상서의 부인이 나와서 마루 밑에 꿇어 엎드려 홍순언에게 공손하게 절을 올리니 홍순언은 송구하여 몸둘바를 몰랐다. 석상서는 웃으면서 "장인님께서 벌써 따님을 잊으셨나요?"라고 한다.

홍순언은 그제야 비로소 그 부인이 곧 자기가 지난날 유곽에서 구출해냈던 여인인줄을 깨달았다.

그 여인은 유곽에서 빠져나와 곧 석성石星의 후실로 되었다. 남편이 귀하게 되었으나 그 부인은 오히려 손수 비단을 짜되 군데군데 "보은報恩"이라는 두 글자를 무늬로 짜넣었다.

홍순언이 귀국하게 되자 각종 비단과 금은 등을 헤아리지 못할 만큼 행장 속에 넣어주었다.

그 뒤 임진왜란이 일어나자 병부상서인 석성이 조선에 출병할 것을 힘써 주장하였으니, 이는 석성이 애초부터 조선 사람을 의롭게 여겼던 까닭이었다.[136]

『열하일기·옥갑야화』 중의 「홍순언 일화」는 박지원이 열하로부터 북경으로 돌아오던 중에 하북성 옥갑이란 곳에서 하룻밤을 묵으며 일 행인 여러 비장裨將들과 주고받은 한담설화들을 기록한 것이다. 형식상 설화를 기록한 야담에 가깝지만 뛰어난 표현력과 사상성에서 독립된 한 편의 소설로 볼 수 있다.이 「옥갑야화」는 조선 조정에서에 파견하는 연행사절단을 따라 중국 북경을 오갔던 역대 조선 역관들의 일련의 이야기들로 이루어진 액자형 구조의 한문소설이다. 이 「홍순언 일화」는 임진왜란 당시 조선에 대한 명군의 출병이라는 이 군사문제만 홍순언과 연관시켜 놓았다. 또 세부적인 부분들에서 기존의 일화와 차이점을 갖고 있는데 홍순언이 구해준 소녀가 그를 '은부恩父'라고 부르는 점 등이 그러하다.

『열하일기』 이후 『연려실기술』에 「홍순언 일화」가 등장한다. 조선조 후기의 문인 이긍익李肯翊(1736－1806)의 『연려실기술燃藜室記述』은 개인이 남긴 조선조 때의 최고의 역사기록물로 평가받고 있다. 이 책의 「역설전고譯舌典故」에 수록되어 있는 「홍순언 일화」는 우에서 소개한 정태제의 『국당배어』에 기록된 「홍순언 일화」를 옮긴 것이지만 전자에 비해 적잖은 부분이 생략되고 또 새로운 일화를 삽입하였다. 그 내용은 다음과 같다.

홍순언은 어려서부터 성격이 활달하고 의리가 있었다. 그는 일찍 중국 연경에 가던 도중 통주通州에 들러 밤중에 청루를 찾아 갔다. 그곳에서 절세의 미인인 기생을 만나 첫눈에 반한 홍순언은 포주 노파한테 그 기생과 하룻밤을 놀게 해달라고 청을 들었다. 홍순언은 그 기생이 소복차림을 한 모습을 보고 그 연고를 물었더니 그 여인이 대답했다.

"제 부모는 본디 절강 사람으로서 명나라 연경에서 벼슬살이를 하시다가 불행히 전염병에 걸려 동시에 모두 돌아가셨는데, 아직도 관이 객관에 있습니다. 저 혼자서 고향으로 모셔가 장사 지내고자 하나 장사 지낼 밑천이 없으므로 마지못해 스스로 몸을 팝니다."

말을 마치자 목메어 울며 눈물을 흘리므로, 공이 듣고 불쌍히 여겨 그 장례비를 물으니 3백금이 필요하다 하기에 곧 전대를 털어서 주고 끝내 가까이 하지는 않았다. 그 여인이 홍순언의 성씨와 이름을 캐어물어도 그는 알려주지 않았다.

이에 그 여인은 "어르신님께서 말씀하시지 않으시면 소첩도 이 돈을 받을 수 없습니다."라고 하니 그제야 홍순언은 자기의 성씨만 알려주고 청루에서 나와 버렸다.

동행했던 이들은 모두 홍순언을 바보라고 비웃었다. 그 여인은 후일 예부시랑禮部侍郎 석성石星의 후실로 되었다. 석성은 홍순언의 의로운 소행을 높이 평가하면서 조선의 사신들을 만나기만 하면 홍역관이 왔는가 묻곤 하였다.

홍순언은 고국에 돌아간 뒤에 관가의 빚을 갚지 못한 죄로 여러 해 옥살이를 하게 되었다. 이 무렵은 마침 조선 조정에서는 종계변무宗系辨誣를 추진하기 위하여 선후로 십여 차례나 사절단을 파견하였지만 명나라에서 종내 그 청을 들어주려고 하지 않았다. 이에 임금은 "이는 필시 역관놈들의 차실 때문이다. 이번 행차에도 해결하지 못하면 수석 역관의 목을 베야겠다!"라고 대로하였다.

이리하여 뭇 역관들은 누구도 연행사절단의 통역으로 따라 가려고 하지 않았다. 역관들은 서로 의논하면서 "홍순언은 살아서는 옥문을 빠져나오기 어렵게 되었으니 우리들이 돈을 모아서 그 빚을 갚아주어 옥에서 풀어 내와서 그를 보내면 좀 좋은가. 만일 그 일을 해결하고 돌아온다면 그 사람에게도 행운이 깃드는 거지. 비록 죽는다고 해도 무슨 한이 있겠는가."라고 했다. 다들 옥으로 면회를 가서 그 뜻을 전달하니 홍순언은 흔연히 그렇게 하겠노라고 대답했다.

선조 갑신년, 홍순언은 황정역을 따라 북경에 갔다. 조양문 밖을 바라보니 비단으로 만든 장막들이 즐비하게 늘어섰는데, 말을 탄 한 사람이 질주하여 다가와서 홍판사洪判事가 어느 분이냐고 물으면서 예부의 석시랑이 홍순언이 온다는 소문을 듣고 부인과 함께 마중을 나와 있다고 전갈하였다. 다가가면서 살펴보니 사환군 계집애들 10여 명이 부인을 옹위하고 장막에서 걸어 나오고 있었다.

이 광경을 보고 홍순언은 겁을 먹고 비실비실 물러서려고 하니 석성이 나서면서 "어르신님은 통주通州에서 은혜를 베풀었던 일을 기억하고 계시지요? 제가 집사람의 말을 전해 듣고 보니 어르신님은 그야말로 천하에 둘도 없는 의사義士입니다."라고 했다.

부인은 홍순언을 보자 즉시 꿇어 엎드려 절을 했다. 홍순언이 굳이 사양하자 석성이 "은혜에 보답하기 위해 올리는 절을 어르신님은 꼭 받아야 합니다."라고 했다. 이윽고 석성은 잔치를 크게 베풀었다. 석성이 조선사절단이 이번에 오게 된 연유를 묻자 홍순언은 이실직고했다. 석성이 근심 말라고 위안했다. 달포 남짓이 여관에 머무는 사이에 이 일은 과연 원만하게 해결되었다. 이 일이 해결된 것은 실은 석성이 열심히 주선을 하였기 때문이었다.

홍순언이 고국으로 돌아가게 되자 석성의 부인은 비단 열 필을 넣은 함 열개를 선물로 주면서 "이 비단은 소첩이 어르신님이 오시기를 기다리면서 손수 짠 겁니다."라고 했다. 홍순언이 굳이 사양하였으나 압록강에 이르자 장정들이 그 비단함들을 모두 강 건너까지 메여다 주었는데, 비단의 기단에는 모두 "보은報恩"이란 두 글자가 수놓아져 있었다.

귀국한 뒤 홍순언에게는 광국 2등훈이 내려지고, 또 당릉군唐綾君으로 책봉되었고, 사람들은 그가 살고 있는 동네를 보은단동報恩緞洞(지금의 美洞)이라고 불렀으며, 홍순언의 손자와 증손자들은 숙천부사肅川府使를 지냈다.[137]

『연려실기술』에 기록된 「홍순언 일화」에서 생략된 부분은 명군의 조선 출병에 관한 부분이다. 그리고 보충된 부분은 홍순언이 옥살이를 하게 된 부분이다. 명나라에서 여인을 구하기 위해 쓴 돈을 갚지 못한 홍순언은 고국에 돌아와서 수년간 옥살이를 하게 된다. 그리고 종계변무가 거듭 실패하는 원인이 역관들에게 있음을 강조하며 종계변무가 또 실패할 시 역관을 엄히 다스릴 것이라는 어명에 누구도 나설 엄두를 못 낸다. 역관들은 상의 끝에 홍순언의 빚을 대신 물어주고 그를 종계변무 사행에 참가하도록 한다. 이는 기존 홍순언 이야기의 단순한 흐름에 부족점을 느낀 이긍익이 조금 더 굴곡적인 사연으로 이야기를 흥미 있게 꾸미려 했던 데서 의도되었다고 할 수 있다.

『연려실기술』 이후로도 다른 야담집과 문헌에 「홍순언 일화」가 꾸준히 등장하였지만 이야기의 별다른 연변은 더 이상 보이지 않았다.[138] 그러다가 「홍순언 일화」는 야담을 넘어서 소설화되면서 『이장백전』, 『계씨보은록』, 『마원철록』, 『홍언양의연천금설』 등 소설의 소재로 등장한다. 그리고 한동안 야담류의 문헌에만 기록되어 오던 「홍순언 일화」는 1980년 김용식에 의해 또다시 소설로 재창작된다.

김용식이 한창 역사소설 창작에 정력을 몰부을 무렵이었던 지난 세기 70년대 말과 80년대 초반은 중국이 아직 한국과 문화교류의 물꼬를 트기 전임을 감안할 때 김용식의 역사소재 소설 창작은 어린 시절의 한학 공부와 독서 경력 그리고 학문과 선비의 고장에서 살아오면서 많은 민간전승의 이야기들을 귀로 많이 들어오고 많은 역사의 현장들을 둘러보았던 경력과 무관하지 않을 것이다. 「보은단」 역시 가장 널리 성행했던 조선의 일화 중의 하나로 그의 소설에 좋은 소재로 사용되었다. 김용식은 1982년 『아리랑』에 역사소설 「보은단」을 발표했는데 에필로그를 포함하여 모두 13개 부분으로 구성되었다. 그 줄거리는 다음과 같다.

1) 1584년 4월 조선 조정에서 종계변무주청사를 명나라에 파견할 무렵 남왜북로南倭北虜의 틈바구니에 끼인 한반도의 국내외 위험천만한 국제정세와 조선의 친명반일배청親明反日排淸의 외 교정책을 둘러싸고 벌어진 조정의 동인과 서인 간의 당쟁 등을 묘사하였다.

2) 종계변무주청사를 수행한 위험천만한 수석번역의 선택에 직면하여 조선 조정 사역원 한학청의 동료 역관들이 자기들은 발뺌을 하기 위해 한창 옥고를 치르고 있는 홍순언을 각자 분담금을 거두어 가지고 구해 내오기로 결정짓는 과정을 묘사했다.

3) 10년 만에 옥에서 풀려나온 홍순언의 부모처자와의 상봉을 묘사했다.

4) 동료역관들의 홍순언 구출의 목적 토설 그리고 홍순언이 종계변무주청사를 수행을 결정하는 과정을 묘사했다.

5) 종계변무주청사를 수행하여 압록강변 의주에 당도한 후의 홍순의 심경과 10년 전 북경에서의 한 중국인 규수와의 해후에 대한 회억의 살마

리를 간단히 묘사했다.

6) 종계변무주청사의 북경 도착, 홍순언과 예부시랑 석성과 그의 부인의 상봉 및 홍순언이 구원해준 진소저와 석성의 결연 경위를 묘사했다.

7) 10여 년 전인 선조 13년(1570) 홍순언이 역시 종계변무주청사의 수행 역관으로 북경에 갔을 때 청루에서 2,000냥을 털어주고 진소저를 구해준 과정을 상세하게 묘사했다. 이 부분은 이 작품에서 편폭이 제일 길고 따라서 가장 핵심적 부분이다.

8) 이 부분에서는 진소저 구출사건이 있은 뒤 홍순언의 2,000냥 공금의 탕진 사실에 대한 고백, 종계변무의 실패, 공금 남용죄로 인한 정순언의 귀국 후의 옥살이 등 여러 가지 지난 과거사에 대한 회억을 묘사했다.

9) 이야기는 다시 1584년의 시점으로 돌아와서 홍순언에 대한 명나라 예부상서 석성의 극진한 대접과 석성의 적극적인 주선으로 인한 종계변무의 달성 과정을 묘사했다.

10) 종계변무를 달성한 뒤 홍순언과 종계변무주청사 일행이 석성의 안내를 받으면서 북경성 명승고적을 유람하는 과정을 묘사했다.

11) 홍순언에 대한 석성 부인의 극진한 대접, 작품 속에 끼워넣은 에피소드로서의 두랑의 애정비극 등을 묘사했다.

12) 조선 사신 일행의 귀국하게 되자 홍순언이 석성의 부인으로부터 보은단 3백 필을 선물 받은 일, 귀국 후의 홍순언에 대한 조선 조정의 포상 등을 묘사했다.

13) 에필로그. 1592년 임진왜란이 일어난 후 홍순언이 또 청병 진주사로 북경에 들어가 역시 병부상서인 석성과 그 부인의 숨은 노 력으로 원군을 쉽게 얻은 과정을 극히 간략하게 묘사했다.

이상의 명과 조선의 유구한 친선관계에 대한 가송을 통한 친선의 주제 사상이나 전반 이야기의 흐름새를 통하여 우리는 이 작품의 스토리의 핵심적인 골자는 위에서 상세히 소개된 「홍순언 일화」임을 분명히 알 수 있다. 하지만 김용식의 『보은단』은 기존 「홍순언 일화」의 간단한 복술이나 번안이 아닌 본격적인 역사소설이다.

첫째, 김용식의 『보은단』은 보다 역사의 진실성을 중요시했다.

비록 이 작품은 기존 「홍순언 일화」를 모본으로 하였지만 작품의 핍진성을 성취할 수 있도록 「홍순언 일화」가 나타났던 그 시대를 철저하게 조사했다. 이런 토대 위에서 이 「홍순언 일화」를 당시 동아시아의 드넓은 국제정치의 판도와 국내 정치의 배경 속에 놓고 작품을 재구성했다는 점이다. 이런 까닭에 이 작품은 역사의 전체적인 흐름에 대한 파악과는 무관한 복고취미의 장식적인 역사소설이나 역사적 소재를 낭만적으로 통속화된 차원에서 빌려옴으로써 역사적 주인공을 신화적으로 과장하거나 역사를 지나치게 개별화된 사생활의 영역으로 귀속시킨 역사소설들과는 궤를 달리한다. 이를테면 임진왜란 직전 남왜북로의 틈바구니 속에서 친명외교 노선을 둘러싸고 벌리는 조선조정 신료들의 논쟁이나 조선 조정의 동서분당의 당쟁에 등장하는 인물, 사건들이나 종계변무주청사가 파견된 시간, 사절단의 주요한 사신들의 이름, 숫자 같은 세부들은 모두 조선 정사의 기록과 합치된다. 이는 한반도를 비롯한 중국, 일본 등 동아시아의 역사에 대한 해박한 지식이 없으면 도달할 수 없는 경지이다. 특히 개혁개방 초기 역사문헌 자료들이 지극히 미비한 연변의 문화 환경 속에서 이런 수준에 올랐다는 점은 그야말로 경이로움을 금치 못하게 한다. 이는 분명히 작자의 젊은 선비의 고장 영남에서의 수학 경력과 비상한 기억력에 힘

입은 것이라고 짐작된다.

둘째, 김용식의 「보은단」은 보다 세부묘사의 진실성과 풍부성을 추구했다.

이 작품은 역사의 전체적인 흐름에 대한 핍진한 파악에 중시를 돌렸을 뿐만 아니라 그 세부의 진실성과 풍부성을 추구했다. 이를테면 사역원 한학청의 동료 역관들이 자기들이 상황을 모면하기 위하여 홍순언을 옥에서 속贖하여 빼어낸 후에 또 그를 설득하여 다시 연행길에 오르게 하는 부분이나, 북경의 청루에서 진소저를 만나고 그녀를 구원해주는 핵심적인 장면들을 알심들여 묘사함으로써 모본인 「홍순언 일화」의 소루한 줄거리에 비할 바 없는 세부묘사의 진실성을 획득하였다. 그리고 「홍순언 일화」들에서는 볼 수 없는 많은 세부적인 묘사나 에피소드들을 삽입함으로써 작품이 보다 풍만해지고 읽을 맛이 증폭되게 하였다. 이를테면 종계변무주청사들이 압록강변 의주에서 들은 조선의 배사공과 명나라 사신 사이에서 주고받았다는 절묘한 오언시의 시구나 두랑의 비극적인 사랑이야기는 줄거리만 소개되어 있는 기존 「홍순언 일화」와는 비할 수 없이 읽을 재미가 늘어났다. 바로 이런 까닭에 길어서 한자로 천자 미만이고 짧은 것은 한자로 고작 400, 500자 정도의 편폭밖에 안 되는 「홍순언 일화」를 한글로 근 10만 자에 달하는 탄탄한 중편소설로 부연할 수 있었던 것이다.

셋째, 플롯의 구성에서 보다 소설다운 짜임새를 보이고 있다.

「홍순언 일화」의 이본들이 모두 시간의 순으로 질서를 갖고 있는데 반하여 김용식의 「보은단」에서는 현재의 사건이 진행되는 도중에 과거의 사건이 끼어들어 와서 현재의 시간의 흐름을 일시적으로 차단

하는 시간변조Anachrony의 플롯구성 수법을 구사하였다. 이 작품의 핵심적인 부분인 홍순언이 북경의 청루에서 진소저를 구원해주는 것 같은 장면(제7장)은 후반부에 와서야 소급제시analepsis함으로써 현념懸念을 조성하여 독자들의 호기심을 유발하고 있다.

넷째, 보다 유창하고 구수하고 그 시대 상황에 부합되는 언어구사로 독자들의 인기를 끌었다.

역사소설을 읽는 독자들의 기대시야에는 문체기대가 있다. 이른바 문체기대란 "독자들이 문학작품의 어떤 유형이나 형식 특징으로부터 일어나는 기대지향을 가리킨다. 역사소설은 역사소설다운 문체와 유창하고 구수한, 그 시대 상황에 부합되는 언어 구사가 따라주기를 바라는 것이 바로 역사소설을 읽는 독자들의 기대시야이다. 김용식의 「보은단」은 바로 독자들의 이런 문체기대를 충족시켜주고 있다. 이 작품은 고투가 다분한 한자어, 고사성구, 종결어미, 호칭 등 낱말을 적재적소에 골라 넣음으로써 작품의 시대적인 특징을 핍진하게 드러내어 독자들의 문체기대에 부응하고 있다. 작품의 제1장에서는 우의정 노수신盧守愼(1515－1590)의 말에 동인파에 속하는 학봉鶴峰 김성일金誠一(1533－1593)이 노수신을 "영상합하領上閤下"라고 호칭하는 내용이 등장한다. 이 합하라는 호칭은 조선시대 정1품 관리를 높이어 부르는 말이다. 당시 노수신은 정1품의 좌승상이었으므로 영상합하라고 부르는 것은 그 시대성을 핍진하게 나타내는 효과를 내고 있다. 이밖에도 "시를 소설 속에 끌어 들이는引詩入小說"는 동양 한문소설의 문체적 특성을 본받아 당나라 시인 유종원柳宗元의 5언절구 「강설江雪」 같은 명시들을 적재적소에 인용함으로써 독자들의 문체기대에 부응하고 있다.

그러나 이 작품에는 미흡한 점도 있다. 이를테면 이 작품에서는 향명의리向明義理, 숭명배청崇明排淸이라는 역사관에 좇아 “광해군을 조선역사상 악명이 자자한 폭군”이라고 평가하였는데 이는 역사의 진실과는 일정한 거리가 있다.

4. 「고리백정의 사위」의 상호텍스트성

1) 소설의 시대 배경

「고리백정의 사위」는 이장곤이 연산군 시기 유배지에서 망명한 실화를 바탕으로 그 이후에 야담과 야사에 변용된 일화들을 두루 수용하여 엮은 역사소설이다. 「고리백정의 사위」에서는 이장곤을 “소년등과하여 조정에서도 한다는 문신으로 발신하”[139]였다고 했는데 실록의 기록을 보면 이장곤(1474년, 성종 5-?)은 문무를 겸비한 재상으로 일찍이 19살 때 뛰어난 용모에 강궁强弓을 잘 당긴 것[140]으로 유명했고 연산군 1년(1495) 생원시에서 장원을 하고 연산군 8년(1502)에 문과 별시에 급제하였다. 그 후 8개월 동안 활쏘기 시험에서 수차 수석의 성적을 거두고 이를 계기로 이극균의 천거를 입어 홍문관 교리로 승진[141]한다. 하지만 연산군 11년(1505) 5월 갑자사화에 연루된 이극균과 사사로운 관계가 있다고 의심받아 “장 1백에 처하고 고신을 모조리 삭탈하여 해외(섬)”[142]로 유배되고 만다. 「고리백정의 사위」에서는 이장곤이 파직당하고 유배된 원인을 이극균과의 인연 때문이 아니라 『성종실록』 수정문제라고 적고 있다.

무오사화를 일으켜 유능한 조신들과 선비들을 모조리 숙청해버린 연산군은 문인들에게 성종실록을 전면적으로 수정하라고 명령했다. 실록수정의 주되는 요인은 윤비를 복위시키고 그의 공덕을 칭송하는 한편 맨 처음 실록을 기초한 김종직과 그를 중심으로 한 사림파 선비들을 만고의 역적으로 단죄해서 사책에 기록하라는 것이었다.

그때 교리로 있던 이장곤, 이행, 권달수, 김정국 등이 실록수정을 집필하게 되었는데 다른 것은 다 왕명에 좇아 고칠 수 있으되 사림파를 역적으로 몰아서 사책에까지 올리라는 것만은 사람의 양심으로서는 차마 못할 노릇이라고 불만을 품으면서 제때에 붓을 대지 않고 질질 끌었던 것이다. 그런 게 이것이 누설되어 억울하게 모역죄로 극형을 받고 남해의 외로운 섬인 거제도로 갈 줄이야.(김용식, 「고리백정의 사위」, 50~51쪽)

「고리백정의 사위」는 이장곤의 파직과 유배를 무오사화의 일환으로 간주하여 서술하고 있다. 그리고 이극균, 한치형, 이파 등이 윤비의 폐립과 사약사건에 가담한 죄로 사형에 처해졌다(김용식, 「고리백정의 사위」, 50)고 하였는데 이는 갑자사화 당시의 사건이고, 그 당시 이극균은 사형에, 한치형, 이파 등은 부관참시를 당했는바 역사적 사실을 재현함에 있어서 오류를 남겼다. 또한 연산군 11년(1505)에 있었던 이장곤의 파직은 연산군 4년(1498)에 있었던 무오사화의 후폭풍으로 간주하기엔 다소 억지스러운 부분이 있다. 이 부분에서는 오히려 연산군 10년(1504)의 갑자사화를 언급하는 것이 더 적절했다. 실제로 이극균은 윤비의 폐위와 사사에 찬성했던 관계로 갑자사화에서 사형을 당하고 그의 사사로운 천거로 승진했다는 오해를 받은 이장곤 역시 이 시기 화를 입게 된다. 이 당시의 사건을 「고리백정의 사위」에서는 시간(1498년)은 무오사화 때로, 내용(윤비의 폐위와 사사문제로 시작된 사화)은 갑자사화로 헛갈리게 서술하고 있는데 이는 명백한 오류이다. 「고리백정의 사위」는 이장곤이 실존인물이고 그의 유배와 망명이 역사적 사실임을 강조하고 있다. 때문에 무오사화와 갑자사화 같은 중대한 역사적 사건들을 두루뭉술하게 섞어서 서술하고 신중을 기하지 못한 아쉬운 부분이다.

유배를 간 이장곤은 1506년 유배지에서 탈주한다. 그 당시 귀양갔던 사람들이 원한으로 일을 일으킬 것을 극도로 염려하던 연산군은 이들을 모두 절도絶島로 유배시켜 고역을 치르게 하고 관리감독을 철저히 하니 그들이 죽임을 당하는 것은 시간문제였다. 특히 용맹하기로 소문난 이장곤이 변을 일으킬까 걱정되어 죽이려 하였는데 이장곤은 기회를 타서 망명하였다.[143] 이장곤의 망명소식을 들은 연산군은 크게 노하며 그를 잡아오거나 고하는 자에게 상을 내리고 분배된 죄인들은 방면할 것을 명한다.

> "장곤의 집을 즉시 폐쇄하고 그 부모·동생과 족친을 수금囚禁하며, 의금부 낭원 중 순직 근신한 자를 보내어 그 형 이장길과 함께 조치하여 잡되, 손바닥을 꿰어 수갑을 채우고 칼을 씌워오라."
>
> "의금부 낭원중 활 잘 쏘는 무신 2명을 보내어 잡아오라. 장곤은 활 잘 쏘는 용사이니, 그를 잡아 고하는 자는 익명서 때 잡아 고한 자와 같이 논상하라. 그리고 남해 현감 류성은 이 실정을 모를 리 없으니 잡아다 국문하라."[144]
>
> "이장곤을 잡아 고하는 자는 방면해줄 것이라는 뜻을 분배된 죄

인들에게 알리라."[145]

그래도 분이 풀리지 않은 연산군은 이장곤이 군신의 의를 저버렸다는 내용의 어제시까지 짓는다.

> 어제시를 내리기를
> "화난 닥치리라 미리 헤아려 딴 놈에게 붙고
> 흉하게도 고식적인 생각으로 깊은 산에 숨었구나
> 어버이 임금 버리고 어디서 용신할꼬
> 고금에 완악 이보다 더 없도다" 하고
> 이어 전교하기를,
> "이장곤의 흉악이 너무 심하기 때문에 이른 것이다." 하였다.[146]

커다란 파장을 일으키고 망명한 이장곤은 멀리 함흥 땅에 이르러 수척의 무리에 들어가 아내를 얻고 고리백정의 집에 은거한다. 「고리백정의 사위」에서는 중종반정 후 다시 복직하기까지의 이장곤의 은둔 시기를 집중적으로 다룬다. 사실 이장곤은 장가를 든 사람으로서 그의 아내는 이장곤이 유배되고 망명하던 시기 창녕의 '농사'에 있었다.[147] 이는 「고리백정의 사위」에서 언급한 사실과는 조금 다른 부분이다. 소설에서는 이장곤의 아내가 이장곤이 잡혀가던 날 졸도하여 세상을 하직하였다고 했는데 이는 이장곤과 큰년이가 부부로 맺어지는 데 있어 도의적인 책임을 회피하기 위해 의도한 설정으로 보인다.

소설에서는 이장곤은 망명지인 버들골에서 고리백정 용서방네 집에 얹혀 살며 고리백정의 딸 큰년이와 혼인까지 하고 세상과 동떨어진 채 3년을 산 것으로 되어 있다. 하지만 이장곤의 망명이 보고된 시간은 1506년 8월 7일이고 그 뒤 중종반정으로 연산군이 쫓겨나고 세상이 바뀐 것은 1506년 9월 2일로 불과 보름 뒤의 일이다. 소설에서는 이장곤이 버들골에 꽁꽁 숨어 지내느라 세상소식을 모르고 있었다고 '해명'을 하지만 실제로 이장곤이 다시 「실록」에 등장한 것은 중종 2년인 1507년 3월 6일[148]이다. 이렇게 보면 이장곤이 망명지에서 보낸 시간은 길어야 7개월 정도이다. 하지만 그가 「실록」에서 사라졌던 망명기는 흥미로운 이야깃거리가 되어 두고두고 회자되었다.

「고리백정의 사위」에서는 '중종반정'의 경과를 함흥부사로 부임한 성몽정의 말을 통해 적고 있다. 연산군의 광태가 날로 심해져 급기야 월산대군의 부인 박씨까지 겁탈하여 박씨는 우물에 빠져 자살하는데 이에 분노한 박씨 문중에서 궐기해 일어나자 사헌부 대감 성희안이 앞장서서 대궐로 쳐들어간다. 미녀들과 질탕하게 놀던 연산군은 손쓸 틈도 없이 잡히고 교동에 갇혔다가 나중에 강화도에 유폐된다. 사태가 결정적으로 기울어진 뒤 성희안과 유빈은 진성대군을 모셔다 용장에 올려 앉히니 그가 바로 이조 제11대 중종왕이었다. 이 부분의 내용은 실록의 기록에 적힌 '중종반정'과 크게 다르지는 않다. 하지만 연산군과 월산대군의 부인 박씨의 관계에 대한 기록에 있어서는 많은 논쟁이 있다. 실제로 실록의 기록을 보면 월산대군의 부인 박씨가 연산군으로부터 많은 혜택을 받았음은 사실로 보인다.[149] 또 실록의 기록을 보면 박씨는 우물에 빠져 자결한 것이 아니라 병세가 위중해져 세상을 떠났음을 알 수 있다. 연산군이 박원종더러 병세가 위중해진 박씨를 간호하게 한 기록도 보인다. 박씨가 세상을 떠난 것은 그로부터

13일 정도 뒤의 일이다. 실록에도 연산군과 박씨 사이의 부적절한 관계에 대한 기록[150]이 보이기는 하지만 이는 사관의 말을 빌어 기록된 부분으로 사실 여부는 정확히 알 수 없다. 중종의 반정이 있은 후 이장곤은 본래의 관직에 복직하고 그 이후 승승장구하여 벼슬이 병조판서에까지 이른다. 실록의 기록을 보면 그가 중종 3년(1508)년 3월 홍문관 부교리로부터 시작하여 홍문관 교리, 사헌부장령, 동부승지, 평안도 병마 절도사, 병조 참의, 이조참판, 호조참판, 사헌부 대사헌, 형조판서, 우찬성, 병조판서[151] 등 관직을 제수 받았다는 것을 알 수 있다.

10년 동안 꾸준히 이어진 승진기록을 통해 그가 당시 문무를 겸비한 유능한 재상으로 중종의 총애를 받았음을 알 수 있다. 하지만 망명지에서 혼인한 아내가 '정경부인' 작호를 받았다는 기록은 정사에는 없는 것으로, 이는 야담으로 전해진 부분임을 알 수 있다.

소설의 마지막 부분에서는 중종 14년 을묘사화 때 병조판서 이장곤이 위험을 무릅쓰고 선비들을 보호하다가 한때 벼슬이 떨어지고 옥에 갇히게 되었다고 하면서 세상풍운이 고르지 못함을 애석해하고 있다. 이 부분 역시 사화의 명칭과 내용에서 오류가 있는데 중종 14년에 있었던 사화는 '을묘사화'가 아닌 '기묘사화'이다. 그 당시 이장곤은 생애 가장 높은 벼슬이었던 병조판서의 자리에 올라 있었다. 때문에 이장곤은 기묘사화의 과정에서는 가해자의 위치에 있을 수밖에 없었다. 그는 직책상 조광조 등을 국문하는 추관의 역할을 담당해야 했기 때문이다.[152] 때문에 「고리백정의 사위」에서처럼 "병조판서인 그가 위험을 무릅쓰고 거연히 나서서 선비들을 보호하다가 벼슬이 떨어지고 옥에 갇힌"(김용식, 「고리백정의 사위」, 138쪽) 일이 사화의 과정에서 발생한 것은 아니다. 이장곤이 벼슬이 떨어진 것은 2년 뒤인 중종 16년의 일이다. 그때 송기련의 '신사무옥'이 일어난 것을 계기로 남곤 일파는 이장곤에 대한 공격에 나서게 되었는데 약 보름 동안 이장곤을 표적으로 삼아 먼 지방으로 귀양 보낼 것을 끈질기게 청하였다. 그들은 이장곤에 의지하여 조광조의 잔당들이 화근을 일으킬까 두려워하였던 것이다. 하지만 평소 이장곤에 대한 신임이 두터웠던 중종은 귀양보내는 것을 윤허하지 않다가 중종 19년(1524) 7월에야 그의 직첩을 거두는 것을 허락한다.[153] 이장곤이 옥에 갇히는 일 또한 없었다. 이 부분도 소설에서 간과한 아쉬움으로 남는다.

이후 이장곤은 후대 사람들에 의해 '기묘 8현'의 한 사람으로 꼽히고 영조대에 와서 '기묘명현'의 한 사람으로 시호까지 받았다. 기묘사화의 가해자였던 이장곤이 내부에서 피해자 측의 편에 서있던 인물로 평가된 근거는 세 가지 정도가 되는데 사건 당일에 영의정 정광필과 함께 사태를 완화시키는 데 다소 기여했다는 것과 기묘사림파의 정계 진출과 관련한 이장곤의 기여도에 대해 긍정적 평가가 내려질 수 있었다는 점, 그리고 훗날 이장곤 자신도 결국 기묘사림파의 일원으로 몰려 피해자가 되었다는 점 등이다.[154] 「고리백정의 사위」는 후대의 이러한 기록들에 근거하여 이장곤을 "지식인을 보호하여 굴함없이 싸운 기개 높은 선비"로 묘사하고 있다.

「고리백정의 사위」에서 이장곤의 망명시기의 주요 사건들을 될 수 있는 한 사실적으로 독자들에게 전달하고자 많은 노력을 기울인 것은 의심할 바 없다. 다만 사화의 명칭이나, 여러 사건의 시간대 등 세부적인 부분을 서술함에 있어서 신중을 기하지 못하고 여러 가지 오류를 남겼다. 누구보다 민족의 역사를 알리기에 앞장서 온 작가 김용식의 작품세계 전반을 놓고 볼 때도 이러한 옥의 티는 아쉬울 수밖에 없다.

2) 이장곤 관련 일화와의 상호텍스트성

「고리백정의 사위」는 『기묘록보유』, 『어우야담』, 『청구야담』 등에 수록된 「이장곤전」과 이장곤 관련 이야기를 소재로 한 역사소설이다. 이장곤 관련 이야기들은 실존인물인 이장곤이 파직당하고 유배지에서 망명하였던 시기의 행적을 흥미롭게 다루었는바 정사에는 기록되지 않은 채 야사와 야담을 통해 전해져 내려왔다. 더욱이 그가 망명지에서 사회최하층의 백정의 딸과 혼인을 했다는 부분은 당시 독자들의 신분상승의 욕망을 대리만족시켜 준 동시에 신데렐라 콤플렉스의 소지도 다분히 갖고 있다. 때문에 이장곤 이야기는 야담과 야사에 머무르지 않고 홍명희의 대하역사소설 『임꺽정』의 첫 부분인 「봉단편」을 장식하기도 하고 1980년대에 와서 김용식의 역사소설 「고리백정의 사위」의 주요 소재로 등장하기도 하면서 꾸준히 그 명맥을 이어왔다. 아래 「고리백정의 사위」와 이장곤 관련 이야기 및 『임꺽정』(봉단편) 사이의 상호텍스트성을 살펴보기로 한다.

가장 먼저 이장곤의 이야기를 비중 있게 다룬 문헌은 『기묘록보유』이다. 인물전의 형식을 취한 『기묘록보유』의 「이장곤전」은 이장곤이 연산군 때 유배되었다가 망명하여 백정의 사위가 되고 중종반정을 통해 다시 복직되는 이야기로 시작하여 기묘사화 때 수구파의 간계에 빠졌다가 다시 조광조 등을 구하기 위해 노력하는 일화, 그리고 만년의 생활까지 적고 있다. 그중에서 이장곤의 망명을 다룬 부분의 내용을 살펴보면 다음과 같다.

이장곤은 갑오생이고 자字는 희강希剛이다. 을묘년 생원시에 장원하였고 임술년에 급제하여서, 벼슬이 우찬성 겸 병조판서에 이르렀는데 파직되었다. 보유: 공은 스스로 호號를 금재琴齋라 하였다. 용모가 뛰어났으며 재주는 문무를 겸하여서 젊어서부터 장수의 재질이 있다고 일컬어졌다. 연산조燕山朝에 홍문관 교리로서 거제巨濟에 유배되었다. 연산은 항상 공이 어지러운 정사를 뒤엎을 뜻이 있는가 의심하였고, 공은 또 죄를 더하지 않을까 두려워서 몸을 빼쳐 바다를 건너 도망쳤다. 쥐처럼 숨고 새처럼 달아나서 마침내 함경도 지경에 이르렀다. 잡는 데에 상賞마저 걸어서 나날이 위급해지니 계책이 없어서 수척水尺(백정)들에게 의탁하였다. 동류들은 공이 자기들의 직업에 능하지 못함을 비웃었다. 그런데 그 중 한 사람이 공의 용모를 기이하게 여기고 그 형에게 권해서 딸로서 공의 아내가 되게 하였다. 무릇 노역勞役할 때는 반드시 게으른 사위라고 일컬었는데, 그 아내가 노역을 돕고 분담하여 잘 섬겼다. 이 덕분에 편하게 있은 지 거의 1년이 되었다. 하루는 어떤 사람이 와서, "임금이 새로 들어섰는데, 옥문을 열어 죄수를 놓아 보내고 여러 가지 노역도 철폐하였으므로 즐거워하는 소리가 길에 잇닿았다." 하였는데, 공이 듣고 낯빛이 변하였다. 평소부터 친하게 지내던 자에게 의관을 빌려 차리고 그 사람과 함께 부중府中에 갔다. 반정反正한 비밀을 분명히 안 다음에 작은 종이쪽지를 그 사람에게 주면서, "지금 감사監司의 하인을 보니 내가 젊었을 때 알던 자이다. 이것을 남에게 보이지 말고 조심해서 주라." 하였다. 조금 뒤에 관인官人이 사방으로 흩어져서 이교리李校理를 찾았으나 알 수 없었다. 온 부중이 소란하였으나, 또한 명함을 통지한 자가 누구인지도 알지 못하였다. 공이 베옷과 부서진 갓을 쓴 차림으로 문간 옆에 웅크리고 있다가 그제야 응했다. 감사와 여러 관원이 급히 맞이하고는 손을 잡고 울었다. 각자 의관을 주어 고쳐 꾸미니 모습이 전혀 새로워졌다. 조정에서도 공이 살아있는 것을 알고 특별히 홍문관 교리를 제수하고, 현재 있는 고을에서 호송하도록 하였다. 이 때문에 공의 명성이 온 나라에 드높아져서 궁벽한 시골에서도 모르는 사람이 없었다. 공은 호걸스럽고 청렴하여서 온갖 괴로움을 다 겪었고, 외방에 나가서는 장수로서, 조정에 들어와서는 정승으로서 그 직에 다 알맞았다.

「이장곤전」에서는 이장곤의 망명생활에 대한 부분을 간략하게 언급한 데 비해 뒷부분의 기묘사화에 대한 내용은 상세하게 다루었는데 이는 『기묘록보유』라는 책의 성격에서 그 원인을 찾아야 한다. 『기묘록보유』는 안로가 『기묘당적』을 보완하여 편찬한 것으로 기묘사화를 중심으로 그와 관련된 인물들에 대해 서술한 책이다. 이 책은 앞선 기록[155]들과 마찬가지로 모두 사림파에 의해 씌어진 것으로 자신들의 피해를 중심으로 서술하고 있다. 이장곤의 망명 과정은 언뜻 기묘사화와는 직접적인 관련이 없어 보이지만 이장곤의 일대기에서 빼놓을 수 없는 부분이라는 점과, 이 역시 훈구세력과의 대립에 의한 사건이었다는 점 때문에 중요한 이야기로 다루어졌다.

이장곤이 백정의 사위가 되는 과정은 양반이란 신분을 놓고 볼 때 있을 수 없는 치욕인 동시에 그 치욕을 당한 사회적 원인이 훈구세력과의 정치적 대립에 있었음을 강조하였다. 정당한 편이었던 사림파로서 그가 겪은 고난은 의인의 삶을 살기 위해 겪어야 했던 것으로 여겨졌다.[156]

「이장곤전」에서 이장곤과 백정의 딸과의 만남은 다른 일화에서와는 달리 백정 가운데의 이장곤의 훌륭한 용모를 눈여겨 본 백정이 자신의 조카를 소개하는 형식으로 이루어진다. 이장곤이 백정의 일에 서툴어서 게으른 사위로 불리운 부분과 그럼에도 아내가 잘 섬겨 편안하게 1년을 보냈다는 부분은 그 뒤에 나타난 일화들에 수용되어 점점 더 구체적인 이야기로 변용되었다. 이장곤 이야기는 야담으로 후세에 전해지는 한편 인물전의 형식으로도 꾸준히 기록되었는바 이긍익의 『연려실기술』과 김육의 『기묘제현전』에 실린 이장곤에 대한 기록 역시 『기묘록보유』과 마찬가지로 전傳의 형식을 갖추었고 내용 또한 거의 일치하다.

야담집 『어우야담』에는 「화를 면한 허종과 이장곤」이란 제목으로 이장곤의 이야기가 등장한다. 그중 이장곤의 이야기를 다룬 부분을 보면 다음과 같다.

> 그때, 홍문관 교리 이장곤은 망명하였다. 조정에서 그를 급히 체포하려고 하자 장곤은 미복微服차림으로 걸어서 도망가다 너무 피곤하여 길가에서 잠이 들었는데, 그를 쫓던 아전배들이 장곤의 짚신이 지극히 큰 것을 한참 바라보더니 이상하게 여기며 말하였다.
>
> "발이 큰 것은 장곤과 흡사하나, 베옷을 입고 초립을 썼으니 아니다."
>
> 그들은 장곤을 버려두고 갔다. 장곤은 도중에 배가 고파 더 이상 갈 수가 없었다. 그때가 여름달이었는데 냇가를 보니 똥 속에 보리밥이 절반가량 있었다. 그는 그 보리밥을 손으로 집어 물에 씻어 삼키니 눈이 다시 열리고 기운이 소생하는지라 엉금엉금 기여 민가에 이르니 그곳에 은거하며 백정의 사위가 되었다.

장곤은 허우대는 컸으나 일을 잘 못하는지라 백정의 집에서는 이를 몹시 괴롭게 여겨 말하였다.

"저와 같이 키가 커 베도 많이 드는데 해야 할 일을 하지 않고 태하니 어찌해야 하나!"

연산군이 폐위되었다는 소식을 듣자 장곤이 장인에게 청하여 교생校生에게 홍의를 빌려 입고서 장차 읍의 수령을 뵈려고 하니 이웃사람들이 웃으며 말하였다.

"백정의 사위가 외람되게도 읍의 수령을 뵈려고 하다니! 실패하여 곤장을 맞고 싶은가!"

마침내 장곤이 읍의 수령에게 명함을 들이자 읍의 수령이 옷을 뒤집어 입고 신발을 거꾸로 신은 채 허둥지둥 달려나와 그를 맞이해서는 객사客舍의 중심 되는 곳에 거처시키고 음식을 입맛에 맞도록 요리하여 대접하니 읍 사람들이 몹시 이상하게 여겼다. 드디어 사실이 조정에 알려지고 임금께서 장곤을 부르시는 명령이 나는 듯이 전해져 장곤은 서울로 돌아가 대관이 되었으며 이상二相까지 올랐다.[157]

『어우야담』에 이르러서 이장곤의 이야기는 기묘사화의 부분이 삭제된 채 망명지의 이야기만 전해진다. 그리고 도망치는 부분에 몇몇 화소들이 새롭게 등장하기 시작하는데 "배가 고파 똥 속의 보리밥을 물에 씻어 삼키"는 부분이라든가 일을 못해 처갓집에서 구박을 받았다는 부분의 이야기가 대화를 통해 더 생동하게 그려지고 있다. 그리고 처가뿐만 아니라 마을 사람들에게도 우습게 여겨지는 부분들이 등장하여 사실적인 면보다는 이야기적인 색채가 더 많이 입혀졌음을 보아낼 수 있다. 다만 연산군이 폐위된 뒤 조정에 돌아와 벼슬이 이상貳相까지 올랐다는 언급만 있을 뿐 백정의 아내와 그 뒷일에 대해서는 언급하지 않았다.

『성호전집』에는 「게으른 사위탄식」[158]이란 제목을 달아 이장곤의 이야기를 싣고 있다.

> 찬성 이장곤은 연산군 때에 홍문관 교리로서 거제도에 유배되었는데, 연산군은 항상 공이 반정反正을 일으킬 뜻을 갖고 있다고 의심하였다. 공 또한 죄가 추가될 것을 두려워하여 탈출해서 바다를 건너서 함흥鹹興 땅에 이르렀다. 관에서 현상금을 걸고 잡아들이기를 날로 다급하게 하자, 어찌할 계책이 없어 양수척楊水尺의 무리에 몸을 의탁하였다.
>
> 그들은 공이 아무 일도 못한다고 하여 비웃었는데 그중 한 사람이 공의 모습을 기이하게 여겨 그 형에게 사위를 삼도록 권하였다. 항상 일을 할 때마다 반드시 게으른 사위라고 부르며 구박하였는데, 그 딸은 공의 수고를 도와 일해서 잘 섬겼다.
>
> 하루는 어떤 사람이 와서 "임금님이 새로 즉위해서 사면령을 내려 옥문獄門을 열고 모든 부역을 파하니 기뻐하는 소리가 도로에 이어졌네." 라고 말하자, 공은 그 말을 듣고는 잘 대해주던 자에게 부탁해 의관을 빌려 입고 그 사람과 함께 부중府中에 가서 반정이 일어났다는 사실을 분명히 알게 되었다. 공은 작은 종이를 그 사람에게 주며 말하기를 "지금 감사의 하인을 보니 바로 내가 어렸을 때 알고 지내던 자요. 이 종이를 주되 조심해서 다른 사람에게 보이지 마시오."하였다. 잠시 뒤에 관인 4명이 나와서 이교리李校理를 찾아 물었으나 찾지 못하여 온 부중이 소란스러웠고, 또한 명함을 전한 자가 누구인지도 알지 못하였다. 공이 남루한 옷에 떨어진 갓을 쓰고 문 모퉁이에 쭈그리고 앉아 있다가 스스로 대답하자 감사이하의 여러 관원들이 정신없이 뛰쳐나와 손을 잡고 울었으며 각기 의관을 건네주니, 공의 용모가 일신되었다. 조정에서

특별히 교리에 제수하고 소재지의 관청에 공을 보호해 보내도록 명하였다. 이로 말미암아 공의 명성이 전국을 진동하여 시골 궁벽한 마을까지 모르는 자가 없었다.

공작이 높은 하늘을 그리워하는데 / 孔翠思沖霄 신룡이 어찌 작은 못에 있으랴 / 神龍豈池有 사물이 진실로 본성과 어긋나면 / 維物苟違性 세속 시각으론 추하게 보이는 법 / 俗眼看作醜 그대는 못 보았나, 양수척 집안에 / 不見水尺門 게으른 사위가 밭도 못 가는 것을 / 有壻不治畝 큰 키에 배불뚝이가 잠만 자려 하니 / 長身皤腹但耽眠 금마문에서 글 짓던 솜씨인 줄 누가 알리오 / 孰知揮翰金門手 암흑의 시대에 화망이 하늘을 덮었는데 / 時當長夜網彌天 남쪽 바다에서 도망 온 길이 관서로 통하였네 / 海南有路通關右 이웃 사람 끝내 비웃고 욕해도 / 傍人竟笑罵 초막집에서 좋은 아내 얻었다오 / 蓬室得良婦 이교리를 찾아내라 말한다는데 / 傳言物色李校理 교리는 황량한 숲 속에 살아 있다오 / 校理生在荒林藪 올 때는 구사일생 고난을 겪던 곳인데 / 來時十顚九沛地 호송하는 풍악 소리 대궐까지 들리도다 / 六角聲徹閶闔九 거만했다가 공손해진 너희 무리여 / 前倨後恭者爾輩 어린애와 노인들은 놀라 까무라치네 / 絶倒髫童與白叟 『기묘팔현전』을 한번 읽어 보시게 / 試看己卯八賢傳 재상의 글이 남아 그 빛이 영원하네 / 台文燭地光不朽

『기묘제현전』의 「이장곤전」과 비교해 보면 「게으른 사위탄식」에서는 이장곤에 대한 구체적인 소개가 생략되고 유배지에서 도망치는 부분을 다소 간략하게 다룬 점 외에는 거의 일치하다. 다만 마지막 부분에 시를 첨가하여 이장곤의 일생을 축약적으로 보여준 것은 특이한 점이다. 이는 『기묘제현전』의 마지막 부분에 시가 적혀있는 형식을 본받은 것으로 보이는데 그 내용은 판이하게 다르다.

이희준의 『계서야담』에는 「고리백정의 사위가 된 이장곤」이라는 제목으로 이장곤 이야기가 실려 있다. 내용을 요약하면 다음과 같다.

> 연산군 때 이씨 성을 가진 교리가 망명해 보성寶城 지역에 이르러, 목이 말라 물 긷는 한 어린 처녀에게 물을 요구했다.
>
> 처녀는 바가지에 물을 담아, 버들잎을 따 띄워 주는 것이었다. 이교리가 왜 버들잎을 띄워 주느냐고 물으니 처녀는, 목이 많이 마른 것 같은데, 급하게 마시지 못하게 하려고 그랬다고 대답했다.
>
> 이교리가 기특하게 여겨 유기장柳器匠: 揚水尺의 딸인 처녀를 따라가 결혼하기를 요청해 사위가 되었다. 서울 귀한 집 출신 이교리는 양수척의 일을 할 줄 모르니, 늘 낮잠만 잤다. 장인 장모가 꾸짖기를, "사위 보아 유기 만드는 일 시키려 했는데, 밥만 먹고 낮잠만 자니 이는 밥통이다. 이후로 밥을 반 그릇만 준다."고 말하고, 밥을 반 그릇만 주었다. 그런데 그 아내는 늘 누룽지를 이교리에게 주어 먹게 하고 극진히 받들었다.
>
> 중종반정이 일어나 조정에서 이교리의 관직을 회복시켜 주려고 그의 행적을 찾았다. 이교리가 이 소문을 듣고 매월 1일 할당된 유기를 만들어 관청에 바치는 일을 자기가 하겠다고 했다. 이교리가 유기를 걸머지고 관청에 들어갔는데 관장이 이교리를 잘 아는 무인이라 목소리를 듣고는 서로 만나게 되었다.
>
> 이교리는 유기장 집의 사위가 되어 숨었던 그간의 얘기를 하고 관장에게 내일 자기가 머물고 있는 곳으로 방문해 달라고 했다. 입고 온 작업복으로 갈아입은 이교리가 집으로 돌아와 유기를 무사히 납부했음을 말하니, 장인은 믿기지 않아 했다.

이튿날 아침, 이교리가 관장이 올 것이라고 말하니, 장인은 믿지 않고 이교리의 정신을 의심했다. 관장이 말을 타고 와서 이교리와 인사를 나누고, "형수씨 어디 계신지 모셔오라." 하고는, "이학사의 고단한 신세를 잘 받들어 이렇게 빛을 보게 하니 흠탄스럽다."고 치하하니, 이교리 아내는 "미천한 촌부가 군자를 모시는 법도를 몰라 예의에 벗어나게 대접하고, 귀인을 몰라보았으니 큰 죄를 지었습니다." 하고 말했다.

관장은 다시 장인 장모를 불러 치하하고 술을 권하고, 또 이웃 관장들도 많이 몰려오니, 온 동네가 모두 부러워했다. 이교리는 관장에게, "아내는 비록 미천한 여자지만, 이미 살을 맞댄 사이이고 나를 위해 고생을 많이 했으니, 데리고 갈 수 있게 가마를 준비해 주시오." 했다.

곧 이교리는 아내를 대동하고 서울에 올라와 임금에게 사은하고, 그간의 전말을 다 말했다. 얘기를 들은 왕은 감탄하면서, 이런 여인을 첩으로 대할 수 없으니 후부인後夫人으로 승격시키라고 명했다. 이후 이교리는 이 여인과의 사이에 여러 자녀를 두고 잘 살았는데, 이는 이장곤의 일이라 한다.[159]

『계서야담』이 편찬된 시기가 1830~1940년대인 것으로 미루어 볼 때 이 야담은 「이장곤전」이 나온 뒤 약 300여 년 후에 기록된 것이다. 때문에 이전의 기록들과는 사뭇 다른 형식으로 기록되어 있음을 보아낼 수 있는데 우선 인물을 소개하는 인물전의 형식을 갖추지 않고 있다. 이야기는 이씨 성을 가진 교리가 망명하는 것으로 되어 있는데 은신처도 기존의 함흥에서 보성으로 바뀌어 있다. 그리고 중요한 역사적 사실에 대한 구체적인 언급도 없이 다만 "연산군 때"라는 시간적 배경을 제시하고 "중종반정"이라는 역사적 사건의 명칭만 언급하고 있을 뿐이다. 그리고 말미에 가서 이 이야기는 "이장곤의 일이라 한다"고 실화에 의한 이야기임을 설명하고 있다. 이는 오랜 시간 이야기가 문헌으로, 또 구두로 유전되는 과정에서 자체적으로 축소되고 부연된 결과로 보인다. 다음 이장곤과 고리백정의 딸이 만나는 과정과 그 여인의 형상에 대한 부분에서 많은 변화를 보이는데 여기서 이장곤은 피동적으로 고리백정의 딸과 만나게 되고 그녀의 집에 의탁하는 것이 아니라 우연한 일로 여인의 지혜를 알아보고 집까지 따라가서 결혼하기를 요청해 사위가 된다. 여인의 지혜를 엿볼 수 있는 대목으로 목마른 이장곤에게 물을 떠줄 때 버들잎을 띄워주는 장치를 처음 도입하였다. 이 장치는 이후의 이장곤 일화의 빠질 수 없는 장치로 등장하게 된다. 또 여인의 비범한 형상은 기존의 "공을 도와 잘 섬겼다"는 간략한 묘사보다 훨씬 더 구체적으로 부각되어 있다. 우선 게으름을 피운다는 이유로 장인 장모가 구박하자 누룽지를 몰래 주면서 잘 받들고 후일 이장곤의 신분을 안 후에도 양반집 규수처럼 행동하고 말하였는데 "용모와 거동이 아담하고 품위가 있어 상민이나 천민의 여자가 아닌 자태가 있"었다. 후일 그녀는 이장곤을 따라 상경하여 후부인의 직첩까지 하사받고 여러 명의 자녀를 낳아 행복하게 살기에 이른다. 이 부분의 결말 역시 기존의 「이장곤전」에서는 찾아볼 수 없는 내용이다.

이장곤 관련 이야기가 이처럼 큰 폭의 변화를 가져온 원인을 기록문학과 허구문학 사이의 차이점에서 찾을 수 있는데 전자에서는 사실에 가깝게 이 장곤을 기록해야 했고 또 기묘사화의 피해를 받은 인물로서의 이장곤의 역경을 치중하여 다루어야 했다면 후자에서는 독자들의 흥미를 유발할 수 있는 부분인 교리 출신의 이장곤이 백정의 사위가 되는 부분을 확대해야 할 필요가 있었다. 때문에 이장곤 이야기는 더는 피해자인 사림파로서의 이장곤의 갖은 고난과 역경을 다룬 이야기가 아닌 그와 백정 아내의 지고지순한 사랑이야기면 충분했다. 19세기 중후반에 편찬된 『청구야담』이나 『동야휘집』에 실린 이장곤 이야기는 제목만 『췌류장리학사망명贅柳匠李學士亡命』과 『학사췌은류장가學士贅隱柳匠家』로 다를 뿐 내용은 동 시기에 창작된 『계서야담』과 대동소이하다.

이후 이장곤 일화는 기록문학의 인물전 형식과 『계서야담』 등 야담문학의 허구적인 일화들을 두루 수용하면서 전해졌다. 이 점은 『임석재전집』에 실린 「이장곤 일화」160에서도 드러난다. 「1943년 9월 경성부 관수정 목천문장」으로 기록된 이 일화는 연산군 때 벼슬이 교리에 이르렀던 이장곤이라는 사람이 사화의 화가 미칠 것이 두려워 몸을 피해 시골로 돌아다녔다는 내용으로 시작한다. 그리고 도망간 지점은 전라도로 되어 있다. 그 뒤로 물을 얻어 마시는 화소가 등장하면서 뒷부분은 『계서야담』의 내용을 그대로 담고 있다. 결말 부분 역시 복직한 이장곤이 백정 아내를 데리고 상경하여 정실로 삼은 것으로 되어 있는데 여기서는 이장곤의 후일에 대한 언급과 그의 아내의 직첩이 높아졌다는 내용은 보이지 않는다.

야담으로서의 이장곤 일화가 소설화되기 시작한 것은 홍명희의 『임꺽정』에서 비롯되었다. 『임꺽정』의 첫 부분인 「봉단편」을 장식한 것이 바로 이장곤의 이야기이다. 『임꺽정』에 이르러 백정의 아내 봉단은 임꺽정의 고모로, 더욱 비중 있는 중심인물로 그려진다. 그리고 여태까지 간략하게 소개되었던 이장곤 일화는 『임꺽정』에서 수많은 인물들의 등장과 함께 조선시대 천민들의 삶의 애환과 시대상을 보여주는 이야기로 확대된다. 봉단편은 “이교리 귀양-왕의 무도-이교리 도망-이교리 안신-게으름뱅이-축출-반정-상경-두 집안” 등의 순차적인 순서로 이야기를 엮어가고 있다. 여기서 연산군대의 혼잡한 사회적 분위기를 생동감 있게 그려 보이는 한편 이장곤과 백정의 딸-봉단이의 만남을 더욱 다양한 화폭으로 그려내고 있다. 이장곤은 대갓집의 하인으로 있다가 아내는 양반에게 뺏기고 자신을 죄명을 쓰고 쫓기는 몸이라고 본색을 감춘다. 이에 봉단이의 삼촌인 주팔이의 권유로 봉단이와의 혼인이 성사된다. 이 부분의 설정은 『성호전집』의 「게으른 사위탄식」에서 처음으로 등장했던 화소이기도 하다. 이장곤은 김서방이 되어 백정의 사위가 되고 봉단은 야담에서보다 더욱 강한 생활력을 가졌고 스스로 자신의 행복을 쟁취하는 여인이다. 백정의 일에 서툰 이장곤이 처가로부터 받는 구박은 더욱 사실적이고도 구체적으로 표현되고 그런 가운데 봉단이의 내조적 역할 또한 그에 비례하여 커진다. 이는 봉단이가 숙부인으로 될 수 있는 자격에 대한 복선인 동시에 이장곤의 신분을 알게 된 다음의 처가의 태도 차이를 극명하게 보여줄 수 있는 전제로 된다. 『기묘제현전』에서 사실적인 부분을, 그 이후의 여러 야담들에서 각종 화소들을 따온 『임꺽정』의 「봉단편」은 이장곤 일화의 가장 큰 소설적 비약으로 볼 수 있다.

이후 이장곤 일화는 1986년, 「고리백정의 사위」라는 제목으로 김용식에 의해 또 한 번 소설화되었다. 「고리백정의 사위」 역시 위에서 언급한 기록문학과 야담문학을 두루 수용하였는바 이장곤과 고리백정의 딸-큰년이의 사랑이야기를 주선으로 하면서 연산군 시대의 사회상과 중종반정, 기묘사화 등 큰 역사적 사건들도 함께 다루었다. 그 줄거리를 살펴보면 다음과 같다.

거제에서 함흥으로 향하던 이장곤은 종노릇을 하다 도망친 사람으로 신분을 숨기고 버들골에 사는 고리백정-큰년이의 집에 머물게 된다.

부모가 함흥으로 간 사이 큰년이와 이장곤은 서로의 마음을 확인한다.

용서방 내외가 돌아오자 이장곤은 큰년이와 혼인할 의사를 밝히고 용서방 내외는 할 수 없이 동의한다.

혼인을 올린 이장곤은 사실 무오사화의 피해를 받고 거제도에 유배되었다가 도망친 교리였다.

양반 출신인 이장곤은 모든 일에 서툴어 장모에게 구박을 받지만 큰년이는 남편을 애틋하게 챙긴다.

이장곤은 푸줏간에 가서 소 잡는 일을 거들게 되고, 큰년이는 아무리 봐도 종노릇을 했을 것 같지 않은 이장곤의 정체가 의심스럽기만 하다.

관아에서 퇴짜 맞은 고리짝을 팔기 위해 장마당에 나갔던 이장곤은 임금이 쫓겨나고 세상이 바뀌었다는 소식을 듣는다.

함흥부 부사가 된 친구 성몽정을 찾아간 이장곤은 고리백정의 사위가 된 사연을 털어놓고 연산군이 폐위된 경과도 알게 된다.

이장곤은 복직하여 벼슬이 병조판서에까지 오르고 큰년이는 '정경부인'에 봉해지고 용서방 내외도 평민으로 신분을 바꾸게 된다. (김용식, 「고리백정의 사위」, 1~138쪽)

아래 「고리백정의 사위」와 기존의 문학작품들 사이의 상호텍스트성에 대해 살펴보기로 한다.

「고리백정의 사위」는 이장곤이 망명하게 된 원인을 1498년의 무오사화의 연장선상에서 언급하면서 성종실록 수정문제와 연결시키적고 있다. 이장곤은 유배지에서 도망친 뒤 자신이 은신할 목적지를 함흥으로 정해 놓고 걸음을 다그치는데 그것은 장곤의 선생 이세정의 지기인 황진사를 찾아가기 위해서라고 하였다. 그리고 이장곤이 연산군이 폐위되고 세상이 바뀐 소식을 처음 알게 된 것도 우연히 저잣거리에서 만난 황진사의 종 뚝쇠를 통해서였다. 기존의 이장곤전과 이장곤 일화에서는 이장곤이 도망을 치다 우연히 닿은 곳이 함흥이나 기타 지역이었고 『임꺽정』에서는 이장곤이 정한림이 은밀히 적어준 '북방길' 이란 말에 의지해 북쪽으로 도망가는 설정과는 다른 부분이다. 김용식은 망명지를 일찌감치 함흥 땅으로 정해놓고 그 원인 역시 스승 이세정의 지기를 찾아가기 위해서였다고 하여 이야기 흐름을 자연스럽게 하는 동시에 주인공의 능동성을 강조하고 있다.

이장곤과 큰년이의 만남은 이장곤이 우물가에서 물을 얻어 마시면서 시작되는데 이는 기존의 야담과 『임꺽정』에도 등장하는 장면이다. 하지만 「고리백정의 사위」에서는 그들의 혼인이 성사되는 과정을 더 세부적으로 다루고 있다. 우선 혼인에서 주도적인 역할을 하는 것은 이장곤이다. 그는 백정의 집에 은신하는 것이 더 안전하다고 판단하여 함흥으로 가려고 했던 당초의 계획을 바꾸어 버린다. 그리고 그 집에 오래 머무를 수 있는 방법으로 큰년이와의 혼인을 계획하기에 이른다.

> 함흥으로 가기보다 차라리 바깥세상과 동떨어진 이 백정네 집에서 몸을 감추고 있는 편이 기중 안전할 게 아닌가... 하지만 이 집에서 나를 무엇이 곱다고 숨겨두고 공밥을 먹여 주자겠는가?
>
> 큰년이, 큰년이가 나를 구해줄 마음만 있으면 되겠는데... 내가

큰년이한테 장가를 들 수만 있었으면 아무 근심이 없겠는데… 당금 내 이 궁한 처지를 면하자면 그것만이 유일한 출로겠는데….

…아무리 생각해 보아도 큰년이한테 장가를 들어 백정의 사위로 되는 길밖에 더 좋은 묘책이 없을 것 같았다.(김용식,「고리백정의 사위」, 14~15쪽)

이장곤이 백정의 사위가 된 과정에 대해『계서야담』,『청구야담』 등에서는 이장곤의 주도 하에 성사되었다고 하고『기묘록보유』,『성호 전집』,『임꺽정』의「봉단편」등에서는 그의 훌륭한 용모를 눈여겨 본 백정 가운데의 한 사람 혹은 친척의 권유로 이루어졌다고 하였다.「고리백정의 사위」에서는 이장곤의 주동성을 그의 언어묘사를 통해서도 생동하게 보여주는데 뼛속까지 양반인 이장곤은 백정인 큰년이의 부모를 처음 만날 때부터 존대를 한다.

"이제 왔습니까 주인님."

장곤이 벌떡 일어서면서 인사를 했다. (김용식,「고리백정의 사위」, 16쪽)

이 부분은 큰년이를 처음 만났을 때 "아무리 신분을 감추고 천민으로 가장은 했을망정 백정의 딸한테 하오로 말을 하자니 무슨 모욕을 당하는 것만 같"(김용식,「고리백정의 사위」, 10)이 여겼던 것과는 대조를 이루며 이장곤의 심리적 변화를 보여주는 부분이다. 양반이 백정한테 존대를 했다는 문제를 작가는 양반과 천민 중의 천민인 백정과의 계급적 차이로 확대해 해석하고 있다. 소설의 곳곳에서 이장곤의 심리묘사를 통해 천민에 대한 양반의 시각과 천민으로 살아가야 하는 곤혹스러움을 표현하고 나아가 천민에 대한 그의 인식의 변화까지 보여주고 있다.

"양반의 자식이 아무리 죽을 곤경에 처했기로서니 어찌 백정의 집에 들어앉아서 먹던 턱찌끼를 구걸할 수 있겠냐던" (김용식, 「고리백정의 사위」, 7) 이장곤의 생각은 "아무리 신수가 헐길 없이 됐을망정 백정한테 말을 존대하다니… 에라 백정한테 절을 해도 살아만 난다면 못할 게 없다"고 바뀌면서 양반의 지체보다는 목숨을 선택하는 현실적인 태도로 바뀌었다.

이러한 생각은 큰년이와 결혼을 한 후 아무 일도 할 줄 모르고 밥만 축내는 자신의 한심한 모습을 마주하면서 점차 바뀌기 시작하고 이는 그 당시 양반들의 위선과 무능함을 깨닫는 데까지 이어지게 된다.

> 그 세월에 양반은 어떤 경우에서나 일을 해서는 안 되었다. 그것은 양반이 일을 손에 대기만 하면 양반으로서의 체면도 자격도 다 잃어버리는 것으로 되었으니 말이다. 가령 어느 궁지에 빠진 양반이 부득이한 경우에 일을 했다고 하자. 그러면 그 양반은 벌써 양반인 게 아니라 상민으로 전락되고 마는 것이었다. 그러므로 양반은 일하는 것을 무엇보다도 무서워하고 수치로 알았다. 일과 양반은 서로 용납될 수 없는 수화불상용의 상극이라 해도 과언은 아니었다.
>
> ...그의 머릿속에는 이때까지 가져본 적도 없거니와 가져보려고 꿈도 꿔본 적이 없는 새로운 생각이 싹트기 시작했다. 그것은 사람에게 있어 참으로 귀중한 것은 일하는 것이 아닌가 하는 깨달음이었다. 천한 것은 일이요 귀한 것은 글이라는 양반들의 그릇된 논리를 뒤엎고 싶었다. 이제

자기의 처지에서는 글이란 것이 한푼어치도 못되는 폐물로밖에 인정되지 않았다. 일하는 사람은 천대받고 글 아는 사람은 존대 받는 뒤틀린 세상이 도리어 우습게 보이었다. 일하는 사람은 천대는 받을망정 아무 때 어디서나 일만 힘껏 하면 입에 풀칠은 할 수 있는 것이다. 그러나 글 아는 사람은 일단 그 글을 써먹을 수 없게 된 때에는 입에 풀칠마저 할 수 없는 더욱 가련한 존재로 되고마는 것이 아닌가...(김용식, 「고리백정의 사위」, 66쪽)

얼핏 박지원의 「양반전」과도 흡사한 면을 보이고 있는 이 부분의 내용은 작가의 경험에 의해 창작된 부분이다. 김용식은 우파로 몰려 개조 대상이 되어 농촌에 내려갔을 때 무슨 일이나 다 생소하고 막혀서 처음 얼마 동안은 여전히 '선비티'를 버리지 못한 채 남의 웃음거리가 되었던[161] 경력이 있었다. 여기서 우리는 유배지를 망명하여 백정의 집에 숨어 살면서 평생 해본 적이 없던 백정의 일을 거들어야 했던 이장곤은 억울한 누명을 쓰고 농촌에 내려가 개조 대상이 되어 낯선 농촌 일을 시작해야 했던 작가 자신의 투영임을 보아낼 수 있다.

이장곤의 이러한 깨달음은 소 잡는 일을 거들러 푸줏간에 따라가면서는 양반들에 대한 신랄한 풍자로 이어지게 된다.

소는 사람을 위해 저의 힘을 바치고 피와 뼈와 가죽까지 다 바친다. 그래서 이 고마운 소를 잡는 사람을 백정이라 부르면서 인간의 모든 천한 신분 가운데서도 가장 천한 신분으로 낙인을 찍어놓은 것이겠구나. 그런데 왜 잡는 사람은 그처럼 천하다면서 먹는 사람은 오히려 귀하다 할까? 백정이 소를 잡기 때문에 양반 사대부도 조정대신도 나라의 임금에 이르기까지 다 소고기를 먹지 않는가. 고기는 귀인들이 독차지하면서 그 고기를 먹도록 만들어 바치는 사람은 천하다고 하니 이런 괴상한 도리가 어디 있는가. 세상에는 이와 같이 이해할 수 없고 해석할 수 없는 뒤틀린 도리가 얼마든지 있지 않는가. 바른대로 말하면 잡는 사람보다 먹는 사람이 더 천하다고 해야 할 것이다. (김용식, 「고리백정의 사위」, 72쪽)

여기에 와서 이장곤의 생각은 양반의 위선과 무능함을 한탄하는 것을 뛰어넘어 전반 신분제도의 부조리함을 지적하는 데까지 이르렀다. 조정을 비롯한 통치계급은 하층민의 피땀으로 이룬 것들을 독차지하면서 오히려 그들을 하찮게 여기니 그러한 생각이야말로 하찮은 것들임을 역설한다.

김용식은 역사소설을 창작하면서 꾸준히 사필귀정, 인과응보의 주제들을 다루어 왔는데 「고리백정의 사위」에서도 마찬가지였다. 소설은 연산군과 그의 폭정을 부추긴 간신들, 그리고 그들을 추종하던 무리들로 대변되는 부정적인 집단의 말로를 그리면서 이러한 주제를 도출하고 있다. "설분, 설분, 설분… 원혼이 되어 구천에 돌아간 망령들까지도 설분을 외치는 고함소리가 하늘에 사무치었다"는 이장곤을 중심으로 한 그 당시 모든 누명을 썼던 사람들의 외침인 동시에 작가 자신의 포효로 보인다. 그리고 연산군이 "설사 정변이 일어나지 않아 끝까지 왕위를 지켰다 하더라도 그 죄상과 오명은 천추를 두고 씻을 수 없을 것이며 아무 때든 역사의 심판대에 준엄한 징벌을 받고야 말았"을 것이라는 데서 작가의 정의는 반드시 승리할 것이라는 강한 믿음 또한 보여주고 있다.

이장곤은 결국 본래의 관직에 복직했다가 오래지 않아 예조참판으로 승진되고 마침내 병조판서에까지 벼슬이 오른다. 그리고 큰년이는 정경부인이 되고 용서방 내외는 평민으로 신분이 바뀌어 해피엔딩을 맞는다. 하지만 큰년이와 그의 일가족의 신분상승은 궁극적으로 사회의 전반에 만연되어 있는 신분차별의 해결을 의미하는 것은 아니다. 소설은 '새로운 세상'의 도래를 사림파들이 정권을 잡는 것과 동일시했다는 한계를 지니고 있다.

「고리백정의 사위」는 연산군 시대 실존인물인 이장곤의 망명을 모티프로 하여 역사적 기록과 야담의 내용들을 다방면으로 수용하여 재창작한 소설이다. 작품은 이장곤의 망명기를 중심으로 연산군대의 굵직한 역사적 사건들과 인물들을 다루면서 그 시대의 사회상을 재현하기에 힘썼다. 간혹 역사적 사실과 시간들을 언급함에 있어서 오류를 보이는 아쉬움이 있긴 하지만 구수한 함경도 사투리로 백정들의 생활상의 면면을 재현한 점들이 돋보인다.

5장 김용식의 장편역사소설 연구

1. 『설랑자』 연구

『설랑자』는 1984년에 출간된 김용식의 장편역사소설이다. 소설은 고려 충렬왕대(1274－1308)로부터 충숙왕대(1313－1330)까지를 시간적 배경으로 하고 이진성과 설부용의 혼인을 둘러싼 음모와 그들의 재회 및 학문의 수련 과정과 그 이후의 활약상을 보여주고 있다. 소설은 또 이진성과 설부용이 혼인 파탄으로 인해 각자 학문 수련의 길을 떠나는 과정에 보고 들은 고려의 세태와 풍속, 전설 및 고려대의 중요한 역사적 사건들을 폭넓게 다루었다. 그리고 그 과정에 고려가요, 가사 등을 적재적소에 인용하고 있다. 소설 말미에서는 우여곡절 끝에 설부용과의 혼인이 성사되고 출세가도를 달리는 이진성이 곧 고려말기 저명한 학자 이곡(1298－1351)이었다고 밝힌다. 우선 장절별로 『설랑자』의 줄거리를 정리해 보면 다음과 같다.

머리말. 고려 충렬왕 연간에 남원 땅에 설부용이라는 아름답고 절개 높은 숙녀가 있었다.

1) 시골 선비 설생원 내외는 늦도록 후사를 못 보다가 어렵사리 딸 설부용을 얻게 되었는데 혼기가 차자 시집을 보내기가 아까워 데릴사위를 들일 계획을 하게 된다.

2) 문하시중 이인은 셋째 아들 이진성의 배필을 물색하고 있었는데 설부용이 매파의 눈에 들게 된다.

3) 화공이 그린 설부용의 초상화를 본 이인은 이진성의 배필로 설부용을 점찍었는데 박색인 첫째 며느리와 둘째 며느리가 설부용이 시집 온 뒤 자기들이 소외당할 것을 걱정하여 계교를 꾸미고 싹부리를 시켜 일을 진행하게 한다.

4) 이진성과 설부용이 혼인한 첫날밤 두 며느리의 사주를 받은 싹부리가 복면을 하고 신방에 뛰어들어 자신이 설부용의 정부라고 거짓말을 하고 신부의 저고리를 갖고 뛰쳐나가고 놀란 이진성은 급급히 남원을 떠난다.

5) 혼인이 파탄나자 설생원의 집안은 발칵 뒤집히고 설부용은 집을 떠나 세상을 떠돌며 자신의 뜻을 이루어 보기로 결심한다.

6) 설부용과 세전노비 금단이는 남장하고 방랑의 길에 오른다.

7) 밤길을 걷다가 발을 다친 설부용은 금단이와 함께 산속에 있는 방울이네 집에 며칠 묵게 된다.

8) 첫날밤 봉변을 당하고 송도로 귀가하던 이진성은 파주에 이르자 망신을 당할 일을 생각하니 집으로 가기가 싫어져서 타관 땅을 방랑하기로 하고 밤을 타서 고랑진으로 떠난다.

9) 고랑진을 떠난 이진성은 먼저 금강산을 유람하고 대보름에 명주 땅에 이르러 민속놀이를 구경한 후 태백산을 넘어 영남 땅을 밟고 경주로 향한다.

10) 경상도 영해 고을 기포동에 이른 이진성은 과수의 방을 훔쳐본 죄로 물매를 맞고 왜놈들의 침입도 경험한다.

11) 산길을 걷다가 영양 땅으로 넘어가는 재에 이르러 사냥꾼 부부의 집에 머무르는데 남편은 밤길을 돌아오다 범에게 물려 죽고 이튿날 여인은 집에 불을 지르고 불속에 뛰어들어 자결한다.

12) 청송읍으로 향하던 이진성은 연당골 갓바치 노인의 집에서 묵으면서 아룽이, 자룽이 바위에 얽힌 이야기, 청자기 명공 강노인의 이야기를 듣고 이튿날 탑두들을 지나 사무고개를 넘던 중 군노들에 의해 청자기 생산장에 부역으로 끌려간다.

13) 방울이네를 떠난 부용과 금단은 순창을 지나고 지리산을 넘어 경상도 함양땅에 들어서는데 영산장에서 각설쟁이와 취한 알부랑

자로부터 고초를 겪는다.

14) 서당에 가서 학문을 닦으려고 생각한 부용은 선산고을의 서당으로 가는 길에 양지마을에 산다는 동서방을 만나 아내가 도망간 이야기를 듣는다. 선산에 이르러 보니 서당은 훈장의 별세로 문을 닫았다. 고을 노인은 글공부를 하려 한다는 말에 합천 땅에 있는 해인사로 갈 것을 권하지만 부용은 세상과 인연을 끊고 싶지 않은 마음에 또 다시 길을 떠난다.

15) 길을 떠난 지 수삼 년이 되는 부용과 금단은 죽령을 지나 안동땅에 들어선다. 낙동강 상류에 이르렀을 때 거지들이 거처하는 다리 밑에서 하룻밤을 쉬여가며 거지들의 놀이를 구경한다.

16) 설부용과 금단은 하회동의 서당에서 글을 배우다 일 년 뒤 훈장의 말을 좇아 해인사로 가서 글공부를 더 하기로 한다.

17) 부용은 해인사에서 금단을 집으로 돌려보내고 정토화상을 스승으로 모시고 학문을 닦는 한편 불교에 회의를 느끼고 유학을 숭상할 결심을 한다.

18) 해인사에서 한 해를 보낸 설부용은 옆방에 묵고 있던 장생이라는 선비와 사귀게 되는데 알고 보니 그가 혼인을 맺었던 이진성이었으므로 둘은 해인사에서 오해를 풀고 재회한다.

19) 청자기를 생산하는 곳에 부역으로 끌려갔던 이진성은 감독이 소홀한 틈을 타 도망쳐 남원으로 향한다. 남원에서 설부용의 청백함을 알게 된 이진성은 전국 방방곡곡의 절로 그녀를 찾아다니다가 잔돌이를 만나게 되는데 그한테서 형수들의 이상한 낌새를 전해 듣고 사건의 시말을 돌이켜보다가 첫날밤에 뛰어든 괴한이 싹부리이고 진범이 두 형수임을 알아챈다. 그동안의 사연을 털어놓은 두 사람은 정토화상에게 방법을 물어보나 마땅한 수가 없는지라 정토는 그들에게 상주에 있는 무당을 찾아갈 것을 권한다.

20) 무당을 찾아 상주에 이른 두 사람은 새로 부임한 상주판관 안향이 무당들을 혼뜨검을 내고 미신을 타파하는 것을 보게 된다. 이에 그들이 이인과 친분이 있던 안향을 찾아가 자신들의 상황을 실토하고 해결책을 물어보자 안향이 방도를 알려준다.

21) 상주를 떠나 집으로 돌아온 설부용은 금단과 방울이 내외와 함께 안향이 알려준 대로 여러 가지 준비를 한다.

22) 부용이 송도로 신행길을 떠난다. 방울이 해괴한 차림으로 이정승 집에 뛰어들어 곧 신부가 당도함을 알리고 이정승네는 이러지도 저러지도 못하고 안절부절한다.

23) 부용의 일행이 이정승의 집에 들어가 가지고 간 모든 진귀한 물건들을 마당에 늘여놓은 뒤 두 며느리의 의농을 내다 구경하는데 맏며느리의 의농에서 설부용이 첫날밤 입었던 저고리가 나온다. 이로써 사건의 진상은 백일하에 드러난다.

24) 이진성은 장원급제하여 이름을 곡, 호를 가정으로 정한다. 그는 한림학사로 등용된 뒤 이제현과 함께 황해도 황주의 민란을 제때에 충숙왕에게 알려 해결한다.

25) 늘 무신들과 대립관계에 있던 이곡은 그들이 원나라에 여인들을 보내려는 음모를 알고 이에 반대하는 진정서를 원나라 황제에게 보낸다. 이제현과 이곡이 정계에서 활동하던 시기 고려에는 안정된 국면이 조성된다.[162]

소설에서 큰 비중을 차지하는 이진성의 혼인담은 허구적인 부분이다. 반면 이곡으로 개명을 한 뒤의 정계에서의 활약상과 그 당시의 역사적 사건 등은 사실과 가깝다. 소설은 무신란, 원나라 공녀제도 등과 같은 고려의 주요 역사사건들을 다루면서 고려의 저명한 학자이자 정치가였던 이곡과 안향, 이제현 등 실존인물들의 직간접적인 교유도 언급하고 있다. 본절에서는 『설랑자』에 체현된 이곡의 생애를 정리해 보고 『설랑자』에서 언급된 역사사건과 실제 사건과의 거리를 짚어보며 나아가 그것이 어떻게 중국과 한반도 두 나라의 친선관계의 부각에 이바지하고 있는지를 살펴본다. 또 『설랑자』에 대량으로 등장하는 고려시기의 전설, 민담, 가요 등을 통해 표출된 작가의 민족문화에 대한 자긍심을 살펴보기로 한다.

1) 『설랑자』를 통해 본 이곡의 생애

『설랑자』는 말미에서 설부용의 신랑인 이진성이 실존인물인 이곡이었다고 밝힌 뒤 이곡이 정계에 진출한 뒤의 활약상을 다루기 시작한다. 소설은 이진성이란 가명으로는 설부용과의 혼인담을 위주로 한 허구적인 이야기를, 이곡이라는 진명으로는 그의 정계에서의 활약을 위주로 한 사실적인 이야기를 다루고 있는 것이 특징이다.

『설랑자』에서 이진성은 문하시중 이인의 셋째 아들로 용모가 준수하고 행실이 단정하고 글재주가 좋아서 부모의 사랑을 독차지하는 인물이다. 이정승의 첫째 아들 이진태는 일찍이 문과에 급제하여 벼슬이 호조좌랑에 이르렀고 병조정랑 최면의 딸과 혼인을 하였다. 그리고 우승지 박항의 딸과 혼인을 한 둘째 아들 이진강은 글재주가 둔한데다 주색을 좋아하여 과거도 보지 못한 채 난봉이나 부리고 있었다. 소설에서 묘사한 이곡의 가족관계 중 삼형제가 있었다는 부분과 이곡이 어려서부터 학업에 정진하였다는 부분 외에는 허구적인 설정이다.

이곡의 초명初名은 이진성이 아닌 이운백李芸白이었다. 그는 소설에서처럼 재상가의 아들이 아니라 한미한 가문에서 태어났는바 그의 아버지 이자성李自成은 한산군(지금의 충청남도) 군리 출신으로 흥례부(지금의 울산) 사람 이춘년의 딸과 혼인하여 이곡을 비롯하여 그 위로 이배李培, 이축李畜 등 세 명의 아들을 두었다. 이곡은 어려서 아버지를 여의었고 둘째 형도 요절하였다.[163] 『고려사』에 의하면 이곡은 어려서부터 행동거지가 다른 사람과 달랐고 조금 성장한 뒤 글을 읽을 줄 알면서부터는 조금도 게으름을 피우지 않고 열심히 책을 읽었다[164]고 한다.

『설랑자』는 이곡의 생애에 대해서는 비교적 사실에 가깝게 그려내고 있지만 부모와 형제 그리고 부인인 설부용에 이르기까지 가족성원에 대해서는 대부분 허구적으로 다루었다. 이곡의 아버지 이자성은 군리 출신으로 일찍 이곡이 13살 때 세상을 떠났지만 소설에서는 문하시중이라는 막강한 실력을 보유한 문신으로 등장한다. 그리고 이곡이 일찍 부친을 여의고 모친에게 효도했다는 사실과는 다르게 소설에서는 오히려 아버지 이정승이 일찍 상처하여 나중에 설부용이 집안의 여주인 역할을 하게 된다. 이곡의 아버지에 대해 허구적인 설정은 이야기가 전개되는데 반드시 필요한 장치로 작용한다. 우선 이인이 당대 명망이 높은 재상이었기에 두 며느리를 문벌이 비슷한 집안에서 데려올 수 있었는데 그중 첫째 며느리는 병조정랑 최면의 딸이자 상장군 최유염의 종질이었다. 이 혼인은 당시의 문신과 무신간의 심각한 갈등을 무마하기 위한 정치적 혼인이었다. 하지만 무신들 중에서 가장 어린 세력자였던 최유염은 이인을 원수 취급하면서 극의 갈등을 심화시키는 인물로 등장한다. 또 이진성이 설부용과 혼인을 하게 되는 것도 이인의 주장인데 그는 문벌만 보고 고른 두 며느리가 하도 박색하여 아들 내외가 금슬이 좋지 못한 점을 아쉬워하며 셋째 며느리만은 가문과 상관없이 용모가 출중해야 한다고 하였다. 이에 남원에서 가장 이름난 미인인 설부용이 셋째 며느릿감으로 지목이 되었던 것이다. 하지만 이를 시기한 두 며느리는 최유염을 등에 업고 설부용을 없앨 계획을 세우게 된다. 이처럼 소설은 이진성과 설부용의 혼인 파탄의 근본원인이 문무간의 갈등에 있음을 제시하고 있다. 그리고 사건의 해결에서도 이인은 간접적으로나마 중요한 역할을 하게 되는데 소설은 사건의 해결사로 이인과 동문수학한 안향을 내세운다. 이처럼 허구적으로 가공된 인물인 이곡의 아버지 이인은 전반 이야기를 이끌어 가는 데 중요한 역할을 하고 있다.

『설랑자』에서 실제와 가장 큰 차이를 보이는 인물은 설부용이다. 설부용은 시골선비 설생원의 무남독녀 외동딸로 용모가 아름다울 뿐만 아니라 열다섯에 사서삼경을 떼고, 침선방적과 여자의 백사범절을 막힐 데 없이 다 익힌 것은 물론 여자의 몸으로 전국 방방곡곡을 유랑하여 견문을 넓히고 학문 수양을 위해 절에 들어가기도 한다. 소설에서는 설부용을 이곡의 아내로서 정치를 펴는 데 있어 든든한 조력자로 묘사하였는데 심지어 이곡이 공녀제도에 관해 원나라 황제에게 보낸 진정서를 부용의 말을 그대로 받아쓴 것이라고 하였다. 실제로 이곡의 부인은 설 씨가 아닌 김 씨로 영해 향교의 김택의 딸이다. 이곡은 어려서 외가에서 많은 시간을 보낸 것으로 보이는데 외가가 있는 흥례부에서 멀지 않은 영해의 우탁을 찾아가 그를 선생으로 모시고 학문을 배웠고 또 훗날 바로 영해에서 부인을 맞이하게 된다.[165] 『신증동국여지승람』에 의하면 이곡이 급제하기 전 영해로 유람을 왔을 때 김택이 그가 귀한 사람임을 알아보고 자기의 딸을 아내로 주었고 그들 사이에 아들 이색이 태어나게 되었다.[166] 소설에서처럼 서로 문벌이 비슷한 집안끼리 맺어지긴 했으나 두 가문 모두 사회적 기반이 탄탄한 편은 아니었다. 그리고 소설속의 설부용처럼 이곡의 부인이 이름을 떨칠 만한 활약을 했다는 기록 또한 보이지 않는다.

이곡의 생애는 크게 세 시기로 나누어볼 수 있는데 첫 시기는 원나라 회시에 합격하여 출세가도를 달린 36세 이전까지로서 이 시기의 그의 활약은 미미하였다. 두 번째 시기는 원의 회시에 합격한 후 원과 고려에서 벼슬살이를 하며 학자와 관인으로서 대활약을 펼친 52세까지의 16년간이다. 그리고 충정왕이 즉위한 이후부터 타계할 때까지의 3년간은 세 번째 시기로서 이 시기 이곡은 왕과의 불편한 관계 속에서 국내의 명승지를 유람하다가 생을 마감한다.[167] 『설랑자』에서 이곡의 생애는 이와는 다르게 획분된다. 첫째 시기는 설부용을 만나기 전까지의 소년 시기이고 둘째 시기는 설부용과의 혼인이 파탄난 후 전국 곳곳을 유랑하다가 설부용과 재회를 하는 시기이다. 그다음 셋째 시기에 이곡은 대과에 장원급제한 뒤 정계에 입문하여 활약하다 시골로 낙향하여 여유로운 만년을 보낸다.

소설에서 이곡은 대과에 장원급제한 뒤 출세가도를 달리기 시작한다. 이 시험에서 시험관이 이제현이었다는 것으로 미루어 보아 충숙왕 7년(1320)의 수재과에 이곡이 제2명으로 합격한[168] 시험을 가리키는 듯하다. 하지만 이곡이 본격적으로 벼슬길에 올라 활약을 하게 된 것은 충숙왕 복위 2년(1333) 원나라 회시에 급제하면서부터다. 이 때 이곡은 전시殿試에서 제2갑第二甲으로 뽑혀 진사출신進士出身을 하사받고 승사랑承事郞 한림국사원 검열관翰林國史院檢閱官에 제수[169]된다. 소설에서 수재과에 합격한 것을 출세의 계기로 본 것은 이곡과 이제현과의 인연을 내세우기 위함이다. 실제로 수재과에 합격한 이후 이곡은 지공거知貢擧였던 이제현과 평생 정치 노선을 함께 하는 막역한 사이가 되었다.

2) 『설랑자』에 그려진 고려시대

『설랑자』은 고려 충렬왕대로부터 충숙왕대까지를 시간적 배경으로 하고 있다. 그 과정에 수많은 일화들을 다루었는데 가장 공을 들인 부분은 무신란에 대한 이야기이다. 소설은 발단부터 문신과 무신 사이의 갈등을 내세우기 시작한다. 그러다 설부용의 신행이 송도 근처 보현원에 이른 대목에 이르러 본격적으로 무신란을 언급한다.

> 고려 제18대 의종왕 24년(1170)에 전국을 뒤흔한 피비린 무신란이 일어났던 것이다.
>
> 고려는 태조 왕건이 무력에 의하여 나라를 세웠으므로 건국 초기에는 무신들이 득세했으나 그 후 나라가 안정되고 과거제도를 채택하면서부터 반대로 문신들이 득세하고 무신들은 멸시를 받게 되었다. 이에 분개한 무신들은 드디어 반란을 일으키기로 모의했는데 그 주모자는 상장군 정중부와 이의방, 이고 등이었다. 이들이 한창 반란을 모의하고 있을 때였다. 하루는 의종왕이 문무백관을 거느리고 보현원으로 놀이를 가게 되었는데 행차 도중에 무신들에게 수박춤을 추라고 분부했다. 이때 한 늙은 장수가 춤을 추지 않는다 하여 문신 한뢰라는 자가 그 늙은 장수의

빰을 때리자 이것이 발단이 되어 무신들이 벌떼같이 일어났던 것이다.

병장기를 든 무관들 앞에서 붓대만 흔들던 문관들이 어찌 당해내는 재주가 있을까 부냐. 독이 오를 대로 오른 무관들은 문관 나부랭이들을 닥치는 대로 마구 무찌르고 모조리 잡아내서 보현원 앞 깊은 소에다 처넣었던 것이다. 이때부터 사람들은 이 소의 이름을 침조정이라 불렀으니 그것은 물속에 잠긴 조정이란 뜻이다. 이 고금에 그 유례가 드문 참혹한 병란은 고려 5백년사에 있어 피로 얼룩진 한 페이지인 것이다.

반란을 일으켜 정권을 잡은 정중부 일당은 그 길로 곧 의종왕을 폐위시키고 그의 동생 익양공을 즉위시켰으니 이가 바로 19대 명종왕이다. 명종을 허수아비로 내세운 정중부는 다시 의종왕과 그 태자를 남해절도에 유폐시켰다가 거기서 살해해버리고 국가의 모든 권력을 제멋대로 쥐락펴락하면서 독판을 쳤던 것이다. 그러다가 10년도 채 못가서 1179년에 같은 무신인 경대승에게 전 가족이 몰살당함으로써 고려의 무신정치는 일단락을 지었던 것이다. 이것이 공명과 권력에 눈이 어두운 모든 음모가들이 겪은 흥망성쇠의 역사라 할까…(김용식,『설랑자』, 380~382쪽)

소설에서 언급한 무신란은 의종 24년(1170) 경인년에 정중부를 중심으로 일어난 사건이다. 먼저 이 사건과 관련된『고려사』의 기록을 살펴보기로 하자.

정축일. 왕이 보현원普賢院에 가는 길에 5문門 앞에 당도하자 시신들을 불러 술을 돌렸다. 술자리가 무르익자 왕이 좌우를 돌아보며, "이곳은 군사를 훈련시키기에 참으로 적합한 곳이로구나!"하고 감탄하며 무신들을 시켜 오병수박희五兵手搏戱를 벌이게 했다. 저물녘 어가禦駕가 보현원 가까이 왔을 때, 이고李高와 이의방李義方이 앞서 가서 왕명王命을 핑계로 순검군巡檢軍을 집결시켰다. 왕이 막 문을 들어서 신하들이 물러나려 하는 찰나에 이고 등은 임종식林宗植、이복기李復基、한뢰韓賴 등을 죽였으며 호종한 문관 및 높고 낮은 신하와 환관들도 모조리 살해했다. 또 개경에 있는 문신 50여 명도 살해한 후, 정중부鄭仲夫 등은 왕을 궁궐로 도로 데리고 왔다.[170]

초하루 무인일. 해질 무렵[晡時: 오후 3~5시]에 왕이 강안전康安殿에 들자 정중부 등은 또 수행한 내시 10여 명과 환관宦官 10명을 찾아내어 죽였다. 왕이 수문전修文殿에 앉은 채로 평소와 다름없이 술을 마시면서 악공들에게 음악을 연주하게 했으며 한밤중이 되어서야 침소로 들어갔다. 이고李高와 채원蔡元이 왕을 시해하고자 했으나 양숙梁淑이 제지했다. 순검군巡檢軍들은 창문과 벽을 뚫어 부순 다음 궁중 창고에 넣어 둔 진귀한 보물들을 훔쳤다. 정중부가 왕을 협박해 군기감軍器監으로 처소를 옮기고 태자는 영은관迎恩館으로 옮겼다. 기묘일. 왕은 단기單騎로 거제현巨濟縣으로 쫓겨가고 태자는 진도현珍島縣으로 축출되었다. 이날 정중부、이의방、이고 등은 군사를 거느리고 왕의 동생인 익양공翼陽公 왕호王晧를 맞아다가 왕위에 앉혔다.[171]

『고려사』의 기록에 비춰보면 소설은 사건의 발단과 참여인물 등 중요한 부분에서는 정사의 기록을 그대로 따르고 있음을 알 수 있다. 하지만 소설에 언급된 무신란은 이야기적인 성격을 더 많이 갖고 있는바 무신들이 보현원 술자리에서 바로 칼을 꺼내든 것은 아니었다. 그들은 보현원으로 가기 전에 있었던 술자리에서 능욕을 당한 후 바로 행동하지 않고 저녁 무렵 보현원에 이르러서 문신들에 대한 살육을 행한 것이다. 그리고 술자리에서의 능욕의 내용에 대해서 '수박

춤' 이라고 하였는데 '수박희' 는 춤이 아닌 무예의 일종이었다. 소설은 또 보현원에서의 살육이 있은 뒤 문신들의 시체가 보현원 앞에 있던 소에 던져져서 '침조정' 이란 별칭이 생겨났다고 적고 있다. '침조정' 에 관한 일화는 그 뒤에 전해진 듯싶다. 조선 전기의 문신인 유호인(1445－1494)의 『뇌계집』에서 침조정과 관련된 기록을 찾을 수 있다.

> 보현원 앞에 작은 여울이 있는데, 맑고 얕아 옷을 걷고 건널 만하다. 속담에 말하기를, "침조정沉朝廷이라." 한다. 경계庚癸년간에 무인武人이 실세失勢하자 연수燃鬚의 화를 빚어내고, 요전溺殿의 분통을 길러 연곡輦轂의 아래에서 무기를 가진 자들이 벌떼처럼 일어나 온 조정의 문관으로 하여금 다 어복魚腹의 제물이 되게 하였으니 더욱 참혹한 일이다.[172]

이로부터 우리는 '침조정' 이란 별칭이 경인년(1170)과 계사년(1173)의 무신의 난을 거치면서 생겨난것임을 추측해볼 수 있다. 『설랑자』에서는 경인년의 무신의 난을 다루면서 침조정 일화를 자연스럽게 노출하고 있다. 『설랑자』는 참극을 통해 이루어진 무신의 통치가 정중부-경대승-이의민-최충헌으로 이어지다가 고려 24대 원종왕 때에서야 문신이 다시 정권을 잡게 되었고 무신이 정권을 장악한 100년 동안 고려는 난세로 변했다고 하였다. 하지만 『설랑자』는 충숙왕대를 주요 배경으로 하면서도 문신과 무신들의 갈등을 비교적 첨예하게 그리고 있는데 이 부분에 대해 작가는 문신이 득세한 후에도 무신란의 교훈으로 인해 무신들에 대한 무마책을 많이 썼음을 강조하면서 이야기 전개를 합리화하고 있다. 소설에서는 이곡이 활발하게 정치활동을 하는 곳곳에 무신들의 매국매족적인 행동이 방해적 요소로 등장하고 이를 통해 문무간의 갈등을 첨예화하고 있다.

『설랑자』에는 또 안향安珦이 충렬왕 원년(1275)에 백성들을 속이는 무당을 잡아들인 일화가 등장한다. 해인사에서 재회한 이진성(이곡)과 설부용이 자신들의 앞날을 점쳐 보고자 상주에 있는 이름난 무당을 찾아왔을 때 안향이 복화술로 백성들을 속이는 무당들을 잡아들이는 장면을 목격하게 된다. 이 일화는 『고려사』에도 기록된 내용으로 안향이 상주판관으로 있을 때의 실화다.

> (안향이) 충렬왕 원년(1275)에 상주판관尙州判官으로 나갔는데, 당시 무당 세 명이 요망한 귀신을 모셔놓고 많은 사람들을 미혹시키고 있었다. 합주陜州로부터 군郡과 현縣을 두루 돌아다니면서 가는 곳마다 허공에서 나오는 듯한 사람 소리를 만들어 내는데 어찌나 큰지 마치 갈도喝道 소리 같았다. 그 소리를 들은 사람들은 모두 달려가 뒤질세라 제사를 지냈는데, 수령守令까지도 합세했다. 그들이 상주에 오자 안향이 곤장으로 때리고 칼을 씌우니 무당이 귀신의 계시라며 재앙을 내릴 것이라고 겁을 주었다. 상주 사람들이 모두 두려워했으나 안향은 꿈쩍도 하지 않았다. 며칠 뒤에 무당이 용서를 빌기에 그제야 석방하니 그 요망한 사술이 사라지고 말았다.[173]

소설에서 안향은 이진성(이곡)의 아버지 이인과 동문수학한 자별한 사이로 안향이 낮은 지방관으로 밀려난 뒤에도 문하시중으로 있던 이인이 든든한 버팀목이 되어 주었다고 한다. 하지만 이인이 허구적인 인물이기에 이인과 안향의 친분에 관한 부분도 당연히 사실과는 다르다. 그리고 소설에서 안향은 재회한 이진성과 설부용이 누명을 벗고 사건의 진상을 세상에 알릴 수 있는 방법을 제시하는 해결사이기도 하다. 그들은 상주에서 안향을 만나 자신들의 사정을 털어놓고 안향이 알려준 방법대로 형수들의 죄행을 만천하에 알리고 성공적으로 혼례를 올리게 된다. 하지만 안향이 상주판관으로 있을 때가 1275년이고 이곡이 1298년생임을 고려하면 이곡과 안향의 상주에서의 만남은 불가능한 일이었다. 이는 작가가 고려 최초의 성리학자인 안향을 소설에 끌어들여 그의 활약상을 조금이나마 보여주고자 한 의도에서 비롯된 설정이라고 볼 수 있다.

3) 『설랑자』를 통해 본 고려와 원나라의 관계

가정 이곡이 살았던 시기는 고려가 원나라의 속국으로 전락해 그로부터 정치, 경제, 문화 등 각 방면에 걸친 간섭을 받고 자주성을 발휘하기 힘든 시기였다. 소설 『설랑자』도 이곡의 활동시기를 배경으로 하고 있는 만큼 원나라와 고려의 관계를 엿볼 수 있는 대목이 자주 등장한다. 특히 원나라의 속국으로 자주권을 갖지 못하면서도 그 한정 범위 안에서 최대한 자신의 피해를 줄이기 위한 노력을 기울였음을 이곡, 안향, 이제현 등의 활동을 통해 보여주고 있다. 특히 소설은 이러한 노력을 원나라에 빌붙어 자신들의 정치적 야망을 실현하려는 최유염을 비롯한 무신들과의 대립을 통해 더 두드러지게 표현하고 있다.

소설은 안향이 충선왕을 따라 원나라에 갔을 때 대담하게 성종을 설복시켰다는 일화를 다루기에 앞서 고려가 원나라의 지배를 받게 된 경위와 그 지속 시간에 대해 간략하게 언급한다.

고려는 고종 18년(1231)부터 몽고병의 거듭되는 침입을 받아 도읍을 강화도로 옮기고 항전하다가 원종 11년(1270)에 원나라와의 강화가 이루어져서 비로소 송도로 환도했던 것이다. 그러나 이로부터 고려는 원나라의 부마국 즉 고려의 국왕은 반드시 원나라의 공주를 왕비로 맞이해야 하는 사위벌이 되는 나라로 전락되었다. 이 부마국의 지위는 25대 충렬왕으로부터 30대 충정왕에 이르기까지 6대나 지속되었는데 그 기간은 원나라의 지배와 간섭을 받아야만 했던 것이다. 그러다가 충정왕 연간에 강력한 배원운동을 일으켜 주권을 다시 회복하였다. (김용식, 『설랑자』, 350~351쪽)

그리고 안향이 충선왕을 따라 원나라 연경에 갔을 때 성종이 계국공주와 가까이 하지 않는다고 충선왕을 책문할 때 벌벌 떠는 충선왕 대신 성종황제의 물음에 대답한 장면을 소개한다.

"너의 임금이 어찌하여 공주를 가까이하지 않느냐?"

"조비로 말씀드리면 본국 부인인 만큼 모름지기 왕비의 자리에 있어야 마땅할 것입니다. 그런데 원나라 부인인 계국공주가 도리어 조비를 밀어내고 홀로 왕비의 자리를 독차지하려고 드니 이는 고려국의 국권을 무시하는 것이 아니고 무엇입니까? 그렇다면 충선왕은 고려국의 국왕이 아니라 원나라의 한 제후에 불과하다는 말씀이오니까?" (김용식, 『설랑자』, 351~352쪽)

안향이 충선왕을 따라 연경에 들어갔던 일과 황제의 물음에 대답을 하여 충선왕에 대한 황제의 추궁을 무마하였다는 부분은 기록의 내용과 동일하다. 하지만 안향이 원나라 황제 앞에서 계국공주를 부정하며 '고려국의 국권'을 운운하였다는 것은 과장된 부분이다. 이는 안향의 대담하고 결단력있는 모습을 강조하기 위한 설정으로 보인다. 이 점은『고려사』의 기록과 대조해 보면 금방 알아볼 수 있다.

> 충렬왕이 복위한 후 충선왕이 원나라로 가게 되자 안향이 따라갔다. 어느 날 황제가 왕을 급히 부르자 왕이 영문을 몰라 겁에 질렸다. 승상丞相이 나와서, 따라온 신하 가운데 우두머리 되는 자가 들어와서 뵈오라고 전갈하므로 안향이 들어갔다. 승상이 황제의 말이라며, 고려왕이 공주를 가까이 하지 않는 이유를 묻자 안향은
> "규방의 일은 밖에 있는 신하가 알 바가 아닙니다. 지금 이것을 가지고 물으시니 어찌 만족하시도록 대답을 할 수 있겠습니까?"라고 대답했다. 승상이 그대로 보고하자 황제는
> "이 사람은 요점을 알고 있으니 어찌 먼 나라의 사람이라고 무시하겠는가"라 하고 다시 묻지 않았다.[174]

이로부터 안향이 정면으로 황제의 물음에 반대하거나 계국공주를 비난하는 뉘앙스를 풍기는 대신 문제를 회피하는 식으로 상황을 모면하였음을 보아낼 수 있다. 그러나 소설은 고려의 문인지사들이 나라의 자주권을 확립하기 위한 노력을 지속적으로 해왔음을 강조하고 있다.

소설에서 이제현도 유능한 재상으로 원나라와 고려 사이의 많은 정치적 문제들을 해결한다. 고려국을 원나라의 제성으로 만들어서 권세를 잡으려는 최유염, 송문 일파의 계획을 알게 된 이제현은 원나라로 들어가 천순황제와 조정 중신들을 직접 만나 이 사태에 대해 논하고 원나라 황제와 대신들은 그런 간계에 넘어가지 않을 것임을 약속한

다. 또한 그때까지 지속되어 오던 원나라와 고려국 간의 불유쾌한 문제들을 원만하게 해결하고 돌아온다. 소설은 이제현의 이번 걸음으로 인해 양국 간의 선린관계와 유대 관계는 새로운 단계에로 들어섰다고 하면서 양국 사이의 우호적인 관계를 강조하고 있다.

이곡이 활동했던 시기 원나라와 고려의 가장 큰 현안은 원나라에 처녀를 보내는 이른바 '공녀貢女' 문제였다. 고종 5년(1218)에 시작된 공녀제도는 조선 초기까지 지속되었다. 이는 물론 원의 압박으로 인해 시작된 것이었다. 원나라는 왕실에 여자가 부족했던 탓에 고려에 각종 핑계로 공녀를 요구했고 나중에는 왕실뿐만 아니라 원나라의 고관대작들에게까지 여자를 공급해 주어야 해서 고려는 선후로 약 1,400여 명[175]의 여인을 원나라에 보냈으니 이는 집계 가능한 수치에 불과하고 실제로는 이보다 더 많은 여인들이 바쳐졌을 것으로 보인다. 이에 이곡은 원나라 순제에게 상소를 올려 공녀를 중지시킬 것을 간곡히 부탁하고 원나라는 이를 형식적으로나마 받아들이게 된다.

> 원나라가 고려에 자주 처녀를 바칠 것을 요구하자 이곡이 어사대御史臺에 그 일을 중지해 줄 것을 요청하는 한편 상소문을 대신 지었다.
>
> (중략)
>
> 풍문으로 들으니, 고려 사람들은 딸을 낳으면 바로 숨겨 놓고서 비밀이 샐까 봐 걱정한 나머지 비록 이웃이라도 볼 수 없도록 한다고 합니다. 그리고 중국에서 사신이 올 때마다 대경실색해 서로 돌아보며 "무엇 하러 왔는가? 처녀를 데려가는 것이 아닌가? 처첩을 데려가는 것이 아닌가" 하고 수군댑니다. 군대의 서리들이 사방으로 나가 집집마다 뒤지다가 만약 숨기기라도 하면 그 이웃을 잡아 가두고 그 친척을 구속해 채찍으로 때리고 괴롭히다가 처녀가 나타난 뒤에야 그만둔다고 합니다. 사신이

한번 오기만 하면 나라가 온통 소란에 싸여 개나 닭이라도 편안할 수 없습니다. 처녀들을 모아놓고 그 중에서 데려갈 사람을 뽑는데 얼굴이 예쁘든 못났든 간에 사신에게 뇌물을 주어 그 욕심만 채워주면 비록 예쁘더라도 되돌려 줍니다. 그리고 되돌려 준 처녀 대신 다른 데서 여자를 벌충하느라 또 수백 집을 뒤집니다. 이 모든 것은 오로지 사신의 판단에 의해 이루어지고 누구도 감히 어기지 못하는데 그 까닭은 무엇 때문이겠습니까? 황제의 뜻이라고 말하기 때문입니다. 이와 같이 하는 것이 한해에 두번 혹은 한 번이거나 한 해씩 거르기도 하는데, 그 수가 많게는 마흔 내지 쉰 명이나 됩니다. 그 선발에 들고나면 부모와 친척들이 함께 모여서 밤낮으로 울음소리가 끊이지 않습니다. 도성의 문에서 보낼 때에는 옷자락을 붙잡고 쓰러지기도 하고 길을 막고 울부짖으며 슬프고 원통해서 괴로워합니다. 우물에 몸을 던져 죽는 자도 있고 스스로 목을 매는 자도 있으며 근심과 걱정으로 기절하는 자도 있고 피눈물을 쏟아 눈이 멀어버리는 자도 있는데, 이러한 것들은 이루 다 기록할 수 없습니다.

(중략)

엎드려 바라옵건대 고귀하신 말씀을 조서로 내리시어, 감히 황제의 뜻을 어겨 위로는 성스러운 귀를 더럽히고 아래로는 자기의 이익을 위하여 처녀를 데려가는 자 및 그 나라에 사신으로 가서 처첩을 취한 자가 있거든 금지하는 조목을 명시하셔서 차후로 그런 일을 하지 못하게 해 주십시오.

(중략)

황제가 건의를 받아들이자, 본국에서는 그를 판전교시사判典校寺事로 임명하였다.[176]

『설랑자』에도 이곡이 원나라 황제에게 상소문을 올리는 대목이 등장한다. 하지만 이 부분에 대하여 소설은 공녀제도의 역사적 사실과는 다르게 서술하는데 우선 원나라에 처녀를 바치는 일이 원나라의 요구로 이루어진 것이 아니라 원나라에 잘 보여 권세를 얻고 싶어하는 무신들의 음모로 이루어졌다고 한다. 또한 무신들의 이 계획은 내정 단계에 있어 아직 실행에 옮겨지지 않았던 탓에 소설에서 이곡의 상소문은 공녀를 중지시키는 것이 아니라 계획을 철회할 것을 요구하고 있다.

> 듣자니 근간에 우리 고려국으로부터 귀국으로 들어갔던 자칭 사신이란 사람들이 귀국의 몇몇 권신들과 떳떳하지 못한 음모를 꾸몄다고 합니다. 그 음모란 다름이 아니옵고 고려국의 처녀들을 귀국에 파송함으로써 그 대가로 남에게 알릴 수 없는 모종 약속을 받았다고 합니다.
>
> 이에 대하여 폐하께서는 아시는지 모르시는지 심히 의문되지 않을 수 없습니다.
>
> 사실을 밝히면 그때 들어간 자칭 사신이란 사람들은 왕명을 받고 나라를 대표하여 들어간 것이 아니옵고 일부 조신들이 자기네의 숨은 목적을 달성해 보려는 야망에서 보낸 것이었습니다. 그 숨은 목적이 무엇인가는 짐작하고도 남음이 있지 않겠습니까. 그것은 미녀를 미끼로 대국의 권신들을 등에 업기만 하면 작은 고려국에서 무엇이나 저희들의 뜻대로 쥐락펴락할 수 있으리란 그런 얕은 꾀에 불과합니다.
>
> 엎드려 바라건대 폐하께서는 귀국 조정에서 어떤 권신들이 이에 가담했는지 알아보시고 그런 미인계에 속아 넘어가지 말도록 단속해주시옵소서.
>
> 처녀로 말할진대 그 크나큰 대국에 하구 많은 처녀를 둬두고 하필이면 남의 나라 처녀를 데려가야만 할 이유가 어디 있겠습니까. 사람은 누구나 다 겨레의 정과 혈육의 정을 저버릴 수 없거늘 하물며 아직

피지 못한 애어린 꽃망울과 같은 처녀들이야 더 일러 무엇하겠습니까. 그 어린 처녀들이 부모동기를 하직하고 멀고먼 이국땅으로 끌려가서 조롱속의 난새처럼 평생을 눈물과 한숨으로 보내다가 이슬같이 사라질 그 가엾은 운명을 생각해 보십시오. 이 어찌 인륜에 벗어나는 잔인함이 아니겠습니까.

폐하의 성덕이 바야흐로 사해에 미치고 있는 이때에 그런 간신배들의 작간으로 말미암아 오히려 명성이 사나울까 저어되오니 폐하께서는 밝게 살피시고 하해같이 넓은 홍은은 베푸시어 그 처녀 파송에 관한 내정을 철회케 하여 주시옵소서…(김용식,『설랑자』, 432~433쪽)

『설랑자』는 '공녀제도'라는 역사적인 사건을 다룸에 있어서 이곡의 역할을 극대화하고 있다. 무신들의 밀모를 알고 사전에 사건을 방 지하였기에 고려는 피해를 입지 않고 원나라와도 원활한 관계를 유지할 수 있었음을 개인의 힘으로 귀결시키고자 한 것이다. 물론 소설은 이러한 상소문이 이곡의 부인인 설부용의 뜻대로 작성한 것임을 밝히면서 이 부분은 허구임을 간접적으로 인정한다. 고려사에서 가장 큰 비극으로 꼽힐 수 있는 공녀제도에 대한 사안을 허구적으로 그려낸 것은 줄곧 원나라와 고려의 친선 관계를 작품의 전면에 내세웠던 작가 김용식의 작가의식과 관련된다. 원나라와 군신의 관계를 맺고 자주권을 상실했던 고려시대를 배경으로 하면서도 작가는 두 나라의 우호적인 관계를 드러내기 위한 노력을 기울인다. 원나라와 고려가 연합하여 일본을 정벌하려 했던 '가미카제' 일화가 등장하는가 하면 고려에 대해 정치적인 억압을 가했던 원나라 지배자들 또한 고려의 재상들과 대화가 가능했고 그들의 의견을 적극 수용하는 형상으로 부각되어있다. 물론 이곡은 원의 세계 지배가 확립된 시대에 감히 그 체제를 정면으로 거부하고 나서지는 않았지만 고려 내정에 대한 원나라의 간섭을 최소화하여, 가능한 한 고려의 자주성을 지키려고 노력한 인사 중의 하나였다고는 하나[177] 실존인물을 다룸에 있어서 지나친 미화를 하는 것은 자칫 왜곡된 역사인식을 가져올 우려가 있다.

4) 한반도 인문지리와의 상호텍스트성

『설랑자』는 이진성과 설부용의 이동 노선을 따라 수많은 지방에서의 견문을 담은 동시에 그곳에서 듣거나 알게 되는 전설과 민요 등을 등장시킨다. 그 에피소드 중에는 이진성과 설부용의 직접 체험하게 되는 이야기도 있고 사람들로부터 전해들은 이야기도 있다. 그중 「사냥꾼 부부의 죽음」은 이진성이 영양 땅에 들어설 무렵에 겪은 이야기이다.

> 진성이 영양으로 넘어가는 산중에 이르렀을 때 외딴집을 짓고 살아가는 사냥꾼 부부의 집에 머물게 된다. 이들 부부는 머슴살이를 하다 빈몸으로 쫓겨나 산중에 들어와 사냥을 하게 되는데 토호와 관속들의 토색질과 고을 현감의 수탈로 번번히 값진 피물들은 모두 빼앗기고 힘들게 살아간다. 이진성이 집에 머물게 된 그날 남편은 관아에 피물을 바치러 갔다가 오는 길에 호식을 당하고 아내는 그길로 집에 불을 질러 자살한다. (김용식, 『설랑자』, 163~183쪽)

이진성은 사냥꾼 부부의 죽음을 통해 사회 최하층민이 관료들의 학정으로 인해 겪어야 했던 비극적인 일들을 보게 된다. 이진성이 뒤

이어 걸음을 옮겨 당도한 연당골의 사정도 사냥꾼 부부의 상황과 크게 다를 바 없었다. 그는 연당골에서 갓바치 노인을 만나 그의 경험담과 얼마전에 자살한 청자기 명공 강노인의 이야기를 전해 듣는다. 팔도를 누비며 갓을 만들었던 갓바치 노인은 세상에 양반 내놓고는 무서울 게 없었다는 이야기를 한다.

> 나는 갓 맹그는 재주는 용했지만 내 손으로 맹근 갓을 한번도 남의 앞에서 써보든 몬했어. 갓뿐이갓나. 아망건, 탕건, 사모 무엇이나 양반들이 머리에 얹는 것이면 내가 다 맹글었지만 나는 하나도 써볼 수는 없었단 말이여. 참 그런 눔의 꼬부랑경우가 어디 있을락꼬. 앙그래? 갓을 쓰구 싶다기보다도 양반의 대가리만 대가리고 상눔의 대가리는 대가리가 앙이라카니 그게 분하거든 내원… (김용식, 『설랑자』, 167쪽)

갓바치 노인의 말은 이진성이 양반은 귀하고 상놈은 천하다는 신분적 모순에 대해 새삼 생각하게 되는 계기가 되었다. 청그릇장이 강노인도 청그릇을 구워 바치라는 관아의 성화에 못 이겨 밤낮 없이 일하다 관청에 붙잡혀 가 매질을 당한 후 분을 못 이겨 용소에 빠져 자결하였다. 머슴살이를 하던 사냥꾼 부부와 갓을 만들던 갓바치 노인, 그리고 청자기를 굽던 강노인은 모두 사회 최하층인 '칠천'에 속해있던 탓에[178] 사람 대접을 받지 못했다. 소설은 양반을 "대가리에 관을 쓰고 몸뚱이에 도포를 입은 점잖은 도적눔"이라고 칭하는 갓바치 노인의 말을 빌려 이러한 신분제도와 사회 현실에 신랄한 비판을 가한다. 이러한 에피소드들은 양반가의 자제인 이진성이 알기 힘들었던 하층민의 삶의 애환을 직간접적으로 체험하는 계기를 마련해준다. 이러한 체험은 후일 이진성이 대과에 응시할 때 "치국치민의 대도리"를 논술하는 대신 "민생고를 덜어주기 위한 바른 시책을 펼 데 대한 견해를 주장"할 수 있었던 밑거름이 되었다. 그로 인해 이진성은 시험에 장원급제하여 올바른 정치를 펼칠 수 있는 기회를 잡게 된다. 이외에도 소설에는 각 지역에서 전해지는 전설과 민담, 이야기들이 수두룩하게 삽입되었는데 이는 주인공의 운명과는 큰 관련이 없지만 극의 흐름에 자연스럽게 녹아들어 각 지역의 인정세태를 엿볼 수 있는 장면들을 펼쳐 보이고 있다. 이는 민족문화의 뿌리를 확인하고 민족문화 유산에 대한 자긍심을 고양하는 의미를 담고 있다. 그리고 이러한 자긍심은 고려시대 풍속과 대표시가의 언급을 통해 다시 한 번 확인된다. 이진성이 동해안을 따라 관동팔경을 두루 구경하고 명주에 이르렀을 때 마침 정월대보름이라 달맞이 행렬에 끼어들어 민속놀이를 즐기게 된다. 소설은 이 장면에 강원도에서 널리 불리는 대보름 달맞이 노래 가사를 인용한다.

> 달 돋아서 월광보살
> 해 돋아서 일광보살
> 일 년 열두 달 삼백예순날
> 하루 아침 같이 지나게
> 점지해 주시소 (김용식, 『설랑자』, 123쪽)

뒤이어 인용한 가사는 조선시대 정학유丁學遊(1786－1855)의 「농가월령가」(정월)의 가사인데 고려시대에 불렸다고 보기에는 어렵다. 이 가사를 인용한 것은 대보름날의 전통을 노래하기 위한 목적으로 보인다.

상원날 달을 보아
수한을 안다 하니
노농의 징험이라
대강은 알리로다

보름날 약밥제도
신라적 풍속이라
묵은산채 삶아내니
육미를 바꿀소냐

귀 밝히는 약술이며
부럼삭는 생률이라
먼저 불러 더위팔기
달맞이 홰불 켜기…(김용식, 『설랑자』, 124쪽)

이처럼 극 속에 자연스럽게 시가와 가사 등을 인용한 사례는 수두룩하다. 이진성이 신라의 옛땅인 영남으로 가는 길에 청산을 홀로 헤매고 있을 때는 그의 애달픈 심사를 「청산별곡」 가사로 표현하였고 산속에서 진달래꽃을 취한 듯이 바라볼 때에는 수로부인 관련 고사와 함께 신라 향가 「꽃흗가」와 「해가사」를 인용하였다. 또 설부용과 금단이 영산읍에 이르렀을 때 각설이 구경을 하는 과정에 각설이 타령을 인용하였다. 그리고 충청도와 경상도의 접경을 이룬 소백산맥의 말단에 있는 죽령에서 만난 노파로부터 들은 「서낭당」 이야기로 인해 설부용은「망부석」전설을 연상하게 되고 그 이야기에 백제가요 「정읍사」를 인용하였다. 여기서는 특히 가요의 원문을 인용한 뒤 현대어로 해석을 가하고「정읍사」는 백제가 남긴 단 하나의 서정가요라는 설명까지 곁들였다. 그들이 안동땅에 들어섰을 때 다리목에서 거지 무리를 만나게 되는데 그들은 동냥해 온 음식을 먹은 뒤 한바탕 놀이를 벌인다. 이때 부른 노래로 고려 가요「동동」과「서경별곡」의 일부분이 인용된다.

소설은 이런 전설과 고전가요를 주인공의 심리와 교묘히 연관시켜 이질감 없이 극 속에 녹아들 수 있었다. 그리고 이런 장면들을 통해 각 지역의 풍속도를 펼쳐 보이는 효과를 볼 수 있었다.

『설랑자』는 주인공의 이동에 따라 수많은 지역이 등장하고 매 지역에서의 견문을 통해 독자들이 소설을 통해 아름다운 조선의 산천을 유람하고 지방적 특색을 한눈에 알아볼 수 있게 하였다.

> 이튿날 아침, 전주를 떠난 일행은 탄현, 은진, 공주, 천안, 미륵당, 과천을 지나고 한강을 건너 다시 한양, 신원, 고양, 파주까지 이르기에 옹근 닷새가 걸렸다.
>
> 파주에서 하룻밤 자고 내일 새벽에 임진강만 건너면 송도까지 당날에 빠듯이 대여갈 수 있었다. (김용식,『설랑자』, 111쪽)

> 고랑진을 떠난 진성이는 오리현, 삭녕, 신원을 지나고 회전령, 비봉산, 복룡산, 우두산을 넘어서 소양강을 건넜다. 금강산 입구에 들어선 것이다. (김용식,『설랑자』, 119쪽)

소설에서 행선지로 언급된 지명을 제외하고 그들이 머물었던 곳만 해도 10여 곳에 이르는데 대부분 남도땅이다. 우선 이진성이 들렀던 곳을 살펴보면 금강산(강원도)-영해고을 기포동(경상북도)-영양(경상북도)-일월산(경상북도)-청송읍(경상북도)-남원(전라북도)-합천(경상남도)-상주(경상북도) 등 지역이다. 다음 설부용은 차례로 함양 (경상남도)-선산(경상북도)-죽령(충청도와 경상북도 경계)-안동 (경상북도)-합천(경상남도)-상주 (경상북도)-송도(경기도) 등 지역이다. 또한 매 지역에 이르거나 경유할 때마다 "안동읍에서 낙동강을 따라 70리를 더 내려가면 버들 류자 류씨네 마을인 하회동이 있다. 강물이 마을을 감돌아 흐르므로 하회동이라 부른 것이다."(김용식, 『설랑자』, 261)와 같이 그 지역에 대한 간단한 소개와 지리적 상황에 대한 설명을 곁들이고 있다. 작가 김용식이 이처럼 남도땅을 훤히 꿰뚫고 있었던 것은 그의 유년기의 체험에서 비롯된 것이다. 경상북도 영양군에서 태어난 김용식은 14세까지의 유년기를 보내는 동안 남도의 지리적 상황에 익숙해진 것은 물론 그곳에 전해지던 수많은 이야기와 전설들을 접했다. 유년기의 직간접 체험은 민족의 문화유산에 대한 자긍심으로 승화되어 작품에서 민족정서의 발현으로 나타나고 있다.

2. 『규중비사』 연구

『규중비사』는 작가 김용식과 운명을 같이해 온 작품으로 제일 처음 씌어진 시기는 1956년이었다. 그 당시 작가는 2만 자에 달하는 단편으로 소설의 초고를 완성했는데 작품이 발표되기 전인 1957년 '반우파투쟁'으로 인해 비판을 받게 되었고 '문화대혁명' 때도 책더미 속에서 원고가 발견되어 화근이 된다. 그러다 우파모자를 벗은 뒤인 1980년 이 소설은 14만자에 달하는 중편소설로 개작되어 세상의 빛을 보게 되고 1981년에는 편폭을 늘려 20여만 자에 달하는 장편소설이 되어[179] 요녕민족출판사에서 출판된다. 소설은 조선 경종 때 양반 사대부가문의 규방에서 일어난 비극적 사건을 다루었는데 그 줄거리는 다음과 같다.

1) 이조 말엽 경종 때의 어느 해 중추, 서울 장안에서 이조판서 김세홍의 딸 백란당이 자신의 별당에서 피살된다.

2) 관아에서 살인사건을 조사하는데 유품으로 갖신 한짝과 주머니칼 한 자루가 발견된다. 갖신은 류 목사의 막내아들 류원하의 것으로 판명나고 오형리는 살인흉범의 혐의자로 류원하를 검거한다.

3) 법정에 호출된 류원하는 죄를 부인하고 법관 서익준은 사건에 대해 더 심사숙고할 것을 명한다.

4) 오랫동안 백란당을 며느리로 맞아들이려고 애를 써왔지만 번번이 김세홍에게 퇴짜를 맞아온 허빈재는 이번 사건을 가문의 수치로 여기고 류원하에게 분풀이를 하려고 하였다. 오형리를 통해 서익준이 류원하의 판결을 미루려 한다는 소식을 들은 허빈재는 사람을 띄워 형조에 류원하를 당장 처결하라는 밀령을 내리고 서익준은 진퇴유곡에 빠진다.

5) 류원하는 류성룡의 후예인 류 목사의 막내아들로 태어나 최기좌의 현손에게서 학문을 배웠는데 어려서부터 글재주가 비범하여 귀염을 받았지만 유독 혼인문제에 있어서는 번번이 부모의 의도와 엇나갔다.

6) 류목사의 집에서는 맏아들이 주선한 규수와 류원하의 혼인문제로

일가친척들을 모아놓고 의논을 했다. 류원하의 거절로 혼담이 깨지고 집안은 어수선해진다.

7) 김세홍네 동자치 딸 두점이와 하인 돌쇠가 허정승댁에서 백란당에게 혼삿말이 든 것을 소문냈다가 정씨 부인에게 크게 혼이 난다.

8) 김세홍은 이첨지로부터 백란당이 태자비로 간택될 가망이 크다는 소식을 듣고 흐뭇해한다. 한편 정씨 부인은 허정승댁에서 보내온 매파로부터 야광주를 예물로 받는다.

9) 금실 좋던 김세홍 내외 사이가 백란당의 혼사문제로 의가 벌어진다.

10) 허빈재의 아들과 백란당의 혼인을 두고 김세홍 내외가 언쟁을 벌인다.

11) 류원하가 우연히 백란당을 훔쳐본 뒤 쪽지를 주고 받는다.

12) 류원하가 백란당의 별당으로 들어와 밀회를 가진다.

13) 정씨 부인은 가족들 몰래 백란당을 속여 허빈재의 여동생에게 선을 보인다.

14) 류원하와 몰래 밀회를 가지는 백란당의 수심이 깊어간다.

15) 백란당이 번민과 애수가 깊어 몸져눕게 되자 정씨 부인은 더욱 조바심이 나고 김세홍은 불원간에 태자비 간택이 결정될 것이란 소식을 듣고 부인을 달랜다.

16) 류원하와 백란당의 밀회가 시녀 옥임이에게 발각된다.

17) 류원하는 백란당과의 일을 어머니 송부인에게 털어놓고 서당을 그만두고 홍천사로 가서 수도하기로 한다. 한편 송씨 부인으로부터 원하의 일을 전해들은 고모 이윤경은 백란당이 태자비 간택과 허정승댁과 관련이 있다는 사실을 알고 경악한다.

18) 옥임이는 백란당과 류원하 사이를 도모하기 위해 백란당의 가출을 계획한다.

19) 홍천사에서 악몽을 꾼 류원하가 밤길을 달려 백란당의 처소로 가

보았더니 백란당이 끔찍한 죽음을 당해 있었다.

20) 엄한 문초에도 류원하가 자신의 결백을 주장하자 속히 범인을 처형하라는 허정승의 지령에도 불구하고 법관 서익준은 죄안을 다시 파안하라는 명을 내린다.

21) 삼덕이라는 도적의 증언으로 백란당 피살 사건의 진범이 홍천사의 중 소연임이 드러나고 류원하는 누명을 벗는다.[180]

소설은 백란당과 류원하의 비극적인 사랑과 운명을 통해 암담한 시대 현실과 봉건 예교의 죄악을 폭로하였다. 『규중비사』는 백란당의 피살사건을 다루는 것으로 시작된다. 이 사건의 유력한 용의자로 그녀와 밀애를 나눴던 류원하가 지목되고 이야기는 시간을 거슬러 두 사람의 첫 만남과 열애 과정을 시간 순으로 펼쳐 보인다. 그리고 마지막에 백란당을 죽인 진범이 잡히고 류원하가 누명을 벗는 것으로 소설은 마무리된다. 『규중비사』는 치정살인의 진상을 밝히는 것을 주선으로 잡고 사건 이면에 감춰진 두 청춘남녀의 이루어질 수 없었던 사랑이야기를 다루고 있다. 살인사건은 고대나 현대를 막론하고 인류사회가 생겨난 이래 끊임없이 일어났고 일어나고 있다. 그 원인 또한 대동소이해서 사소한 다툼에서 비롯되는 우발적인 살인이 있는가 하면 치정에 눈이 멀거나 재물을 목적으로 한 계획적인 살인도 있다. 그리고 결과를 보면 사건이 원만히 해결되는 경우가 있는가 하면 영원히 미제로 남는 경우도 있고 또 가해자가 아닌 사람이 억울하게 누명을 쓰게 되는 경우도 있다. 『규중비사』에서는 치정으로 인한 우발적인 살인이 일어나고 가해자가 아닌 사람이 누명을 쓰고 신문을 받다가 나중에야 진범이 잡힌다. 소설에서 배경으로 정한 조선시대에도 비슷한 형태의 살인사건은 수두룩했고 그런 사건들을 소재로 한 설화와 소설들도 여러 편 보인다. 본 절에서는 『규중비사』와 실록에 기록된 몇몇 대표적인 살인사건들 및 송사소설과의 상호텍스트성을 살펴보면서 송사소설로서의 『규중비사』의 특징을 밝히기로 한다.

1) 『규중비사』와 조선시대 살인사건

『규중비사』는 조선조 경종대 서울을 배경으로 한 소설이다. 소설에 나타난 살인사건의 시말을 간략하게 서술하면 다음과 같다. 이야기는 한다 하는 양반집의 규수 백란당이 피살되어 장안이 발칵 뒤집히는 것으로 시작된다. 관아에서는 검시관들이 쏟아져 나왔고 증거물로 사내의 갖신 한 짝과 주머니칼 한 자루가 발견된다. 곧이어 백란당과 관련된 모든 인물들이 잡혀가 심문을 받고 사복을 한 형리들은 갖신의 주인을 추적한다. 오형리는 갖신의 주인이 류 목사의 막내아들 류원하의 것이고 주머니 칼은 흥천사의 중 소연이 얼마 전에 잃어버린 것이라는 사실을 알아낸다. 류원하는 범인으로 지목되어 심문을 받지만 범행을 완강히 부인한다. 백란당과의 밀애는 인정하지만 살인은 저지른 적 없다는 류원하의 진술을 들은 법관 서익준은 사건을 급급히 처리하지 말고 심사숙고하기로 한다. 이에 일찍 백란당과의 혼사를 추진 중이던 우의정 허정승 댁은 가문의 명예가 더럽혀진 것이 괘씸하여 즉시 류원하를 처결하라는 압력을 가하고 나중에는 조정에서까지 백란당 피살사건을 속히 낙착지으라는 명이 떨어진다. 류원하의 결백을 증명할 방도가 없던 차에 마침 백란당의 피살 당시 상황을 목격한 도적이 나타나고 진범이 흥천사의 중 소연임이 밝혀진다.

『규중비사』의 살인사건 해결 과정에는 치정에 의한 살인, 억울한 누명(류원하), 판결을 둘러싼 조정 대신들의 암투 및 권력에 맞선 수사와 판결(서익준) 등의 화소가 나타난다. 앞에서 언급했듯이 조선시대에도 살인사건은 비일비재했고 또 그 사건을 둘러싼 이야기도 소설 못지않게 드라마틱했다. 아래 조선시대에 실제로 있었던 살인사건들 가운데서 『규중비사』와 동일한 화소들을 가진 사건을 살펴보기로 한다.

정조 14년(1790)에 일어났던 안조이 살인사건은 조선시대 여성들의 정절이 얼마나 중요하게 여겨졌는지를 엿볼 수 있는 대표적인 사건이다. 양가집 규수 김은애는 악랄한 소문으로 자신의 정절을 더럽힌 안조이를 죽인다. 가녀린 체구임에도 독기를 품은 김은애는 열여덟 번이나 안조이를 향해 칼을 휘두른 뒤 자신의 범행을 순순히 자백한다. 조선왕조실록에 실린 김은애의 살인 이유를 보면 다음과 같다.

> 전라도 강진현康津縣에서 은애銀愛라는 여인이 그 이웃에 사는 안조이安召吏라는 여인을 흉기로 찔러 죽였는데, 현감 박재순朴載淳이 검시한 결과 사실이었다. 그 까닭을 물으니, 은애가 공초하기를,
>
> "제가 시집오기 전에 이웃에 사는 최정련崔正連이란 자가 남몰래 나와 간통하였노라고 소문을 퍼뜨리고 안조이를 중간에 내세워 청혼해 왔습니다. 허락하지 않고 다른 사람에게로 시집을 가자 최정련은 안조이와 함께 추잡한 말로 무고하기를 더욱 심하게 하였습니다. 이 때문에 그 분을 참지 못하고 밤중에 칼을 들고 안조이의 집에 남몰래 들어가 먼저 그 목을 찌르고 다시 난자하였으며, 이어 최정련의 집으로 가려 하였으나 저의 어미가 말리는 바람에 그만두었습니다. 관청에서 최정련을 때려죽이기 바랍니다."하였다.[181]

1789년 5월에 발생하여 전라도 강진을 발칵 뒤집어 놓은 이 사건은 명확한 범행 동기와 범행 증거가 있음에도 범인에 대한 처결을 집행하지 않고 있다가 이듬해인 1790년 조정에까지 전해진다. 그 과정에 이 사건을 담당한 전라도 관찰사 윤행원은 동모자가 누구인지 등에 대한 재조사를 9차례나 명령하며 집행을 늦추었다. 이는 김은애의 살인동기에 대한 측은지심에서 비롯된 것이기도 하지만 한 사람도 억울한 사람이 없게 하려는 조선시대 관리들의 수사 원칙이기도 했다. 이듬해 이 사건이 조정에 전달된 후 사건의 원만한 해결을 위해 정조는 고심을 거듭한다. 그러다 정절을 목숨과 같이 여긴 김은애의 절개를 높이 사서 최정련을 죽이지 않는다는 조건으로 특별히 김은애를 석방한다. 그리고 김은애의 사적을 책으로 내어 모든 사람들에게 알릴 것을 명한다. 법보다 인간을 근본으로 했던 정조의 "기상천외한" 판결이었다. 이처럼 명백한 증거를 앞에 두고 범인에 대한 처결을 미루면서 고심하는 관리들의 모습은 『규중비사』에서도 찾아볼 수 있다. 『규중비사』의 판관 서익준 역시 명백한 물증이 있는 상태에서 류원하에 대한 처형을 차일피일 미루면서 사건의 진상을 파헤치기 위해 노심초사한다. 그런 면에서 보면 『규중비사』에서의 법적인 집행 과정은 역사적인 진실성을 띠고 있다.

조선시대에는 김은애처럼 살인죄가 명백함에도 특별히 사면되는 경우가 있었는가 하면 죄를 짓지 않고도 억울하게 잡혀가 옥살이를 한 사건도 있었다. 세종 때 곡산에 사는 약노藥奴라는 여인이 살인 누명을 쓰고 10년 동안 옥살이를 하다가 풀려난 사건이 있었다. 조선왕조실록의 기록에 의하면 약노는 누군가에게 밥을 먹여주던 중 그 사람이 죽자 주문을 외워 죽게 만들었다는 죄명으로 잡히게 된다. 약노는 곡산 유후사留後司와 형조에서 가혹한 고문을 받게 되는데 매를 맞을 때만 범행을 자백하고 그 외엔 범행을 부인하기를 반복하였다. 그리고 약노가 자백한 대로 주문을 외워 닭과 개에게 실험하였는데 죽지 않았다. 이에 형조에서는 이 일을 임금에게 알리고 임금은 의금부에 이 사건을 맡긴다. 모진 고문을 당하고 옥살이를 해온 약노는 자신이 항변해 봤자 고문만 당하게 될 것이 두려워 범행을 시인하다 임금이 딱하게 여겨 사실대로 말하라고 하자 자신의 결백을 주장한다. 신하들은 임금에게 조사 결과를 전달하며 옛사람들의 "죄가 분명하지 않고 의심스러울 때는 경하게 처리해야 한다"는 말을 좇아 그냥 덮어두고 더 이상 논하지 말아야 한다고 한다. 임금은 신하들의 뜻을 좇아 약노를 집에 돌려보내게 된다.[182]

『규중비사』에서도 류원하는 억울한 누명을 쓰고 법정에 호출된다. 그도 역시 약노처럼 피해자와 가장 가까운 거리에 있었다는 공통점이 있다. 때문에 이러한 상황에서 피의자의 진술이 관건적인 작용을 할 수 있는데 연약한 몸으로 고문을 견디기 어려웠던 약노는 진술을 번복하지만 류원하는 시종일관 자신의 결백을 주장한다. 류원하에 대한 형 집행이 늦춰진 까닭도 약노의 사건에서 찾을 수 있는데 아무리 물증이 있고 기타 범인이 있을 여지가 없는 사안이라 할지라도 범인의 자백이 없이는 사건을 마무리할 수 없었다. 다른 점이라면 약노의 사건에서는 이른바 윗선의 압박이 없었기에 약노는 극형에 처해지지 않고 옥살이를 하는 데 그쳤지만 소설 속의 류원하의 사건은 대신들 간의 세력다툼으로 번져 조정의 압박이 가해졌기에 류원하는 극형에 처해질 위기일발의 순간에 놓여 있었다. 또 사건을 조사함에 있어서 피의자가 자백을 하지 않을 경우에는 고문이 당연한 수단이었지만 소설에서 서익준은 류원하의 공초장을 받은 뒤 알 수 없는 신뢰감으로 그에게 고문을 가하지 않을 뿐더러 사죄수칼마저 씌우지 않도록 명령한다. 이는 강직하고 바르며 처사에 공정한 긍정적 인물 서익준의 형상에 대한 미화로 현실적 개연성이 떨어지는 부분이다.

약노의 사건이 "범인이 없는" 우발성 사고였다면 진범이 따로 있는데도 불구하고 누명을 쓰고 억울하게 죽은 사건도 있었다. 1656년(효종 7년)에 김애격이 이지휼을 살해한 범인으로 지목되어 곤장을 맞다가 죽었다. 하지만 이는 김애격의 동생 김선합과 그의 남편 이지휼이 김애격의 재산을 탐내서 벌인 모함 사건이었다. 실제로 이지휼은 죽지 않았고 김애격의 처 김봉생은 남편의 결백을 증명하기 위해 14년 동안 전국을 돌아다닌 끝에 이지휼을 찾아낸다. 김애격의 사건에 대한 실록의 기록은 다음과 같다.

> 중화中和의 교생校生인 김애격金愛格의 아내 봉생奉生의 마을에 정문旌門을 세우도록 명하였다. 김애격이 남의 무함을 입어 살인죄로 사형을 당했는데 살해되었다는 그 사람은 실제로 죽지 않았었다. 봉생이 자기 남편이 억울하게 죽은 것을 슬퍼하여 기어이 복수하려고 하였다. 그리하여 남자의 옷차림을 하고 산사山寺와 들과 마을을 찾아다닌 지 14년 만에 끝내 원수를 찾아내어 관아에 고발하여 죽이게 함으로써 남편의 원한을 깨끗이 씻었다. 원근의 이 소문을 들은 사람들이 모두 감탄하면서 전고에 없었던 일이라고 하였는데, 감사 민유중閔維重이 이 사실을

아뢰자 이 명을 내렸다.[183]

『규중비사』에서처럼 진범이 아닌 사람이 범인으로 지목되어 억울하게 옥살이를 하는 경우는 조선시대 뿐만 아니라 현재에도 비일비재하다. 김애격의 사건에서는 과학적인 수사를 할 수 없었던 여러 가지 한계가 드러난다. 이를테면 이지휼과 김선합이 엉뚱한 사람을 죽여서 길에 버리고 얼굴을 알아볼 수 없도록 흉측하게 해놓은 뒤 이것이 이지휼의 시체라고 하자 사건을 조사하던 현감은 죽은 자의 신원을 밝혀내지 못한다. 이에 김선합이 그것이 자신의 남편임을 증언하게 되고 이 증언에 의해 김애격이 살인범으로 몰리게 된 것이다. 과학수사가 비약적으로 발전한 현재에도 억울한 사건은 계속해서 발생하고 있으니 조선시대의 경우는 더욱 심했을 것이다. 김애격이 억울한 누명을 쓰고 죽은 뒤 사건의 진상을 알고 있는 그의 아내 김봉생은 남장을 하고 14년간 전국을 돌며 직접 이지휼을 찾아내어 죽은 남편의 누명을 벗겨준다. 『규중비사』에서는 류원하와 백란당의 밀애를 아는 사람은 많지 않았고 또 류원하의 억울함을 풀어줄 수 있는 사람도 방법도 없었다. 백란당의 시녀였던 옥임이만이 류원하가 범행을 저지를 이유가 전혀 없음을 알고 둘 사이의 관계를 전혀 모르고 있었다는 거짓 진술로 류원하에게 도움을 주고 있다.

옥임이는 제 목숨을 내걸고라도 소년을 위하여 억울함을 변호하고 싶었다. 그러나 아무 증거가 없다. 대체 무엇으로 진짜 범인이 따로 있으리란 것을 입증할 수 있겠는가.

(만약 내가 그들의 관계를 알고 있었다는 것을 고백하고 류소년은

우리 아씨를 살해할 아무런 근거도 없으니 애매하다고 변호해 나서고 보면 도리어 무슨 올가미가 덮씌울지 어찌 알겠나. (중략) 소년을 구하기는커녕 도리어 나까지 누명을 쓰고 억울한 끝장을 보게 될 것이며 또한 죽은 아씨에 대해서도 죄송한 일이 아닐 수 없을 것이다.)[184](김용식, 『규중비사』, 271~272쪽)

『규중비사』의 사건도 물론 진범이 밝혀지면서 마무리되지만 그 과정은 비현실적인 우연성을 띤다. 소설에서는 백란당의 죽음을 우연히 목격한 도적이 범인이 류원하가 아니라 다리를 저는 중이었음을 밝힌다. 이에 주머니 칼 주인이었던 흥천사의 중 소연이 잡혀오고 류원하는 누명을 벗게 된다. 소설은 도적이 사실은 신분차별에 불만을 품고 있는 자의 것만 훔치는 "의적' 이었다는 설정으로 류원하의 억울함을 풀어줄 수 있었던 개연성을 얻으려 하였지만 억울함은 반드시 풀린다는 사필귀정의 결말을 보여주기 위한 억지스러운 설정인 것만은 분명하다.

『규중비사』의 피해자는 현임 이조판서의 여식으로 태자비 간택에도 참여했던 인물이고, 가해자도 당파싸움에 밀려 은거하는 중이긴 했지만 어쨌든 문벌이 높고 뒷심이 든든한 류목사의 아들이었다. 여기에 일찍 백란당을 며느리로 점찍어 둔 우의정 허빈재네 일가의 불쾌함까지 더해져 백란당 피살사건에는 조정대신들의 권력투쟁이 개입된다. 가해자와 피해자의 가문은 별다른 움직임을 보이지 않는 가운데 허빈재만이 자신이 며느릿감으로 지목해둔 처자를 하잘 것 없는 외직 나부랭이네 아이가 희롱했다는 분노로 차오른다. 허빈재는 하루 속히 류원하를 처결하라는 압박을 형조에 가하게 되고 이에 대해 권신대작들 사이에서도 의견이 분분하자 조정에서도 하루 속히 이 사건을 종결지을 것을 명령한다. 그런 상황에서 류원하의 처결만이 외압을 피하는 유일한 선택이었겠으나 그에 대한 신뢰를 저버릴 수 없는 법관 서익준의 고민이 깊어가고 있었다. 조선시대에도 조정의 대신들과 관련된 살인사건에는 종종 외압이 가해졌었다. 그 일례로 이석산 살인사건을 들 수 있다. 세조 1년인 왕실의 종친인 이석산이 친구 신간과 놀러 나갔다가 실종되었고 곧 반송정 밑에서 잔인하게 살해된 시체로 발견되었다. 이석산은 평소 행실이 단정하지 못하였고 민발의 첩 막비와 몰래 간통한 사실이 있었다. 의금부에서 조사한 결과 민발의 첩 막비의 집에서 여러 가지 증거물이 나왔다. 민발이 이석산을 살해한 증거가 뚜렷한 가운데 세조는 증거가 불충분하다는 이유로 민발을 석방하라고 하였다. 민발은 세조와 함께 반정에 가담했던 공신이었기에 그를 처벌하고 싶지 않았기 때문이었다. 오히려 민발의 죄를 확신하며 그를 다시 조사하게 해달라는 동부승지 이휘를 파직시킨다.

상참常參을 받고, 정사를 보았다. 동부승지同副承旨 이휘李徽가 아뢰기를,

"민발閔發이 이석산을 죽인 것이 분명한데 죄를 주지 않으시니, 신臣은 민망하게 여깁니다. 이는 진실로 사람이 할 수 없는 바인데, 민발이 이를 하였으니, 이것을 차마 할 수 있다면 무엇인들 차마 하지 못하겠습니까? 청컨대 죄 주게 하소서."

하니, 임금이 말하기를,

"나라 사람이 모두 민발이 이석산을 죽였다고 의심하는 것은 모두 너의 말言에서 연유하였다. 대체로 큰 옥사大獄는 마땅히 신중愼重하여야

하며, 비록 죄인을 잡았다고 하더라도 오히려 허심虛心하게 추문推問함이 마땅한데, 이제 민발은 의심할 단서도 있지 않은데 유사有司에서 반드시 병국幷鞫하고자 하니, 누가 시켜서 그런 것이냐? 내가 너를 죄 주려 한다."

하니, 이휘가 즉시 옥獄으로 나아가 대죄待罪하니, 명하여 파직罷職하게 하였다.[185]

이처럼 명백한 물증과 심증이 있음에도 임금의 두둔으로 민발은 처벌을 받지 않게 되었다. 때문에 『무원록』의 원칙에 따라 억울함을 없애고자 노력했던 조선시대의 수사에도 외압은 존재했고 그것이 만인지상의 지엄한 임금의 압박일 때는 어쩔수 없이 죄를 짓고도 단죄받지 않는 경우가 존재했다. 이로부터 미루어 보아 『규중비사』의 백란당 피살사건에 조정의 한다하는 대신들의 압박이 가해졌다는 것은 충분히 개연성 있는 설정이다. 그리고 우의정으로 권세를 누리던 허빈재가 류원하의 죄를 물어 외직으로 떠돌다 은거 중이던 그 일가를 패가망신하게 하는 것은 비현실적인 일도 아니었다.

『규중비사』는 조선왕조실록에 기록된 이상의 몇몇 살인사건에 보이는 치정살인, 신원伸冤 과정, 권력에 맞선 사건 해결 과정 등 요소들을 두루 담고 있다. 작가가 창작 후기에서 밝힌 바와 같이 비록 실재한 역사 사실이나 인물을 다루지는 않았지만 특정된 시대 현실과 특정 계층의 사회관계를 보다 사실적으로 그려내고 있다. 때문에 허구적인 인물과 사실임에도 이러한 인물이 실제로 조선시대 어느 공간에서 살아 숨쉬고 있는 듯한 핍진성을 보여주고 있는 것이다.

2) 『규중비사』와 중국 및 한반도 송사소설의 상호텍스트성

『규중비사』는 조선시대 실재했던 역사사건과 상호텍스트성을 갖고 있을 뿐만 아니라 살인사건과 누명을 주요 화소로 하는 중국과 한국 송사소설과도 밀접한 연관성을 가진다. 이른바 송사소설은 "송사 모티프가 소설작품 전반의 구성을 주도하는 소설, 즉 송사사건의 발생과 해결이 소설작품의 발단과 결말에 대응되는 구조를 지니고 전개되는 일련의 고전소설"[186]을 말한다. 『규중비사』는 살인사건의 발생과 해결이 소설의 전반에 펼쳐 그려진 것이 아니라 주로 소설의 발단과 결말 부분에 나뉘어 등장한다. 그리고 가운데 이야기 대부분은 사건이 발생하기 전 류원하와 백란당의 만남에서부터 사랑을 나누는 과정을 담고 있다. 때문에 엄밀히 따지면 『규중비사』는 전형적인 송사소설은 아니다. 하지만 소설의 발단이 살인사건으로 시작되고 남여주인공의 밀애가 그 사건을 다루는 과정에 피의자의 진술로 취급된 점과 소설의 결말이 송사사건의 마무리와 함께 한다는 점을 미루어볼 때 송사담이 이 소설의 주요한 모티프임은 분명하다. 『규중비사』에서 송사모티프는 주인공의 운명과 직결되어 있고 전반 이야기의 구성에서 가장 관건적인 역할을 하고 있다. 이에 본 절에서는 『규중비사』와 중조 송사소설 사이의 상호텍스트성을 살펴보기로 한다.

『규중비사』가 치정살인을 주요 내용으로 하는 송사설화에서 취재했음은 작가가 직접 밝힌 바 있다.

> 해방 후 필자는 낡은 잡지에서 수천 자에 불과한 짤막한 옛이야기 한편을 읽어보게 되었다. 이야기의 내용인즉 어느 글방서생이 거리를 지나다가 우연히 담장너머로 양반집 규수를 엿보게 되었고 이 한 번 엿본 것이 인연이 되어 마침내 서로 사랑을 주고받는 데까지 이르게

되었다. 그런데 하루는 그 서생과 규수의 은밀한 관계를 알고 있는 심보가 고약한 자가 서생으로 가장하고 밤중에 뛰어들어 규수를 겁탈하려고 했다. 그러나 자기가 사랑하는 서생이 아님을 알아차린 규수는 한사코 거절했다. 뛰어든 간부는 마침내 악에 바쳐 규수를 죽여 버리고 도망쳤는데 이로 하여 애매하게도 서생은 살인범으로 붙잡혔던 것이다.

법정에 선 서생은 자기의 청백함을 발명했으나 아무 반증이 없는데서 발뺌할 방법이 없었다. 그런데 서생이 극형을 받게 되는 최후일각에 난데없이 한 사나이가 나타나서 진범을 고발했다. 이 사나이는 그날 밤 도둑질을 하기 위해 피살된 규수의 집에 들어갔다가 어떤 흉악한 놈이 규수를 죽이고 도망치는 자초지종을 숨어서 보았던 것이다. 이리하여 서생은 죄를 벗게 되었다는 것이다.[187]

『규중비사』의 송사담의 전개를 다음과 같이 정리할 수 있다.

1) 글방 서생이 양반집 규수와 사랑에 빠진다.
2) 둘 사이의 은밀한 왕래를 알게 된 중이 규수를 겁탈하려다 살인한다.
3) 서생이 살인범으로 잡힌다.
4) 우연히 살인현장을 목격한 도적이 진범을 밝힌다.
5) 중이 진범으로 잡힌다.

『규중비사』의 송사담의 기본 골자는 이루어질 수 없는 남녀가 사랑을 나누고 그 관계를 알게 된 중이 수욕을 채우려 여인을 겁탈하려다 실패하여 살인을 하지만 남녀사이의 밀애가 만천하에 드러나며 남주인공이 누명을 쓰게 된다는 구성이다. 때문에 사건의 주요 범행은 겁탈미수사건과 살인사건이다. 중국과 한반도의 고전설화나 소설 가운데는 이와 같은 치정살인을 다룬 작품이 수두룩하다. 그 가운데 『규중비사』의 송사담과 가장 근접한 구성을 보이는 것은 중국의 『용도공안龍圖公案』의 제1권 제1회 작품인 「아미타불강화阿彌陀佛講和」와 조선 『신단공안神斷公案』 제1회 작품 「미인경평일명 정남서불재취美人竟拼一命, 貞男誓不再娶」이다.

『용도공안』은 『백가공안百家公案』, 『삼언이박三言二拍』 등과 함께 조선에 전래되어 조선의 송사소설에 직간접적인 영향을 끼친 작품집으로 민간전설과 역사적 사건들에서 취재한 명대의 단편공안소설집이다. 『용도공안』 제1권 제1회에 실린 작품은 「아미타불강화」인데 그 줄거리를 살펴보면 다음과 같다.

> 德安府孝感縣에 許獻忠이란 秀才가 있었는데, 그의 옆집에는 屠戶 蕭輔漢부부와 딸 蕭淑玉이 살고 있었다. 蕭淑玉은 집 밖을 나가지 못하고 늘 누각에서 수놓이를 하면서 보냈다. 許獻忠은 자주 蕭淑玉이 살고 있는 누각 아래를 지나다녔는데 둘은 서로 사랑하는 마음이 생겼다. 둘은 매일 밤 淑玉의 거처에서 사랑을 나누곤 하였는데 淑玉은 천 한 필을 아래로 내려뜨려 獻忠이 천을 타고 올라오게 하여 부모를 속일 수 있었다. 하지만 이런 만남이 반 년이 지속되면서 이웃들은 모두 둘의 밀회를 알게 되었다. 그러던 어느 날 獻忠이 친구와 술을 마시느라 밤이 깊도록 찾아오지 못했다. 마침 明修라는 중이 淑玉의 거처를 지나다가 밖으로 드리워진 천을 훔치려 했는데 淑玉이 늘 하던 대로 천을 끌어올렸고 明修는 속으로 무슨 영문인지를 알면서도 짐짓 끌리워 올라갔다. 明修가 淑玉를 겁탈하려다가 淑玉이 소리를 지르자 칼을 꺼내 淑玉을 죽이고 그녀의 비녀와 귀걸이, 반지를 훔쳐 도망갔다. 다음날 아침 蕭輔漢 부부는 딸의 죽음을 발견하였고 이웃사람들의 말을 믿고 獻忠을 살인범으로

관아에 고발하였다. 잡혀온 獻忠은 자신들이 정을 나눈 사실은 인정하나 살인은 저지르지 않았다고 하였다. 심문하던 포공은 獻忠으로부터 밤에 목탁소리를 들었다는 이야기를 듣고 두 수하더러 귀신으로 분장하게 하고 창부 하나를 찾아 淑玉으로 분장하게 한 뒤 明修에게 찾아가 그로부터 자신의 죄행을 자백 받는다. 억울함을 씻은 獻忠은 포공의 말을 따라 淑玉을 정실부인으로 인정하고 재취하지 않을 것임을 다짐한다. 훗날 獻忠은 향시에 합격하고 포공을 찾아와 사의를 표한다. 포공은 獻忠에게 霍씨를 측실로 맞으라고 한다. 獻忠은 할 수 없이 동의하나 同年錄에는 霍씨의 이름을 올리지 않고 淑玉의 이름만 올리는 것으로 부부의 의를 다한다.

『용도공안』은 적어도 18세기 이전에 조선에 전래된 것으로 보이는데 개화기에 이르러 번역되거나 번안되어 널리 읽혔다. 개화기의 소설집 『신단공안』에 실린 작품 「미인경평일명, 정남불재취」가 바로 『용도공안』의 「아미타불강화」의 번안인데 그 줄거리는 다음과 같다.

숙종 16년인 1690년 경상도 진주 성내에 허헌許憲이라는 사족士族이 있었는데 풍채가 뛰어나고 재주와 기예 또한 출중하여 뭇사람들이 매파를 보내 혼인을 맺고자 하였으나 부모가 꺼려서 모두 거절하였다. 그 이웃에 하경한河景漢이라는 부호富豪가 있었는데 그의 무남독녀 외동딸 숙옥淑玉은 자색이 아름다웠다. 숙랑은 후원에 있는 작은 누각에 거처하였는데 허생이 지나다닐 때마다 두 눈이 마주치다가 서로 사랑하는 마음을 품게 되었다. 이런 날이 오래되자 둘은 매일 밤 숙랑의 거처에서 사랑을 나누게 되었고 숙랑의 부모를 제외한 모든 이웃들이 이 사실을 알게 되었다. 숙랑은 허생이 담을 넘어올 때 편리하도록 흰 베 한필을 담장에 늘어뜨려 타고 다니게 하였다. 어느 날 밤 허생은 친구와 술을 마시느라 밤이 깊도록 숙랑에게 가지 못하고 있었다. 숙랑은 그날 밤도 흰 천을 누각 아래로 늘어뜨린 채 기다리고 있는데 지나가던 오성悟性이라는 화상和尙이 그것을 보게 되었다. 화상은 처음엔 천을 가져가려다 안쪽에서 당기는 바람에 그대로 타고 올라갔더니 과연 거기에 절색의 미녀가 있었다. 화상이 숙랑을 겁간하려고 들자 숙랑은 소리를 지르고 이에 화상은 칼로 숙랑을 찍어죽이고 그녀의 장신구들과 천을 챙겨서 도망쳤다. 다음날 숙랑이 피살된 것을 안 숙랑의 부모는 허생과 정의情義가 맞지 않던 자의 말을 듣고 허생이 숙랑을 죽였다고 관아에 가서 소송하였다. 진주목사 이관李琯은 허생을 심문하고 허생은 반 년 가까이 숙랑과 몰래 정을 나눈 사실은 인정하나 살인은 하지 않았다고 하였다. 숙랑의 누각 밖에서 가끔 목탁소리가 들렸다는 허생의 말에 이목사는 짚이는 바가 있어 두 나졸로 하여금 한 명은 남자 귀신으로, 다른 한 나졸은 여자 귀신으로 분하여 오성이 진실을 자백하게 했다. 누명을 벗은 허생은 숙랑을 정실로 여길 것을 다짐한다. 2년 후 허생은 향시와 회시에 합격하고 고향에 돌아와 이목사에게 사례하였다. 이목사는 허생더러 첩을 들일 것을 권하고 허생은 마지못해 첩을 두어 아들 둘을 낳았는데 그 후손은 진주에 있다고 한다.

「미인경평일명, 정남서불재취」는 「아미타불강화」의 번안작인 만큼 내용면에서 기본상 일치한다. 다만 「미인경평일명, 정남서불재취」가 「아미타불강화」의 이야기를 조선의 특정 시대, 특정 지역에 옮겨 놓고 있는 것, 작중 인물의 이름이 바뀐 점, 귀신으로 분장한 나졸의 인원수 등이 미세하게 다를 뿐이다.

「미인경평일명, 정남서불재취」와 「아미타불강화」의 전개를 간략하게 다음과 같이 정리할 수 있다.

1) 선비와 동네 아가씨가 사랑에 빠진다.

2) 우연히 선비 대신 여인의 집에 들어가게 된 중이 여인을 겁탈하려다 살해한다.

3) 선비가 범인으로 잡힌다.

4) 법관의 함정수사로 중이 범행을 자백한다.

5) 누명을 벗은 선비는 향시에 급제하고 여인을 정실로 삼는다.

『규중비사』와 위의 두 소설은 제1, 2, 3 부분의 이야기 구성이 거의 동일하다.

세 소설에서 「아미타불강화」와 「미인경평일명, 정남서불재취」의 남 주인공은 각각 수재와 선비이고 여주인공은 백정의 딸과 부호의 딸로 신분으로 보면 남자 주인공이 더 높은 계층에 속해 있다. 반면 『규중비사』의 경우에 남자 주인공은 당파 싸움에서 밀려나 외직으로 도는 양반의 자제이고 여주인공은 현임 이조판서의 무남독녀 외동딸로 여 주인공의 신분이 남 주인공보다 더 높다. 세 소설에서 사랑의 방해 요소를 각각 살펴보면 우선 「아미타불강화」와 「미인경평일명, 정남서불재취」의 경우 표면적으로 드러나는 방해적 요소는 없다. 다만 남자가 수재거나 만인이 사윗감으로 욕심내는 선비인 데 비해 여자가 백정이 딸이거나 부호의 딸이라는 점이 신분적 차이를 엿볼 수 있는 장치로 등장할 뿐이다. 그러나 『규중비사』에서는 반대로 여 주인공이 많은 가문에서 며느리로 탐낼 뿐만 아니라 태자비 간택에까지 참여한 인물로 청빈한 양반 가문의 류원하와는 맺어질 수 없는 사이이다. 때문에 『규중비사』에서의 청춘남녀의 비극은 예정된 것이었다. 거기다 우의정 허빈재 일가가 백란당을 며느리로 줄곧 욕심내 왔기에 살인사건이 세상에 드라났을 때 류원하는 더욱 궁지에 몰리게 된다. 허빈재 일가는 류씨 일가에 앙심까지 품고 류원하의 처결을 몰아부쳐 법관 서익준에게도 큰 압박이 되었다.

세 소설에서 진범은 모두 중이지만 범행 동기는 큰 차이를 보인다. 「아미타불강화」와 「미인경평일명, 정남서불재취」에서 중 명수와 오성은 우연히 여인의 집 앞을 지나다 누각에 걸려있는 천을 보게 되고 천을 가져가려다가 여인의 집안으로 들어가게 된다. 때문에 처음부터 이들이 범행을 계획했던 것은 아니다. 하지만 『규중비사』의 중 소연은 흥천사에 머무는 류원하의 뒤를 밟아 백란당과의 관계를 알게 된 후 범행을 계획한다. 세 소설에서 중은 모두 처음에는 여인을 겁탈하려고 시도하였으나 성사되지 않자 우발적으로 살인을 저지른다. 그럼에도 『규중비사』의 소연은 자신의 칼이 범행 증거로 드러난 상황에서도 의연하게 거짓 진술을 하는 등 그 죄질이 더 무겁게 그려지고 있다.

그리고 사건의 해결 과정에서 법관의 역할을 비교해보면 「아미타불강화」와 「미인경평일명, 정남서불재취」의 경우에는 법관이 사건 해결에서 결정적 역할을 한다. 그들은 밤에 목탁 소리가 들렸다는 정보를 얻은 뒤 예리한 촉으로 중이 범인임을 알게 되고 이를 위해 함정수사를 지시한다. 그리고 「아미타불강화」와 「미인경평일명 정남서불재취」의 경우에는 법관의 사건 해결을 저애하는 외압은 보이지 않고 법관의 유능함만 강조되어 있다. 『규중비사』의 법관 서익준 또한 강직하고 대바르며 처사에 공정하기로 유명하였다. 하지만 사건의 해결 과정에 그는 결정적인 역할을 하지 못한다. 범행에 쓰인 물증으로 칼이 발견되었음에도 칼의 주인인 소연이에 대한 심문을 소홀히 한 점은 자칫 그의 무능함을 드러내기도 한다. 결과적으로 우연히 범행을 목격한 도적이 등장하는 것으로 사건이 해결되는데 이런 장치는 현실성이 떨어지는 설정이란 점도 아쉬운 부분이다. 다만『규중비사』의 경우에는 대신과 조정으로부터 엄청난 외압이 있었고 법관의 작용은 그러한 외압 속에서도 꿋꿋이 류원하의 처결을 미루는 것으로 드러난다.

그리고 세 소설의 가장 큰 차이점은 결말 부분(⑤)인데「아미타불강화」와「미인경평일명, 정남서불재취」는 긍정적인 결말을 보여주고 있다. 남주인공이 향시에 급제하고 죽은 여인이 정실로 인정됨으로써 그 한을 어느 정도 풀어주는 것으로 마무리된다.『규중비사』는 열린 결말을 선보이고 있는바 류원하가 누명을 벗은 뒤의 이야기는 나오지 않고 "천추의 원혼만이 이 하늘에 서렸도다"라는 비극적인 앞날을 암시하는 시구만 남겼다. 이런 결말을 통해 작가는 봉건 예교의 예속으로 금기시된 남녀의 자유로운 사랑은 비극으로 이어질 수밖에 없는 시대상을 현실적으로 보여주고 있다.

이상에서 살펴본 바와 같이『규중비사』는 중국과 한반도의 송사소설과도 밀접한 관련이 있는데『규중비사』는 이러한 송사담을 소설의 한 부분으로 간주하고 그 당시의 시대상을 핍진하게 그려내는 데 치중하고 있다.

> 우선 시대 배경을 이조 중엽으로부터 말엽으로 이행하는 시기로 설정한 다음 주인공의 사랑과 비극적 운명을 둘러싸고 사건에 얽히고 말려든 김씨, 류씨, 허씨 등 양반사대부 가문의 갈등과 알륵과 모순 충돌을 비롯한 사법기구내부 실태와 법정의 안건처결에 이르기까지 한마디로

봉건통치계급의 생활내막을 깊이 있게 파헤치기에 이르렀다.[188]

작가가 창작 후기에서 밝혔듯이 소설은 살인사건을 둘러싸고 벌어지는 짤막한 옛이야기를 조선조의 특정 시대로 옮겨놓고 주인공의 형상을 더욱 입체적으로 부각하였다. 그리고 주인공들의 밀애 과정을 중심으로 그리는 한편 그들의 가문과 그 시대의 상황들을 폭넓게 보여주었으며 사건 해결 과정에 법정을 둘러싼 음모와 조정대신들 사이의 권력 암투를 적절하게 녹여냈다.

3) 『규중비사』 속 조선조 시가

그리고 『규중비사』에는 많은 시구들이 적재적소에 인용된 것이 특징적이다. 서익준이 검은 것은 희다하고 흰 것은 검다 해야 권세에 아부할 수 있는 세상임을 한탄하며 "까마귀 싸우는 곳에 / 백로야 가지 말아 / 성낸 까마귀 / 흰빛을 새오나니 / 창파에 좋이 씻은 몸을 / 더럽힐까 하노라."라는 시조를 읊는데 이는 정몽주의 모친이 지은 것으로 알려지는 시조로 관리로서 공정하고 강직한 서익준의 성품을 밝혀주기에 적합하나 "싸운는 골"을 "싸우는 곳"으로, "청강淸江"을 "창파"로 각각 잘못 사용한 아쉬움을 남겼다.

그리고 류원하는 집에서 주선하는 혼사를 거절하고 착잡한 마음으로 "공명부귀 꿈일러라 뜬 구름에 흘렀구나 / 왕자공손 저 무덤에 묵은 숲만 쓸쓸하이. / 동원의 가을국화 그 향기 어떠하뇨 / 서리 아래 홀로 피어 오상고절 장하도다."라는 절구를 지어 부르는데 이 시를 통해 케케묵은 예교의 테두리 안에서 충효의 도를 지켜 얼굴 한번 본 적이 없는 여인과 혼인을 하여 입신양명해야 한다는 현실에 불만을 품는 자유로운 성정을 보여주고 있다.

또한 백란당이 부른 시름겨운 노래로 "꽃같이 어여쁘고 달같이 고운 얼굴 / 형산의 백옥인가 티 없이 맑은 마음 / 기린도 허리 굽힐 고결한 덕행이여 /이름도 우아하다 백란당이라 불렀어라. // 방년 짙은 춘색 피어나는 모란인가 / 높은 향기 그윽한 정 백운 간에 어렸도다 / 유홀한 인생행로 가는 세월 탓할 거냐 / 꽃도 한때 잎도 한때 늦잡추어 어이하리."라는 시가를 인용하고 있다. 이 가사는 백란당의 훌륭한 외모와 덕행을 노래하는 한편 규중에 갇혀 홀로 외로운 나날을 보내는 그녀의 외로움과 하루빨리 사랑하는 사람을 만나고자 하는 바램도 은연중에 드러내고 있다. 백란당이 구슬프게 부른 이 노래를 들은 정씨 부인은 과년한 딸이 철을 놓치고 자리를 놓칠까 걱정되어 허씨 집안에서 보내온 야광주를 수락하고 만다.

류원하가 처음으로 백란당에게 건넨 쪽지에는 율시 한 수가 적혀 있다.

> 장안 넓은 거리 오며가며 노닐 적에
> 애꿎은 연분인가 님은 어이 반겨 주노
> 하늘 나는 기러기도 물을 보면 앉기 쉽고
> 삼춘을 보낸 나비 꽃을 보고 피할손가
> 복사꽃을 뉘라서 번화지게 심었느뇨
> 꺾는 자가 잘못이랴 심은 자가 잘못이지.

이 시는 백호 임제의 시를 차용한 것으로 보인다. 백호의 시는 다음과 같다.

昨夜長安醉酒來	어젯밤 장안에서 술에 취해 여기 오니
桃花一枝爛漫開	복사꽃 한 가지가 아름답게 피어 있네
君何種樹繁華地	그대 어찌 이 꽃을 번화한 땅에 심었나
種著非也折者非	심은 자가 그른가 꺾은 자가 그른가

이 시를 지은 배경으로 전해지는 이야기가 있는데 백호가 술에 만취 하여 주막에 갔을 때 주모와 눈이 맞아 동침하다가 집에 돌아온 남편에게 발각되어 죽을 위기에 처했을 때 쓴 시라고 한다. 시에서 복사꽃은 주모를 지칭하는 것으로 자신이 주모와 부당한 관계를 갖게 된 데는 자신의 잘못도 있지만 여인의 몸으로 뭇남자들이 왕래하는 주막에 있게 한 남편의 잘못도 있다는 뜻을 내비치고 있다. 주모의 남편은 이 시를 듣고 백호를 용서하게 되었다. 류원하가 백란당에게 처음으로 건넨 시는 임제의 "복사꽃을 뉘라서 번화지게 심었느뇨 / 꺾는 자가 잘못이랴 심은 자가 잘못이지." 부분을 그대로 따왔다. 첫눈에 반한 자신의 마음을 전달하는 시 치고는 다소 오해의 소지를 담고 있는 내용에 백란당 역시 자신의 행실을 되돌아보게 된다. 그리고 딱 한 번만 원하를 만나 발길을 끊어달라고 사정할 목적으로 "내 마음 봄 뜻 따라 꽃다웁건만 / 궁벽한 곳이라서 님 못사귀네 / 복사나무 꽃가지에 인연이 깊을진대 / 달지는 야심경에 찾아와주소."라는 화답시를 지어준다.

류원하와 백란당의 첫 만남의 광경은 「이생규장전」의 장면을 연상시킨다. 원하는 다시는 만나서는 안 된다는 백란당의 말을 귓등으로 흘리며 서재를 구경시켜 달라고 재촉하고 이에 두 사람은 함께 서재를 구경하는데 벽에는 명인들의 글과 그림으로 장식된 주련들이 줄줄이 걸려있고 노란 유지가위를 씌운 각판서적과 사본들이 옻칠이 번들거리는 서가에 층층이 얹혀 있다. 이 부분은 「이생규장전」에서 최랑과 이생이 술을 마시며 노래를 주고받은 후 최랑의 별당의 다락방으로 건너가 명화와 명시들을 감상하는 장면을 그대로 차용한 것임을 알 수 있다. 류원하가 펼쳐본 두루마리에는 "청산리 벽계수야 수이 감을 자랑마라 / 일도창해하면 다시 오기 어려워라 / 명월이 만공산하니 쉬어간들 어떠하리"라는 황진이의 시조가 적혀있는데 이를 본 원하는 시조에 얽힌 이야기를 들려준다. 이 시조는 황진이와 왕족인 벽계수 사이의 일화와 관련된 시조이다. 하지만 소설에서는 황진이와 임제 사이의 일화라고 잘못 적고 있다. 이외에도 황진이의 「동짓달 기나긴 밤을」과 같은 시조와 그녀와 화담 서경덕 사이의 일화 등이 인용되었는데 류원하는 기녀였던 황진이를 여중호걸이라 칭송한다. 이 부분은 남존여비의 봉건예교에 반항적인 류원하의 성격을 부각하기 위한 장치로 작용하고 있다.

소설은 원하를 기다리던 백란당의 설레면서도 늘 앞날에 대한 걱정으로 우수에 찬 마음을 정지상의 「송인送人」이라는 시로 표현하고 별당에서 깊어가는 백란당의 시름은 "연못에 갇힌 붕어 꼬리치며 즐기건만 / 별당에 갇힌 규수 한숨만 서리누나 / 갇히기는 일반인데 희비애락 다르거니 / 사람과 미물을 어이 한 가지로 가둘거냐."라는 시로 직접적으로 그려내고 있다. 그리고 두 사람의 이별의 순간의 참담함은 「추풍감별곡」의 한 대목을 통해 보여주면서 그 슬픔을 배가시키기도 하였다. 하지만 보름이 채 못 가서 또다시 백란당의 별당을 나들게 되었을 때는 끊을 수 없는 자신의 마음과 현실을 못내 가슴 아파하며 "배꽃은 흩날리고 겹대문 닫겼는데 / 청조야 네 왔느냐 눈물 자욱 분명코나 / 한 번 죽어 잊는다면 오히려 좋으련만 / 저승가도 애 끊을 걸 내 어이 하잔 말고.梨花風雨掩重門，靑鳥飛時見淚痕. 一死可能忘此別, 九原猶作斷腸魂"라는 정지승鄭之升의 시로 그의 마음을 대변하고 있다.

이외에도 백란당 살인사건의 혐의자로 체포되었을 때와 형벌을 앞두고 있을 때의 류원하의 처지를 묘사한 장면에 모두 시와 시조를 인용하는 것으로 참담한 상황을 표현하였다. 소설은 맨 마지막 장면도 시로 끝을 맺음으로 마치 한편의 음악극을 보는 듯한 느낌을 준다.

이야기는 끝이 나도 감회는 무궁하다
얼룩진 눈물 자욱 지울 날이 있었든고
죄 많은 세상이요 한 많은 인생
구렁에 떨어진 꽃 다시 피진 못하리니

춘정이 무르녹던 백란당 놀든 별당
붉은 피 낭자할 줄 뉘라서 알았으랴
피려던 꽃봉오리 터쳐 보지 못한 미인
홍진을 하직한들 품은 한을 어이 하리

재주는 뛰어나고 포부는 끝 없어도
시대의 제단에 희생된 류소년아
인생은 흘러가도 역사는 남아있어
두고 간 그 설움을 호소할 이 있었노라

수천 년 봉건예교 긴긴야밤 지루했네
치란이 무상하매 밝은 세월 있었든고
액운에 채운생령 호곡소리 사무칠제
천추의 원혼만이 이 하늘에 서렸도다.

소설의 대미를 장식한 이 시는 전반 소설에 대해 개괄하면서 글의 주제를 한 번 더 강조하고 있다. 이처럼 『규중비사』는 소설의 전반에 걸쳐 총 17수의 시를 인용하였는데 장면마다 주인공의 심리 활동과 맞물려 이야기에 비극적 색채를 더하고 있다. 그리고 황진이의 시조나 정지승의 시를 인용할 때에 시와 관련된 이야기도 적절히 삽입하여 소설의 흐름과 엇나가지 않는 전제하에서 시의 배경지식도 함께 전달하는 작용을 하였다.

「규중비사』는 실재한 역사적 사실과 인물을 다루지는 않았으나 조선시대에 일어났던 수많은 옥사와 밀접한 연관성을 가진다. 본 절에서는 조선시대 일어났던 큰 옥사 중에서 『규중비사』와 같은 화소를 지닌 몇몇 사건들과 『규중비사』의 상호텍스트성을 살펴보는 것으로 소설이 역사적 진실성을 지니고 있음을 확인하였다. 『규중비사』는 고전 설화에서 취재한 만큼 동일 소재의 중국의 공안소설과 그 번안작인 조선의 송사소설과도 밀접한 연관성을 지닌다. 『규중비사』는 두 고전소설과 거의 유사한 송사담을 갖추고 있지만 많은 편폭을 송사담이 아닌 봉건예교의 비합리성에 대한 성토에 할애하였다. 『규중비사』는 또 대량의 시조와 시가들을 작품에 삽입하였는데 대부분은 기존에 있었던 시인들의 작품이고 몇몇 작품은 주인공의 상황에 맞게 작가가 창작한 것들이다. 작가는 시조와 시가의 삽입으로 소설의 비극적 색채를 한층 짙게 표현하는 한편 일부 시가의 창작비화를 통해 민족 시인들에 대한 자부심을 표출하기도 했다.

3. 유작 『이조만가』 연구

『이조만가』는 김용식의 미완성 장편역사소설이다. 소설은 모두 15장으로 되어있고 매 장은 다시 부제목이 달린 여러 개의 부분으로 나뉘어져 있다. 소설의 핵심으로 되는 시대 배경은 1863년 고종 즉위 때부터 1897년 대한제국 탄생까지인데 넓게 보면 1392년 조선왕조 건립부터 1910년 한일합병까지의 조선왕조 500년사를 언급하였다. 소설은 고종 즉위(1863) 이후의 흥선대원군과 민비의 정치적 활동을 중심으로 조선조 말엽의 복잡한 국제정세와 혼란한 시대 상황을 펼쳐 보였다. 소설은 중심인물인 흥선대원군과 명성황후의 사적을 객관적인 시각으로 다듬어 내기에 노력하였고 조선조 말엽의 중대한 역사적 사건들을 열거하면서 조선왕조의 몰락과 백성들의 수난을 여실히 보여주었다. 『이조만가』는 정사형 역사소설로 작품에 등장하는 모든 인물과 사건은 실존 인물과 실재 사건들이다. 이에 본 절에서는 우선 소설과 조선조 역사와의 상호텍스트성을 통해 작품이 어떤 방식으로 실존 인물과 실재 사건을 다루었는지를 살펴보고 다음으로 『이조만가』와 한반도의 기타 문학작품들 사이의 상호텍스트성에 대해 간단히 살펴보기로 한다.

1)『이조만가』의 시대배경

『이조만가』는 흥선대원군과 명성황후를 중심축으로 조선왕조의 굵직한 사건들을 나열하고 있다. 흥선대원군은 제1장「대원군 출현」의 세 번째 부분인「매관매직」에서 처음으로 등장한다. 이 시기의 흥선대원군은 자신의 야망을 완벽하게 숨기고 안동 김씨 일가에 드나들며 구걸을 하는 등 '변덕술'에 능한 모습을 보이고 있다.

> 이하응에게는 처세술에 능란하였으니 말하자면 미친 체 하고 떡광주리 넘어지듯 아무 체통 모르는 어리석은 바보로 아무 능력도 없는 무골충으로 아무 지각도, 견식도, 지향도, 포부도 없는 허수아비로 먹고 마시는 것밖에는 다른 아무 바라는 것이 없는 건달잡놈으로 가장해서 세도재상네를 교묘하게 속여넘기는 그 변덕술이 능란했던 것이다. 그러므로 상하귀천을 가리지 않고 아무렇게나 휩싸일 수 있었고 아쉬울 때마다 염치 같은 것을 아랑곳하지 않고 아무에게서나 돈잎을 구걸해 쓸 수가 있었다.
>
> (중략)
>
> 이렇게 가련상을 하고 살아가는 이하응은 기실 겉은 죽은 것 같지만 속은 죽지 않고 시퍼렇게 살아있었다. 어느 때든 한번은 개천에 갇힌 용도 등천할 때가 있으리라는 야심이 그의 가슴속에서 회오리선풍처럼 뒤설레고 있었으니 겉보기와 안 보기가 다르다는 말은 바로 이하응과 같은 인물을 두고 한 말이라 하겠다.(김용식,『이조만가』)
>
> 이 운현궁의 주인인 이하응은 이날까지 겉과 속이 다른 이중생활을 해오다가 오늘에야 그의 말대로 "개천에 갇힌 용이 바다로 헤엄쳐 나가게 된" 것이다. 이하응은 바다로 헤엄쳐 나갈 그날을 꿈꾸면서 이 퇴락한 운현궁을 지키는 지킴이처럼 컴컴한 골방에 도사리고 앉아서

> 경서를 읽고 글씨를 쓰고 그림을 그리며 세월을 보내었다. 그동안 그는 남의 앞에서는 어리석은 바보와 같이 염치도 체면도 모르고 선심을 구걸하면서 구차하게 문전걸식을 하였으며 세도재상들의 고린내 나는 무능한 샌님으로 가장하여 고약하다는 고약한 행실은 빼놓지 않고 저질러서 세상 사람들로부터 개망나니로 '모주꾼'이라는 질욕과 조소를 받아왔던 것이다. 이것이 모두 그의 음흉한 호신술책이었음을 아는 사람이 별반 없었던 것이다.(김용식,『이조만가』)

집정 이전의 흥선대원군에 대한 이 부분의 묘사는 대부분 야사에 그 근거를 두고 있는 것으로『이조만가』에서는 호조판서 김병기의 집 청지기와 스스럼없이 어울리고 선술집에서 외상으로 술을 마시는 등 간단한 에피소드를 통해 본색을 숨긴 흥선대원군의 형상을 보여주고 있다. 안동 김씨 세도정치가 기세를 부리던 시기 흥선대원군이 수모를 겪은 일화와 그러한 자신의 처지를 달관한 듯한 일화는 수두룩하다. 하지만 이러한 일화 대부분은 야담으로 전해진 것으로서 실제 흥선대원군의 삶은 그 정도까지 비참하지는 않았던 것으로 보인다.

흥선대원군은 15세 때(1834년) 흥선부정興宣副正에 봉작되고 17세 때(1836년)에 동몽교관童蒙敎官 일을 했다. 그 후 22세(1841년)에 창의대부彰義大夫로 승진한 뒤 흥선정興宣正에 봉작되고, 24세(1843년)에 흥선군興宣君으로 봉해졌다. 1844년에 승헌대부承憲大夫와 숭헌대부崇憲大夫로 승진했다가 같은 해 다시 가덕대부嘉德大夫로 승진한다. 그 후 그는 능관陵官, 수릉천장도감綏陵遷葬都監의 대존관(代)尊官직을 거쳐 28세 때(1847)에 동지사冬至使에 임명된 바 있다. 그는 주원廚院, 전의감典醫監, 사포서司圃署, 전설사典設司, 조지소造紙所 등의 제조직提調職을 거쳐서 왕족이 맡는 관직 가운데 유일하게 실무가 있었던 종친부宗親府 유사당상有司堂上과 오위도총부五位都摠府 도총관都摠管 등 직을 계속해서 맡아왔다. 그동안 흥선대원군은 호신책으로 스스로를 무능한 왕족 혹은 권력욕이 없는 왕족으로 가장하긴 하였지만 사실은 암암리에 자신의 야망을 이루기 위한 노력들을 해왔다. 일례로 흥선대원군은 이호준을 통해 조대비의 조카인 조성하와 친분을 쌓고 그 인연으로 조대비와 친밀한 관계를 유지하게 된다. 그리고 흥선대원군과 조대비의 밀접한 관계는 고종이 즉위하는 데 가장 큰 원인으로 되었다. 『이조만가』에서는 흥선대원군이 겉으로는 정치에 전혀 관심이 없는 한량인 척 하지만 실상은 누구보다 정치적 야망이 큰 인물이었음을 강조하고 있다. 하지만 그런 야망을 실현하기 위한 노력과 과정에 대한 구체적인 장면은 없고 다만 "작년 가을부터 조대비와 이하응이 밀모하고 있었음을 왜 눈치채지 못했던가를 가슴 아프게 느끼"는 김씨 일가의 후회를 통해 간략하게 보여주고 있다. 이는 흥선대원군이 등장하는 다른 작품들에서 흥선대원군이 김씨 일가로부터 수모를 당하는 과정과 조대비와 친분을 쌓는 등 장면을 장황하게 다루는 것과는 대조적이다. 이를 통해 『이조만가』가 동일한 인물과 시대를 다룬 기타 작품보다는 조금 더 사건 중심의 전개를 보여주는 작품임을 알 수 있다.

흥선대원군은 고종을 대신하여 사실상의 집권자로 되어 1864년부터 1894년까지 조선왕조를 다스린다. 그의 집정 과정과 정책은 오늘날까지도 호평과 악평이 반복되는 흥미로운 논의대상이다. 흥선대원군이 펼쳤던 정책은 경복궁 재건, 서원철폐, 인재 등용, 천주교도 탄압, 쇄국정책 등으로 짚어볼 수 있는데 그중 인재 등용은 호평을 받는 정책인 반면 경복궁 재건, 서원 철폐, 천주교도 탄압, 쇄국 정책 등에 대해서는 왕권강화를 위한 적당한 정책이었다는 호평과 민생을 돌보지 않은 강압적인 정책이었다는 악평이 공존한다. 『이조만가』 역시 흥선대원군의 이러한 정책 들을 다루면서 매 정책에 대한 간략한 평가를 곁들이고 있다. 소설에서 흥선대원군이 집정한 후 펼친 첫 번째 정책은 인사쇄신이다.

> 먼저 파벌을 없애고 재능에 따라 인재를 선발했다. 비록 상민이라 할지라도 능력이 있고 인망이 있으면 등용하는 데서 백성들의 환심을 사게 되었으며 심지어 전날에 자기를 괄시하였을 뿐만 아니라 때린 적이 있는 금부의 하졸인 이장렴을 금부(왕궁을 지키는 위병)대장으로 탁발한 데서 세상 사람을 놀라게 하였다.
>
> 또 사형에 처한 김병익의 친동생 병학을 의정부 두 번째 자리인 좌의정으로 앉혔다. 영의정은 물론 조대비의 조카인 조두순이 되었다.
>
> 문벌, 당색黨色, 금품金品에 의해 지배되던 인사행정이 이 과감한 결단에 의하여 개혁되리라고는 누구나 예상하지 못했다. 과거제도를 철저히 개혁하여 문벌, 금전을 묻지 않고 학문의 높낮이에 의하여 인재를 등용했다. 북도 사람들도 기용했다.[189]

소설에서는 흥선대원군이 지난날의 독부이던 안동 김씨 일가에 대해서 엄한 제재를 가하지 않았지만 김병익만은 사형에 처함으로써 그들의 세력을 약화시켰다고 하였다. 흥선대원군이 안동 김씨 일가에 대해 숙청을 하지 않고 그들 중 일부가 여전히 요직에 머물렀던 것은 사실이지만 김병익이 사형에 처해졌다는 것은 사실과 다른 부분으로 김병익은 고종 즉위 후 흥선대원군이 정권을 잡던 시기에는 관직에 나가지 못했지만 민비 정권이 대두한 후인 1877년부터는 다시 이조참의[190] 등 직을 역임했다. 그리고 집정하기 전 기생집에 드나들며 방탕한 생활을 하던 흥선대원군의 뺨을 때린 이장렴이 후일 흥선대원군의 심복으로 된 유명한 일화도 소설에 잠깐 등장한다. 흥선대원군은 인재 등용에 있어 사사로운 감정은 물론이고 신분이나 출신에 관계 없이 능력 있는 사람들을 발탁하여 기용한 것으로 유명하다.

소설에서 언급한 '북도사람들'은 종래 조선왕조에 의해 홀대받았던 송도 사람과 서북인 등을 가리키는데 흥선대원군은 그들에게도 관직을 제수하였다. 이를테면 고려 왕족 출신인 왕정양王庭揚을 병조참의에 제수하였고[191] 그의 아들 왕섭협王性協에게는 홍문관 교리를 제수하였다.[192] 문벌, 당색을 초월한 흥선대원군의 인재 등용책은 결과적으로 민심을 수습하는 효과를 이루었고 그의 긍정적인 업적 가운데 하나로 꼽힌다. 소설에서는 민생을 고려한 흥선대원군의 이러한 탕평정책을 가장 긍정적으로 평가하고 있다.

> 대원군의 정치개혁에서 긍정적인 것은 무엇보다도 반상班常을 타파한 데 있다. 그는 모든 양반귀족의 특권을 없애고 세금과 부역을 같이 부담하게 했으므로 이때까지 무거운 가렴잡세와 부역에 눌리웠던 백성들은 비로소 어깨가 가벼워져서 숨을 돌릴 수 있게 되었다. (김용식, 『이조만가』)

흥선대원군의 또 하나의 정책으로 서원 철폐를 들 수 있다. 소설에서 언급된 서원 철폐의 원인을 보면 다음과 같다.

대원군은 서원을 철폐하는 데 착수했다. 서원은 유림의 전당으로서 학문을 닦아오던 기능을 상실하고 점점 피폐해져서 종내엔 나라의 큰 우환으로 되었다. 본래 나라에서는 오랫동안 서원을 운영하기 위해 면세학전과 격작인을 배당하고 많은 서적을 간행하도록 보장해 주었으며 이름 높은 학자들과 순국지사들을 제사지내고 학문을 진흥시키고 도덕을 권장해왔다. 이런 혜택을 받은 유생들은 점차 주어진 특세를 악용하여 학문을 차치하고 당파싸움만 일삼으며 백성을 토색하고 나라를 좀먹는 백해무익한 양반 도박장으로 변질되어 모든 불행과 죄악의 온상으로 되었었다. (김용식,『이조만가』)

서원은 조선 후기 후학에 대한 교육과 선현의 사묘祀廟라는 본래의 기능에서 일탈하였다. 서원과 원임院任들은 면역免役과 면세免稅의 특권을 누리면서 경제적으로는 대지주로 성장하였고, 정치적으로는 지방 유생들의 붕당의 중심지가 되어 중앙정치세력의 지역적 기반 역할을 하였다. 또한 불법적으로 지역민에 대한 수세권收稅權을 발동하거나, 수령권守令權을 위협하는 등 중앙통치력을 약화시켰다. 중앙정부는 이러한 사실을 알고 있었으나 집권세력들과 연계된 지방 세력을 억 제하기가 쉬운 일은 아니었다. 대원군은 집권 전부터 국가 재정과 농가 경제의 빈곤이 양반층의 증가와 면역 및 면세, 그들에 의해 자행되는 불법적 수탈과 착취에서 비롯된다고 인식하였다. 그러한 대표적인 집단이 서원에 몰려있고, 또한 무단 토호들도 그 중의 하나라고 이해하였다. 그러므로 무단토호와 서원 문제는 동일한 차원에서 해결되어야 할 문제였다.[193] 정사에는 서원을 철폐해야 하는 이유를 다음과 같이 기록하고 있다.

(서원이나 향현사를) 겹쳐서 세우거나 사사로이 세우는 것을 법으로 금지시키는 것은, 외람스럽고 더럽게 되는 폐단이 있을까 염려해서인 것이다. 법을 무시하고 사당이나 서원을 세우는 것이 근래에 들어와서 더욱 심해졌는바, 한정閑丁들이 그곳으로 투탁해 들어가고 잡류雜類들이 그곳을 의지해 백성과 고을에 폐해를 끼치는 것이 한두 가지가 아니다. 이에 한 번 통렬히 뜯어고치기 위해 성책을 만들어서 올려 보내라고 여러 차례 신칙하였다. 묘당에서 예조에 있는 문건을 참고하거나 혹 해당 도에 다시 공문을 보내어 상세히 보고하게 해서 충분히 상의하고 토론하라. 그런 다음 예제禮制를 가지고 헤아려서 존속시킬 것인지 철폐할 것인지를 분명하게 정하고, 속히 품정하여 시행함으로써 더럽고 잡스럽게 되는 폐단이 없게 하라."[194]

서원 철폐의 시행에 있어서 흥선대원군은 한치의 타협도 없는 강경한 태도를 취하고 있다.

"앞뒤를 재다가는 아무 일도 못해. 당장 철폐하되 그중 오랜 전통을 갖고 있는 유서 깊은 서원 47개 소만을 남겨두게 하라."

양반의 행패를 미워한 대원군은 집정의 첫날부터 서원철폐를 들고 나왔기에 한걸음도 양보하려 하지 않았다. 그러나 대원군의 서원철폐령은 쉽게 실행될 리가 없었다. 먼저 풀어나가야 할 태산같이 쌓인 복잡한 정사가 앞을 가로막기도 했거니와 조정대신 가운데도 불복하거나 좀더 천천히 형편을 보아 절차 있게 실시하자고 극력 간한데서 결국은 7년 후인 고종 8년 3월 9일에야 정식으로 서원철폐령을 공포시행할 수 있었다. 수십만에 달하는 유생들에게는 치명적 타격이 아닐 수 없었다. 그들은 결사적인 반항운동을 일으켰다. 전국 각지로부터 격문檄文이 빗발치듯 대궐 궁문 앞에 날아들고 유생들이 떼를 지어 서울로 몰려와서 시위를 벌리고 탄원하고 기도하는 등… 경향 각지에 대혼란이 일어났는데 간 곳마다 유혈 충돌이 일어났다.(김용식,『이조만가』)

서원철폐는 8년간에 걸쳐 단계별로 추진되었는바 흥선대원군은 우선 전국의 서원과 향사에 대한 철저한 조사를 진행하고 고종 8년에 이르러 고종은 문묘에 배향한 분 이외의 서원은 모두 철폐하게 한다.

"전에 서원書院의 일로 하교한 것이 있다. 선현先賢을 사당에 모셔 배향하는 것은 도학道學의 연원이 여기에 있어서 그런 것이니, 사원祠院에 모시는 것은 참으로 존모尊慕하는 뜻에서 나온 것이다. 그러니 문묘에 배향한 분 이외의 서원은 모두 철향撤享할 것이다. 그렇지만 충절과 대의大義가 사람들의 이목에 뚜렷하게 드러난 분에 있어서는 높이 받들어 보답하는 것을 하지 않을 수 없다. 이러한 경우는 완전히 공정하게 한 뒤에야 참으로 사체에도 합당하게 될 것이다. 예조판서는 또 대원군에게 가서 품의해 정하되 중첩해 설치한 서원을 철향하는 것은 전에 하교한대로 시행하라."[195]

고종은 서원철폐 문제를 흥선대원군에게 일임하고 흥선대원군은 그 대상과 범위를 직접 정한 뒤 전국 600여개의 서원 중 47개의 서원을 제외하고는 모두 제사를 그만두고 현판을 떼어내라고 철폐를 명한다.[196] 이로써 흥선대원군의 서원 철폐 정책은 성공적으로 마무리된다.

흥선대원군은 집정 기간 임진왜란 때 불에 타버린 경복궁의 재건에 착수하였는데 이는 국가의 위상과 왕권 강화를 위한 사업이었다. 소 설에서는 고종 5년 대원군이 현안으로 되었던 경복궁 재건에 착수했다고 하였는데 고종 5년은 경복궁 재건이 완성된 시기이고 실제로 이 사업을 추진한 것은 고종 2년이었다.[197] 경복궁 재건으로 왕권의 존엄을 높이고 국가의 위상을 높여야 한다는 데 대해서는 대신들이 의견을 같이하였으나 경복궁 중건을 위한 재정과 인력 마련에 대해서 대신들은 의론이 분분하였다. 영중추부사領中樞府事 정원용은 "경복궁 중건은 몇 백 년을 두고 미처 손대지 못한 일입니다. 역대의 임금들이 모두 생각은 하고 있었고 옛날의 어진 신하들도 똑같은 의견을 가지고 있었"다고 경복궁 재건에는 찬성하면서도 "궁전을 짓자면 먼저 규모도 정하고 준비도 있어야만 공사를 시작할 수 있다"고[198] 사전준비가 필요함을 염려하였다. 행호군行護軍 윤교성은 "옛 대궐을 중건하는 일은 막중한 대사인데 역사가 거창하고 재정이 부족한 것이 답답한 점"[199]이라고 직접적으로 재정난을 언급하기도 했다. 대왕대비가 경복궁 중건은 "순전히 백성들을 위하는 일인데 어떻게 맨 먼저 백성들의 힘을 소비할 수 있겠는가"고 하자 정원용은 "옛 제도에도 한해에 백성들의 품을 3일간 썼는데 나라의 공사에 백성들이 품을 들이지 않을 리 없다"고 하였고 조두순은 "나라의 큰 공사에 백성들이 부역하는 것은 아버지의 일에 아들들이 달려오는 것과 마찬가지 의리"로 백성들이 달갑게 받아들일 것이라고 하면서 공사에 백성들의 힘만 빌릴 것이 아니라 위로는 경재卿宰로부터 아래로는 서민에 이르기까지 모두 힘을 내 돕게 해야 한"[200]다고 하였다. 이렇게 시작된 경복궁 재건에는 수많은 재력과 인력이 투입되었고 『이조만가』는 대원군의 이 공사를 부정적인 시각으로 일관하고 있다.

방대한 재력을 국공에서만 의존할 수 없어 강제적 모금을 했다. 연금의 대소에 따라 벼슬의 높낮이가 결정되는 매관매직을 했다. 이른바 원납금原納金이라 했다. 두 달만에 200만 냥이 모금되었다. 지세地稅를 높이고 서울 4대문 출입에 문세를 받고 상투 쫓은 사람은 결두세結頭稅 받고 당백전當百錢을 주조하고...원성은 높아갔다. 유림의 거두 리항로李恒老는

"경복궁 건조는 민생을 도탄에 밀어 넣는다. 대원군을 몰아내자." 비난공격했다.

서민들의 대원군에 대한 기대는 연기 같이 사라지고 그를 증오하는 사람들이 많아지기 시작했다. 흥선군을 '흉선군凶鮮君'(조선을 망치는 흉악한 자)으로 원납금을 원납금怨納金으로 부르게 되었다.

소설에서는 경복궁 재건에 필요한 재력과 인력을 모두 백성들로부터 마련하였고 이는 대원군이 민심을 잃게 된 계기로 되어 경복궁 완공 이후부터 그가 "오만하고 강폭적인 독재자로 군림"하기 시작하였다고 비판적인 평가를 하고 있다. 실제로 공사를 처음 착공했을 때 농번기임에도 불구하고 20일 내에 35,000여 명의 인력이 동원될 정도로 경복궁 재건은 막중한 공사였다. 하지만 이 공사의 재정적 내원까지 평민 백성들에만 의존한 것은 아니었다. 우선 왕실로부터 내탕금을 지출하고 종친을 내세워 원납전을 바치는 데 솔선수범하게 한 다음 '천하장안' 같은 겸인들을 앞세워 부민들로부터 원납금을 염출해 내는 수법을 동원했다.[201] 종친부는 부역 마련에 온 힘을 기울였고 대원군은 종친부를 중심으로 선파인들의 원납전을 독려하고 매달 영건도감에 보냄으로써 정치 집단에 대한 각성과 일반민들의 자발적인 원납을 유도하였다.[202] 왕궁 재건에 서민뿐만 아니라 그야말로 온 나라가

힘을 모았던 것이다. 역대 왕들이 선뜻 손을 대지 못하고 망설였던 경복궁 재건을 흥선대원군이 일사천리로 밀어붙인 것으로 그의 비범함을 엿볼 수 있는 사안이었다.

경복궁 재건에서 독재자적인 면모를 보인 흥선대원군은 천주교도 탄압과 쇄국 정책을 통해 그의 집정 능력의 한계를 드러냈다.

조선의 천주교는 창립기인 1784년부터 1801년 사이에는 대부분 성호좌파의 학문적 영향에 속하는 양반계층이 주도하여 서학이라는 신문화 수용 측면에서 활동하였는데 1801년 신유박해辛酉迫害를 계기로 1860년까지는 중인中人이나 상민常民 계층이 주도층으로 부상하고 천주교의 의미도 민중 종교운동의 성격으로 전환하게 된다. 당시 천주교에 의한 민중의 의식의 변화는 평등의식의 출현과 기존 유교적 전통에서 가장 핵심관념인 충·효 관념의 변화로 나타났다. 즉 당시 신도들의 진술에 따르면 유교의 기본질서 관념인 위계적 계급질서 관념이 사라지고 평등사회를 찬양하거나 효의 의식의 발현이었던 제사를 비판하고 있으며 유교 정치체제상 가장 지존무상至尊無上이었던 부父-군君 위에 천주天主를 두고 천주의 가르침을 지키는 것이 국법이나 군명君命보다 더 중요하다고 주장한다. 이 시기의 천주교는 민중들 사이에서 확산되고 주도되었으며 이들의 신념은 기존의 조선의 통치 질서 및 사회체제를 부정하고 새로운 변혁을 희구하는 것이었다. 즉 자신들도 모르는 사이에 근대적 가치에로 인식의 변화가 일어나고 있었던 것이다.[203]

『이조만가』는 조선에서의 천주교 전파를 "서양의 대외침략의 선구 작용"이라는 부정적인 시각으로 바라보면서도 천주교도를 탄압하는 대원군의 모습은 폭군에 가깝게 그리고 있다. 천주교도들을 하도 많이 잡아들여 옥이 만원이 되고 더 이상 잡아들일 수 없다는 말에 대원군은 당장에서 죽일 것을 명령한다.

> 시체를 버리는 수구문과 효교 일대는 초여름이 되자 시체 썩는 냄새가 진동해서 이 참상을 떨면서 목격하는 시민들은 대원군의 폭행을 더욱 원망하고 저주했다. 그때 피해자는 3만여 명이고 죽은 사람만 1만여 명에 달한다고 했다. 로마제국 때 기독교 탄압과 스뻬잉(스페인) 종교재판에 비해서도 더욱 혹독한 세계 역사상 일찍이 유례가 없는 대학살사건이라고 내외여론이 돌았던 것이다.(김용식,『이조만가』)

이 무시무시한 사건을 통하여 대원군은 서양침략을 막기 위하여 쇄국양이鎖國攘夷정책을 철저히 취할 결심을 다졌다.

흥선대원군의 천주교탄압은 곧바로 병인양요의 결과를 초래하게 되고 흥선대원군은 계속하여 극단적인 쇄국정책을 폈다.『이조만가』는 흥선대원군이 서구 열강들을 물리치는 과정을 상세히 다루면서 그 과정에 강한 민족적 자긍심을 표출하고 있다. 고종 3년(1866) 9월 25일 신부 리델을 앞세우고 들어온 로제의 3척 군함은 조선 측의 방비가 녹록치 않음을 확인하고 "소국이라고 업신본 것은 오산"이라고 퇴각하였고 10월 13일, 재차 6척의 군함으로 편성된 함대에 무장기선 두 척을 가담시켜 재차 강화도를 공격하였다. 조선군은 신식무기 앞에 속수무책이었지만 프랑스군이 정족산에 진입하였을 때 천연요새를 이용하여 프랑스 군에 막대한 피해를 입히고 이 전투에서 사기를 저하시킨 덕에 프랑스군은 조선에서 철퇴하였다. 그로부터 5년이 지난 고종

8년(1871) 조선은 로저스(John Rodegers) 제독이 이끄는 군함 5척, 대포 85문[204], 해병 1,230명으로 구성된 미국 아시아 함대를 프랑스군과 비슷한 방법으로 격퇴한다. 이로써 자신의 쇄국 정책을 더욱더 자신하게 된 흥선대원군은 "양인들의 배에서 나는 연기와 먼지가 온 천지를 뒤덮어도, 동방국의 찬란한 광채는 영원토록 빛나누나西舶煙塵天下晦, 東方日月萬年明."라는 시를 지어 자축한다. 소설은 병인양요와 신미양요를 겪은 흥선대원군에 대해 다음과 같이 적고 있다.

> 세계의 두 대국을 상대로 싸워 이긴 대원군은 자신이 생겼다. 52세의 대원군은 자기의 양이쇄국 정책의 승리를 확신하면서 사뭇 천하의 패자로 된 듯한 자부심이 가슴에 느긋했다. 그는 미, 영, 프, 러 뿐더러 인국인 일본과 종주국으로 떠받들어오던 만청까지 모조리 거래를 끊는 철저한 배타주의를 쓰는 것만이 상책이라고 생각했다. 그의 양이쇄국 정책은 지나친 것이어서 도리어 조선의 개화와 현대화에 길을 막았으며 이로 하여 스스로 몰락의 모혈을 파는 결과를 가져왔다. 대원군은 도리어 이 길만이 살길이라고 여겼다.
>
> 병인양요와 신미양요는 임진왜란, 병자호란 이후 조선왕조가 맞은 최대 규모의 외침이었으며 그 상대가 중국, 일본, 월남 등을 이미 무력으로 굴복시키는 데 성공한 서양의 강대국들이었다는 점에서 특기할 만한 것으로 평가된다. 프랑스, 미국의 침략군에 대한 대원군의 '승리'는 청나라 등 우방국의 원조 없이 자력으로 성취한 전과라는 점에서도 자축할 만한 가치가 있었다.[205]

흥선대원군은 서양세력 뿐만 아니라 러시아와 일본에 대해서도 강경책으로 대응했는데 1863년과 1865년에 걸쳐 국교 통상을 요구하는 러시아의 요구를 무시하였고 (“긴박한 국제정세”) 대마도 번주와 외무성의 관원을 통해 통상요구를 여러 차례 해왔지만 끝내 거절(“배일정책과 정한론”)하였다.

흥선대원군은 집정 기간 안동 김씨의 세도정치의 시대를 끝내고 이씨 왕조의 권위를 회복하고 강화하였고 여러 차례 위기로부터 조선을 지켜내는 등의 업적을 이루었다. 초기에 백성들과 보수파들의 절대적인 지지를 받았던 대원군의 정책은 그 자체가 안고 있던 여러 가지 폐단들로 인해 서서히 상황이 달라지기 시작하였고 때를 맞춰 대두한 민비 정권으로 의해 대원군의 시대는 점차 종말을 고하게 된다. 흥선대원군은 1873년 최익현이 올린 상소로 인해 아들 고종과 민비에게 정권을 빼앗기고 하야下野한다. 하지만 그 뒤에 복잡한 국내외 형세로 인해 여러 차례 정계에 복귀했다 물러나기를 반복하고 고종 19년(1882)에는 청나라에 납치되어 가기도 한다. 소설은 그가 청나라에서 귀국할 때 당시 대원군을 향한 민심을 다음과 같이 표현하고 있다.

> 대원군은 어디까지나 왕권주의자로서 군주정치를 철석같이 다지려는 일념으로 나라를 다스린 정치가였다. 때문에 그는 인민대중의 절실한 이익보다도 왕권통치에 모든 것을 희생시켜 오는 데서 많은 고통을 가져왔으며 더욱이 경복궁 건조 공사를 벌리어 만백성을 못살게 달구쳤던 것이다. 그러나 그의 정치개혁은 그때 형편을 두고 봐서는 나라를 위하고 백성을 위하는 진보적 사상에서 출발한 것이다. 그러므로 백성들은 비록 원망도 했지만 오늘 민비 일족의 세도정치에 눌리어 신음하는 처지에서 대원군의 귀국은 모종 희망을 안아오는 듯 반가운 정이 앞서기도 하였던 것이다.

『이조만가』는 사건 중심의 전개를 보이면서도 흥선대원군을 긍정적인 시각으로 바라보고 있는데 이는 민비의 형상과의 대조 속에서 더욱 선명하게 드러난다. 소설에서 민비는 대체로 부정적인 형상으로 그려지고 있다. 민비는 흥선대원군 부인의 추천으로 왕비간택의 후보자로 등장하는데 이름은 기순이다. 민비는 확실하지는 않으나 어릴 적 이름이 민자영으로 알려져 있는바 기순은 작가가 허구적으로 설정한 이름으로 보인다. 흥선대원군이 처음으로 만났을 때의 민비에 대해서 "샛별 같이 반짝이는 그 눈동자에서 이름할 수 없는 영채가 돌고 있었"다고 하면서도 그로 인해 "부지불식간 섬뜩한 생각"이 들었다고 하면서 "아직은 귀여운 어린 고양이지만 때가 되면 사나운 암펌이 될지"도 모른다는 불안함마저 느끼게 되었다고 서술하였다. 흥선대원군은 왕비의 외척세력들을 통한 규벌정치를 극도로 경계했다. 때문에 민비의 "영리하고 글 읽기를 좋아하"는 우점은 왕비 간택에서 가장 큰 '결격사유'로 되었지만 형제자매도 없고 아버지도 일찍 여읜 민소저를 며느리로 삼기로 한다.

민비는 어렸을 때부터 총명하여 주변에 칭찬이 자자하였는데 일찍 아버지로부터 학문을 배웠고 특히 기억력이 탁월했다고 전해진다. 민비와 접촉한 사람들의 공통되는 긍정적인 평가 또한 두뇌가 명석하고 지적이라는 것이다. 소설에서 민비는 궁중 생활을 시작한 뒤 고독을 이기기 위해 독서에 매진한다.

민비는 독서에 취미를 붙이기 시작하였다. 책을 읽으면서부터 책

속에 묻히어 웃기도 울기도 할 수 있었다. 이렇게 되고 보니 자연 모든 시름을 잊고 타오르는 정염을 끌 수 있게 되었다. 독서에 한 걸음 한 걸음 깊이 들어가서 저도모르게 인정세태에 관한 책도 부덕을 설교하는 책도 사서오경도 아닌 엉뚱한 『춘추좌전』을 손에 잡았다. 이 책은 춘추시대 홍망과 치란을 쓴 책으로서 영웅 패자들의 승패의 도를 서술했다. 어린 왕비가 이런 책을 읽는다는 것부터가 긴치 않는데 도리어 그는 온 정신이 끌려들어 무아무중으로 되었으니 이야말로 여자로서는 예가 드문 희세의 일사라 아니할 수 없다. 책을 읽으면서 민비는 전과 달라진 자기를 발견했다.

실제로 민비는 왕비로 역대의 치란과 국가 전고典故, 열성조列聖祖의 사적에 밝아서 혹 역사책에 기록되지 않은 것까지 다 알고 있을 정도였다고 한다. 그리고 왕비로 간택되어 별궁에서 왕비수업을 받을 때조차도 『소학』, 『효경』, 『여훈』 등을 밤새도록 놓지 않고 읽었을 만큼 호학이 천성이었다고 고종이 손수 지은 행장에서 회고하고 있다. 그리고 『주역』, 『자치통감강목』, 『춘추좌전』 등 평소에 즐겨 읽던 많은 책들은 죽은 뒤 홍릉에 함께 매장되기도 했다.[206] 민비의 이러한 지식 축적은 훗날의 집정에 큰 밑거름으로 작용한다. 소설은 특히 이 부분에서 민비의 야망이 꿈틀거리고 있음을 보여주면서 민비의 부정적인 형상을 본격적으로 부각하기 시작하는데 민비는 고종의 총애를 받는 두 궁인에 대한 질투로 그 본성을 드러내기 시작한다. 민비는 귀인 이씨가 완화군을 낳자 자신의 자리가 위태로움을 느끼다가 고종 8년(1871) 왕자를 낳는다. 하지만 왕자는 태어난 지 5일 만에 요절하고[207] 민비는 그때부터 무당과 점쟁이들을 불러들여 굿을 하기 시작하고 급기야 고종의 총애를 받던 귀인 이씨와 장씨를 몰아낼 음모를 꾸민다. 실제로 민비는 고종과의 사이에서 4남 1녀를 보는데 그중 원자의 뒤에 태어난 딸과 3남, 4남이 모두 요절하였다. 그리고 후일 순종이 된 2남 척 역시 어려서부터 병약하였고 이는 민비가 무당을 불러들이고 민간신앙에 의존하게 된 계기로 되었다.

> 민비는 왕자가 요절한 것은 무슨 살이 끼어서 그러니 살풀이를 해야만 왕실에 재앙을 제거할 수 있다고 얼레발을 치면서 이른바 '살풀이굿'을 크게 벌리었다. 무당과 점쟁이를 수없이 궁중으로 끌어들여 밤낮으로 뚱땅거리며 굿을 하고 웅웅거리며 경을 외게 했다. 점을 귀신같이 친다고 소문이 난 소경 이유인李裕仁과 신장대를 쥐기만 하면 사해용왕四海龍王과 삼세나한이 모여든다는 굿에미 천생춘에게 비밀히 대원군이 죄를 받게 저주하는 기도까지 드리게 했으며 천생춘은 굿을 잘한다고 해서 거만금의 상금을 줄뿐더러 '신령군'이란 칭호까지 봉해 주었다. 이 굿과 점은 옹근 열흘 동안 계속되었는데 그 비용은 수백만금에 이르렀다.(김용식, 『이조만가』)

소설은 이런 민비의 행위를 '발광'이라고 표현하였다. 이외에도 『이조만가』에는 민비가 점을 보고 살풀이를 하는 등 미신 놀음에 국고를 탕진하는 내용이 여러 차례 등장한다. 그중 고종 19년(1882) 2월에 있었던 세자빈 책봉의식 장면이 가장 상세하게 그려졌다.

> 진수성찬은 말 그대로 주지육림을 이루었는데 궁정 아악이 그칠 새 없이 울리는 가운데 무녀들은 굿을 하고 복술쟁이는 점을 치고 광대들은 노래를 부르고 기생들은 춤을 추는데 울긋불긋한 옷차림은 때 아닌 꽃밭을 이루었고 휘황찬란한 장식과 배설은 선경을 방불케 하였다.

낮과 밤을 이어 며칠을 두고 이렇듯 굉장하게 거행하는 궁중경축의식은 일찍이 어느 조대를 막론하고 보기 드문 대성황이었다.

여기에 낭비는 그 수를 헤아릴 수 없었다. 굿 한마당 하는 데 은전 2천 냥에 비단 1백 5십 필, 춤 한 번 추는데 은전 1천 냥에 비단 5십 필… 이렇게 상을 주는가 하면 무당 신령군과 점쟁이 이유인은 벼슬을 주어도 저그만치 정3품을 봉해주어 전공에 그 유례를 찾아볼 수 없었다.(김용식, 『이조만가』)

이 부분에서 민비가 신뢰하던 신령군과 그의 추천으로 벼슬에 오른 이유인이 등장하는데 실록에는 무당의 잡술로 벼슬에 오른 이유인을 탄핵하는 전시독前侍讀 김석룡의 상소가 기록되어 있어 이 부분의 내용을 뒷받침해 주고 있다.

"법부 대신法部大臣 이유인李裕寅은 먼 지방의 미천한 사람으로서 요사스러운 좌도左道의 무당과 점쟁이의 잡술로 외람되이 폐하陛下의 은혜를 입었습니다. 그리하여 10년도 안되어 정경正卿에 이르러서 집안이 부유하게 되었습니다. 돌아보건대, 그의 사람됨이 겉으로는 고지식한 것 같지만 속은 실로 비루하고 거짓이 되어 옳고 그름을 따지지 않고 오직 세력만 쫓고 있습니다.[208]"

소설은 왕실의 안위를 위해 국고를 탕진하는 민비의 행위를 강도 높게 비판하면서 지어는 "미련하다"고까지 하였다.

이 왕실의 재물과 국고를 탕진하는 발광적인 행사도 민비에게는 머리털 한 대 뽑는 것만도 아깝지 않았다. 배꼽이 떨어지면서 천생

> 약질인데다 여러 가지 병이 빌 새 없는 하나밖에 없는 아들 왕세자의 건강을 비는 일이라면, 세자와 세자빈의 장래 안락과 영화를 축복하는 일이라면 설사 나라의 밑굽이 빠진다 한들 무슨 아까울 게 있으랴. 굿을 하고 기도를 드리고 점을 친다고 병이 나지 않거나 재앙을 막고 소원성취를 할 수 있다고 여기는 것은 허황하기 짝이 없는 미신이다. 그러나 이런 미신을 아랑곳할 리 없다. 오로지 좋다는 짓이라면 무엇이나 다 함으로써 왕자의 지고무상한 존엄과 위력과 영예를 만백성이 우러러보게 세상에 떨치자는 것이다. 만백성이 우러러 보기는커녕 저주와 의분과 반항의 정서만 점점 끓게 한다는 것을 그 미련한 여왕이 어찌 알기나 했으랴. (김용식, 『이조만가』)

소설은 민비가 초래한 부패하고 타락한 왕실에 분노를 느낀 군인들이 민비 일파를 때려엎기 위해 임오군란을 일으켰다고 하였다. 하지만 이를 단순히 민비의 개인적인 소행의 결과로 몰아붙이는 것은 오류이다. 임오군란은 민비 정권이 진행했던 개화정책에 반발하는 보수 세력들이 반란을 일으킨 사건이었다. 하지만 소설은 민비의 광대놀이가 임오군란으로 도주했다가 환궁한 뒤에도, 그리고 동학운동 발발 직전에도 계속되었는데 험악한 국정은 안중에도 없이 호사스런 향연을 이어갔다고 하였다. 그리고 이러한 민비정권의 무능함과 부패함이 동학운동을 초래하기에 이르렀다고 적고 있다. 이 역시 임오군란과 마찬가지로 보다 넓은 사회적 배경 하에서 다루어야 할 문제다.

소설은 일관되게 민비에 대해 부정적인 시각을, 대원군에 대해서는 관대한 자세를 유지하고 있다. 고종이 친정을 시작한 직후였던 1873년 12월 왕비 침전 화약 폭발로 경복궁에 큰 화재가 일어났고, 이듬해 11월 민승호와 그의 생모 이씨의 폭사 사건 등 테러 사건들은 운현궁의 소행으로 알려져 있음에도 소설에서는 대원군을 모함하기 위해 억지로 그의 측근들을 잡아들이는 민비의 잔인함만 부각될 뿐 사건의 실상에 대해서는 얼버무리고 있다. 그리고 임오군란 당시 대원군이 재집권했을 때 시신을 발견하지도 못한 상황에서 "중궁전 승하"를 발표하고 국상을 진행시킴으로써[209] 민비에 대한 정치적 매장을 시도하였음에도 소설은 이를 "대원군이 사태를 수습하기 위한 응변 대책으로 이런 꿍꿍이를 했었으나 사실은 허수한 수작임을 알고 그만 일축해 버렸다"고 하였다. 이외에도 을미사변 당시 대원군은 일본 낭인들과 함께 입궐하여 일본의 꼭두각시로 되어 민비의 시해를 막지 못한 책임도 안고 있다. 반면 대원군에 대한 민비의 '악행'은 그 역사적 근거나 상황이 명확하지 않음에도 불구하고 거의 기정사실로 간주하고 있다. 대원군이 청나라로 잡혀가게 된 것은 민비일족의 청나라의 파병 요청에 의한 것이라고 확정짓고 있는 것을 일례로 들 수 있다.

> 민비의 이 모략은 청나라가 조선을 보호한다는 구실로 출병하게 되면 이미 공사관 습격사건으로 분이 머리끝까지 오른 일본은 이때라 하고 욱 쓸어나올 것이 틀림없을 것이다. 그러면 대원군을 다시 밀어내고 민가일족이 피의 설분을 할 수 있게 될 것이다.... 민비는 국망산 밑 두 늙은 부부가 사는 집에 숨어있으면서 그 집 할미를 내세워 민응식과 더불어 밀모한 끝에 이런 계교를 꾸몄던 것이다. 왕궁수문장 홍계훈과 연계를 달고 국왕의 이름으로 청나라에 밀사를 파견하도록 주선한 사람은 민응식이었다.
>
> 이 책략이 일, 청 두 나라가 조선으로 출병하고 헤아릴 수 없는 사단을 일으킬 줄 짐작이나 했겠는가.(김용식, 『이조만가』)

사실 청군 파병은 어디까지나 청이 조선에 대한 속방화 정책 차원에서 결정한 것이지 민비나 고종의 요청에 의한 것이 아니었음은 많은 연구에서 밝혀진 바 있다. 청에서는 출병을 요구하는 고종의 친서라도 얻으려고 했으나 유폐 중이라 불가하다는 어윤중의 말을 듣고 고종의 뜻과 상관 없이 출병을 결정했던 것이다. 또한 고종과 상의 없이 파병 전에 이미 대원군을 납치할 계획도 세운 것이었다. 그럼에도 불구하고 대원군 납치가 민씨 척족 정권의 지속과 명성황후의 복권에 결정적 계기가 되었다는 점에서 청군 출병은 명성황후나 민씨 척족의 요청에 의해서였고 이후 청의 후견 아래 친청 수구 사대정권을 유지했다는 인식이 계속되어왔다. 하지만 난민을 피해 구사일생으로 목숨을 구하고 시골에 도망가 있던 처지의 명성황후가 핵심 세력이 모두 죽임을 당하거나 피난을 가있던 와중에 어떤 민씨 일족이 나서서 청나라에 밀사를 보냈을까 하는 점만을 생각해 봐도 명성황후 측의 청군 요청설은 거의 소설에 가까운 얘기라고 판단할 수 있을 것이다.[210]

소설은 시종일관 민비를 대원군과의 대립 측에서 다루었다. 민비의 최후를 묘사함에 있어서도 민족주의적 감정과 피해의식으로 인한 강한 분노가 보일 뿐 그녀에 대한 평가는 여전히 부정으로 일관되고 있다.

> 아무리 민비가 포악했고 천참만육을 해도 죄가 남을 모진 독사와 같은 망족, 망국의 요귀라 할지라도 그를 처단하는 것은 어디까지나 제 나라 인민, 제 나라 민족, 혹은 제 나라의 정적이 해야 할 일이 아닌가. 타 민족, 타국의 폭도들이 이른바 주권국가라고 하는 나라의 왕실을 소탕하고 제멋대로 왕비와 궁녀들을 학살하고 제멋대로 국왕과 대신들을 앞세워서

갖은 흉계를 꾸민다는 것은 이 얼마나 참을 수 없는 민족적 치욕인가.(김용식,『이조만가』)

소설과 실제의 거리가 가장 멀었던 것 역시 민비의 형상이다. 실제로 명성황후를 가까이서 접했던 비숍이나 언더우드와 같은 서양 여성들이 명성황후를 날카로운 눈, 지적이고 강한 성격, 쾌활하고 고상한 정신적 자질의 소유자, 세계 여러 나라에 대한 지식이 탁월했던, 영리하고 야망 있는 아름다운 조선의 왕비 등으로 긍정적인 평가를 했다.[211] 언더우드는 또 명성황후가 국제정세에 대한 깊은 관심을 바탕으로 외교를 주지했음을 지적했고 명성황후는 쇄국주의자였던 대원군과 달리 고종 친정 초기부터 문호개방을 내세워 최초로 일본을 비롯하여 구미 열강과 차례로 수교하면서 사대교린의 전통 외교에서 벗어나 근대외교를 지향하였다. 이것은 조선이 근대사회로 전환하는 가장 중요한 계기가 되었으며 근대 세계 속의 조선을 정립하는 직접적인 출발이었다.[212] 이와는 대조적으로 황현의『매천야록』의 영향을 받은 조선 당대인들은 민비를 세자를 위해 명산 사찰에 기도비용을 낭비하고 무속인들을 불러들이고 고종의 정치에 간섭하여 나라를 마치게 한 장본인으로 인식하였다.[213]

『이조만가』에서 민비의 부정적인 측면들이 극대화된 것도 작품이 창작된 1980년대 민비에 대한 이러한 인식이 지배적이었던 것에서 원인을 찾을 수 있다. 1930, 1940년대 일본의 아시아주의와 맞물려 한국 내 친일 지식인들에 의해 쇄국 정책을 주장했던 대원군은 동양평화를 지키는 영웅적 아버지로, 개화를 추구한 명성황후는 육욕과 사치에 눈이 멀어 동양 평화를 방해하는, 국군의 어머니상에 대치되는 위험한 여성으로 재배치되었다고 할 수 있다. 일제강점기를 경상도에서 보낸 작가 김용식에게도 민비는 이러한 형상으로 각인되었을 것이다. 명성황후에 대한 재조명은 1990년대 중반에 와서야 이루어졌는데 그중에서 이문열의 소설 『여우사냥』을 토대로 만든 뮤지컬 "명성황후"의 영향이 가장 컸다. 뮤지컬 속의 명성황후는 대원군과 자신의 사이를 이간질하는 일본의 의도를 간파하고 지혜롭게 대처하는 며느리이자 고종의 든든한 내조자이며 외세의 불꽃 속에 장렬히 사라져간 잔다르크로 부활하였다.[214]

『이조만가』는 1990년대 이전 명성황후에 대한 한반도의 지배적인 인식을 그대로 수용하여 명성황후라는 입체적인 인물을 편면적으로 부각하였다. 이는 대원군의 공과 과를 적절하게 배치하며 비교적 객관적인 시각으로 조명하고 있는 것과는 대조를 이루기에 더욱더 아쉬움을 남긴다.

2) 같은 시대를 다룬 소설과의 비교

『이조만가』는 고종 즉위 직전 안동 김씨 세도정치가 판을 치던 시대로부터 1897년 대한제국 탄생 및 1910년 한일합병까지의 조선왕조 말엽의 시대상을 다룬 소설이다. 소설은 시간의 순서에 따라 대원군 집정과 민비 정권을 교차적으로 언급하며 복잡한 시대 상황을 박진감 넘치게 그려냈다. 소설은 15장으로 되었는데 부제목을 달아 각 장절의 내용을 집약했다.

제1장 대원군 출현;

세도정치가 출현하기까지 / “강화도련님” 용상에 앉다 / 매관매직 / 흥선군의 봉변 / 나합의 시반일 / 명복이 왕위에 오르다

제2장 대원군의 정치개혁과 왕비책권;

늦은 봄의 하정賀莛 / 용기와 결단 / 왕비책봉 / 경복궁건조

제3장 천주교 탄압과 쇄국정책 실시;

긴박한 국제정세 / 천주교도의 제안 / 병인양우丙寅洋擾 / 샤만호사건

제4장 대원군의 몰락과 민비의 탈권;

미국함대의 침공 / 완화군完和君을 낳은 민비와 대원군의 출동 / 배일정책과 정한론 / 왕자를 낳은 민비 / 민비정권의 대두

제5장 강화조양체결과 그 여파;

혼란한 정국 / 운양호 사건 / 위험한 회담 / 강화조약 체결 / 리재선의 반란

제6장 임오군변과 대원군의 복귀;

세자빈 책봉 / 기아에 허덕이는 백성 / 군민반란 폭발

제7장 일, 청 양국의 압력과 민비정권의 재기;

일본이 선손을 쓰다 / 대원군 청나라로 잡혀가다 / 제물포조약濟物浦條約 체결 / 민비환궁과 일본수신사修信使 / 정치의 부패와 개화독립당

제8장 갑신사변과 일본의 배신;

곡절을 겪은 정변전야 / 갑신정변경과 / 3일천하의 개화당 정권 / 일본에로 망명 / 일본이 한, 청을 협박하여 조약체결

제9장 대원군의 귀국, 민비정권의 부패;

대로밀약과 대원군 문제 / 민비일파의 도전 / 제2차 한로협정 유산 / 원세개의 음모 / 민란이 각처에서 일어남

제10장 동학란으로부터 일청전쟁에로;

동학당 일어남 / 전주성 무혈점령 / 일청 양군의 출동 / 전주성 무혈철퇴

제11장 대원군의 재출마와 괴뢰정부 수립;

내정개혁안 제출 / 민비일파의 붕괴와 대원군 / 괴뢰정부 수립 / 일청전쟁 폭발 / 동학란의 재출마

제12장 전승국 일본의 압박과 정국의 혼란;

제2차 동학군의 실패 / 〈잠정합동조약〉과 〈공수동맹〉 체결 / 곤경에 선 대원군 / 박영효 귀국 / 파문은 퍼져나가다

제13장 청국의 패전과 조선 독립;

대원군의 몰락 / 3국 간섭과 요동반도 귀환 / 신내각 설립과 약체화된 일본 / 이노우에의 초려와 박영효의 배신 / 민비의 장단에 춤추는 사람들

제14장 일본의 모략과 을미사변;

3백만 원의 무상차관 약속 / 독경공사에 대한 민비의 도전 / 대원군이 또 일본에 의해 끌려나오다 / 민비의 참살乙末事變 / 참안 직후 내상고시內相告示

제15장 붕괴 직전의 이씨왕조와 대원군의 죽음;

비열한 수단과 궤변 / 히로시마 재판, 흉악한 살인범이 영웅으로 떠받들리다 / 춘생문 사건과 대원군의 은퇴 / 단발령의 강행과 일로세력의 교대 / 대한제국의 탄생

소설의 제1장은 고종 즉위 직전의 어지러운 사회상과 뿌리 깊은 세도정치의 형성 과정을, 제2장과 제3장은 대원군 집정 시기의 주요 정책들을 집중적으로 조명하였고 제4장부터 대원군 정권과 민비 정권의 반복적인 교체 및 혼란한 국제정세들이 펼쳐지고 마지막 장절에서는 고종시대의 종말과 1910년 한일합병 이전까지의 상황이 간략하게 언급된다. 이상에서 보이는 바와 같이 『이조만가』는 흥선대원군과 민비의 집정 하에 있었던 조선왕조 말기를 다룬 역사소설이다.

『이조만가』와 같은 시대를 다룬 역사소설들로는 『운현궁의 봄』, 『전야』, 『여명』, 『민족』, 『조양홍』 등이 있다. 『운현궁의 봄』은 1933년 4월부터 1934년 2월까지 『조선일보』에 연재된 김동인의 장편소설이다. 흥선대원군의 죽음에서부터 시작되는 이 소설은 대원군의 파란만장한 일생과 조선말의 복잡한 내외정세를 그렸다. 대원군은 안동 김씨 일파의 세도 하에 수모를 당하며 비굴한 척 하는 한편 조대비와의 은밀한 접촉으로 아들 명복을 철종 승하 후 왕으로 등극시키고 대리 집정을 하면서 당파를 초월하여 인재를 등용하는 등 자신이 꿈꿔온 정치를 펼친다. 그리고 박종화의 『전야』[215](1940－1941), 『여명』[216](1943), 『민족』[217](1945－1946)은 연작 3부작으로 논의되는 작품으로 『전야』는 대원군의 낙척시대를 배경으로, 『여명』은 대원군 집정 시기 천주교 탄압과 양요퇴치의 전말을 소재로 하면서 대원군과 민비의 대립, 갈등을 그리고 있다. 그리고 『민족』은 대원군의 실각으로부터 정치적 우여곡절 끝에 한일합방에 이르기까지의 역사를 그 배경으로 하고 있다. 『조양홍』은 1940년 2월 6일부터 8월 11일까지 『동아일보』에 연재된 윤승한의 미완성 장편소설로 민비와 대원군의 대립을 소재로 하였다. 주로 대궐 내 여인들의 갈등과 무속에 관련된 소재들이 상세히 묘사되어 있다.

이상의 작품들 중 『운현궁의 봄』, 『전야』, 『여명』, 『민족』은 흥선대원군을 중심으로 한 소설이고 윤승한의 『조양홍』은 민비를 중심으로 한 소설이다. 반면 『이조만가』는 인물보다는 사건 중심의 전개를 보이면서도 대원군과 민비의 활동을 골고루 언급하였고 그중에서도 대원군의 형상 창조에 조금 더 비중을 둔 것이 특징적이다. 이들 작품은 동일한 시대, 동일한 사건, 그리고 동일한 인물이 등장하는 역사소설임에도 불구하고 각 소설의 동일한 사건과 인물을 바라보는 각도가 다름에 따라 서로 다른 모습들을 하고 있다. 『이조만가』도 『운현궁의 봄』과 『전야』처럼 대원군의 낙척시대를 다루지만 『운현궁의 봄』과 『전야』보다는 그 비중이 훨씬 적은바 제1장 "대원군 출현"에만 간단히 언급되어 대원군의 집정 이전의 상황이 비교적 간략하게 언급되었다. 그리고 민비는 『이조만가』에서는 제2장의 왕비 책봉 과정에서 처음 등장하여 시해를 당하기까지의 일상사와 정치적 활동 등 과정이 그려졌지만 『조양홍』에서는 민비의 출생에서부터 대원군 부인과의 만남, 그리고 동자부처를 통해 임신을 하는 등 일상사 중심으로 이야기가 전개된다. 『이조만가』는 고종대의 대원군 집정과 민비 정권의 활약 등이 많은 비중을 차지하고 있는데 『여명』은 주로 고종 연간의 천주교 수난을 기록하였고 『민족』은 대원군과 민비의 권력다툼을 중심축으로 하면서 고종 시대의 격변하는 내외정세를 그렸다. 이런 면에서 볼 때 『이조만가』는 이상의 여러 작품들과 많은 교착 지점을 갖고 있다.

『이조만가』에는 김씨 일파의 세도정치의 폐해와 그 심각성을 잘 보여주는 일화로 「나합의 시반일」이 삽입되어 있는데 이 일화는 『운현궁의 봄』에도 등장하고 있다. 나합 일화는 김좌근의 애첩 양씨의 타락상을 그린 일화로 수족에게 잘 보이면 내세에 극락으로 간다는 점괘를 믿고 해마다 봄이면 스무 섬의 쌀로 밥을 지어 강물에 처넣는 나합의 광태를 그리고 있다. 『이조만가』에서는 철종 3년 춘삼월 나합이 '시반일'을 맞아 한강으로 요란한 행차를 하는 장면과 이를 바라보는 백성들의 분노와 저주를 그렸고 『운현궁의 봄』에서는 굶주린 배를 채우기 위해 고깃밥을 건져내다 잡힌 차손이가 등장하여 나합의 방탕한 생활과 서민들의 절박함이 대조적으로 그려졌다.

이외에도 『이조만가』에는 김씨 일가의 세도정치와 그 부패상을 보여주는 일화로 김병기가 곳곳에서 올라오는 뇌물을 받아 곳간에 넣으면서 뇌물의 많고 적음에 따라 지방 관리들을 마음대로 제수하고 마음대로 갈아치우는 장면이 등장한다. 하지만 김씨 일가의 인물과 대원군이 직접적으로 마주치는 장면이나 일화는 보이지 않는다. 반면 『운현궁의 봄』에는 김씨 가문의 인물들이 대거 등장하는데 그중 김좌근과 그의 양아들 김병기는 대놓고 대원군을 조롱하고 박대한다. 그리고 『이조만가』의 '매관매직'에는 돈으로 벼슬을 사고 다시 백성들로부터 돈을 뜯어내는 악순환을 보여주는 일례로 황감역黃監役 일화가 등장한다. 그 내용을 요약해 보면 다음과 같다.

> 전라남도 보성에 돈 많은 과부가 황발이라는 개를 기르고 있었는데 마을사람들이 과부 집을 부르는 택호로 '황발이댁'이라고 불렀다. 새로 고을 현감으로 부임한 양반이 과부네 집에 돈이 많다는 말을 듣고 상납금을 뜯어내기 위해 황발이에게 선공감역이라는 정사문적을 제수하고 5천 냥을 내놓으라고 하였는데 알고 보니 황발이는 사람이 아닌 강아지였고 과부는 미천하던 집안이 황발이 덕분에 명문으로 되었다고 기뻐하며 상납금을 바친다. 그 뒤부터 고을에서는 개를 황감역이라 불렀다.

이 에피소드는 『운현궁의 봄』에도 등장하는데 김씨 일가의 세도정치 하에 썩을 대로 썩은 조선조 말엽의 사회상을 가장 극단적으로 보여주는 사례라는 점에서 두 소설에서 모두 다뤄진 것으로 보인다.

『이조만가』는 고종 시대의 왕실과 정부의 부패와 타락으로 민생이 도탄에 빠졌으며 그 원인은 대원군의 경복궁 재건과 민비 정권의 매 관매직, 미신 놀음에 있다고 하였다. 그러면서 호사스러운 왕실의 향연과 반비례를 이루는 백성들의 처참한 상황을 사설시조로 표현하고 있다.

> 일신이 살자 하니 물것 겨워 못견딜세. 피겨 같은 가랑이, 보리알 같은 수통이, 주린이, 갓깐이, 잔벼룩, 굵은 벼룩, 기는 놈 뛰는 놈, 비파 같은 빈대, 새끼사령 같은 등에애비, 바구미, 거저리, 부리 뾰죽한 모기, 다리 길다란 모기, 여윈 모기, 살진 모기, 주야로 쉴 새 없이 물거니 쏘거니 빨거니 뜯거니 그중 차마 못견딜손 유월 삼복 더위에 쉬파린가 하노라.

이는 세상살이의 어려움과 가렴주구를 일삼는 탐관오리에 대한 비판을 주제로 하는 사설시조이다. 작품에 나오는 온갖 벌레들은 백성들을 착취하는 모든 존재들을 비유한 것인바 그들로부터 시조는 물리고 쏘이고 빨리고 뜯기는 백성들의 고통을 해학적으로 보여주고 있다.

소설은 또 『춘향전』의 시를 인용하여 조정의 이런 부패함을 성토하는 백성들의 분노의 외침을 대신하고 있다.

> 금동이에 가득한 술은 천 사람의 피요
> 옥소반에 가득한 안주는 만백성의 기름이라
> 초불눈물 떨어질제 백성눈물 떨어지고
> 노랫소리 높은 곳에 원망소리 더욱 높다.

『춘향전』의 변학도의 생일잔칫날 암행어사 출두 장면에서 이몽룡이 읊었던 이 시는 소설에서 조정의 부패와 타락을 더 이상 견디지 못한 백성들이 곳곳에서 민란을 일으켜 토호 악패를 잡아 죽이고 탐관오리를 처단하기 시작한 전주곡이 되었다. 이처럼 소설 속에 이야기 전개와 맞물리는 시와 노래를 인용하는 것은 작가 김용식 특유의 창작 방식이기도 하다.

6장 김용식의 역사소설관 및 작가의식

1. 김용식의 역사소설관

역사소설은 그 정의에서도 알 수 있듯이 창작시기보다 앞선 시대의 배경과 실존 인물 및 실재 사건이 소재로 취급되는 소설을 지칭한다. 그 시대적 배경, 인물과 사건은 변하지 않더라도 그것을 바라보는 시각에 의해 동일한 사실들이 다양하게 재현되는 것이 역사소설이다. 때문에 역사소설에서 배경, 인물, 사건 같은 역사적 사실보다 더 중요한 것이 그것을 취재하고 풀이하는 작가의 관점이다.

역사소설도 현재의 사건이나 사실을 다룬 소설처럼 작가의 상상력과 창조력에 의한 산물이기 때문에 사실史實과 허구를 어떻게 양립시킬 것인가 하는 것이 문제가 된다. 작가는 역사적 기록을 면밀히 검토하고 상상력을 동원해서 기록 속의 인물에 호흡을 불어넣고 가공적인 인물이나 사건을 만들어서 한 시대를 재구성한다. 그리하여 문학 속의 역사는 이데올로기 속에 제도화된 것이 아니라 실존적인 힘을 가지고 있는 것이다. 그리고 과거 사실의 특수성도 역시 인간 행위의 측면에서 이해되기 때문에 작가는 과거와 현재를 잇는 보편성의 고려 하에 그의 작품을 통해 과거의 사실을 현대적인 의미로 재경험시켜 독자들에게 현재를 바라보는 눈을 길러주기도 하고 미래 발전을 향한 올바른 제시를 하기도 한다. 역사소설의 정당한 가치는 여기서 찾을 수 있는 것이다.[218]

김용식의 역사소설관은 그의 「구전설화와 재창조에 관하여」라는 글에서 비교적 집약적으로 나타났는데 이 글에서 김용식은 소재의 선택과 가공 과정을 통해 역사소설의 창작에 대해 이야기하면서 역사소설 작가로서 갖추어야 할 자세와 태도를 언급하였다. 역사소설에 대해 김용식은 아래와 같이 인식하고 있다.

> 역사소설이란 역사상에 실재한 사건이나 인물을 취급하여 그 사건과 인물이 이야기의 골격을 이루게 되는 것이 보통이다. 물론 실재한 사건과 인물을 예술적 전형으로 부각한다고 하여 역사적 소재에 지나친 관심을 돌리고 사실을 재현하는 데만 매달려서는 안 된다. 아무리 실재한 사건이나 인물이라 할지라도 작가의 주관능동성에 의한 재창조인 만큼 허구가 있게 되며 작가의 세계관과 개성에 의하여 독자적 풍격과 사상내용으로 씌어지기 마련이다. 다시 말하면 역사소설을 창작함에 있어 역사적 무대라는 공간적 설정의 제한성과 사건과 인물의 실재성, 시대 배경의 확실성에만 얽매일 것이 아니라 작가의 창조적 기량과 상상의 세계가 종적으로 횡적으로 폭넓게 펼쳐져야 한다는 것이다.[219]

김용식은 역사소설 창작에서의 작가의 창작 기량에 대해 강조하면서 역사소설은 역사현장의 단순한 재현인 것이 아니라 작가의 세계관과 개성의 투영이라고 하였다. 실제로 김용식의 작품들은 기록에 치중한 정사형 역사소설보다는 '창안적' 역사소설에 가깝다. 양반의 묘지에 어머니의 송장을 암장하여 혜택을 누리게 되었다는 「발복」, 조정을 뒤에 업고 행패를 부리는 용주사 관인을 처단한 이야기를 다룬 「설분」과 당나라의 석공이 신라의 석가탑을 축조하게 되면서 아내와 비극적인 결말을 맞이하게 된다는 내용을 다룬 「무영탑」, 안평대군의 궁녀와 김 진사의 비극적인 사랑 이야기를 다룬 「운영전」, 그리고 이곡과 설부용의 파란만장한 혼인과정을 다룬 『설랑자』와 류원하와 백란당의 애정비극을 다룬 『규중비사』 등에서 소설의 주선이 되는 이야기는 모두 허구적인 것이다. 이처럼 역사소설 창작에 있어 허구적인 각색이 가능하다 하더라도 그것은 어디까지나 시대적 배경의 허용범위 안에서 이루어져야 한다는 것이었다. 김용식은 역사 소재의 작품 창작을 위해 작가로서 반드시 갖추어야 할 자질들에 대해 언급하였는데 이를 통해 거꾸로 그의 역사소설관을 엿볼 수 있다. 김용식은 문학작품 창작에서 역사 소재를 다룸에 있어 첫째로 자기 민족의 역사유산과 전통문화 일반에 대한 깊은 이해와 해박한 지식이 있어야 한다고 하였다. 역사적 작품에는 해당 시대의 생활 양상, 문물제도, 인정세태, 풍속습관, 종교신앙, 윤리도덕과 예의범절에 이르기까지 한 마디로 그 시대의 화폭이 생생하게 그려져야 하기 때문에 그에 상응하는 지식이 있어야 하며 그것을 종합하고 분석하고 개괄하고 묘사하는 능력과 예술적 기량이 있어야 한다는 것이다.[220]

김용식은 어린 시절 양반가의 자제로 서당에서 한학을 배우면서 학업을 시작하였고 어려서부터 책벌레로 불리며 대량의 서적을 탐독하였다. 그 가운데는 고금 중외의 명서와 명작들, 특히는 민족의 역사유산과 전통문화에 관계되는 서적들, 얻기 어려운 한문 도서와 일문도서들이 체계적으로 정비되어 있었는데[221] 이는 김용식의 역사소설 창작의 밑거름으로 되었다. 하여 그의 매 작품을 통해 독자들은 상응한 역사 시대의 생생한 화폭을 마주할 수 있다. 이처럼 김용식의 역사소설은 사서에 기록된 역사적 진실을 기본 골자로 하면서 허구적인 사건을 삽입하고 인물형상을 부각함으로써 해당 사회의 본질과 사회발전 법칙을 더 형상적으로 보여주고 있다. 때문에 김용식의 역사소설은 역사적 진실과 문학적 진실이 적절히 결합된 소설로 구분 짓는 것이 바람직하다. 이를테면 「무영탑」은 국교로서의 불교에 대한 신라의 숭불 사상을 바탕으로 하면서 신라와 당나라의 친선적인 관계를 석공 아사달의 석가탑 축조와 당 나라에서 살아가는 신라인들의 생활상을 통해 핍진하게 그려냈다. 「발복」과 『설랑자』는 모두 고려 시대를 배경으로 하는데 「발복」에는 풍수설에 얽힌 이야기가 펼쳐지고 『설랑자』에는 무신란과 같은 고려조정 대신들의 권력투쟁으로부터 갓바치, 청그릇장이, 사냥꾼 등과 같은 사회 최하층인들의 비참한 생활현장이 고스란히 그려졌다. 그런가 하면 「운영전」과 『이조만가』에서는 조선 왕실의 궁녀들의 비참한 생활과 왕실 내부의 사치와 타락상들이 여실하게 드러난다. 「보은단」과 「고리백정의 사위」, 『규중비사』에서는 조선조 왕실 내부의 고질인 파벌 다툼이 그려졌는데 「보은단」에서는 명나라와의 외교 문제, 「고리백정의 사위」에서는 연산군의 폭정, 『규중비사』에서는 세자빈 간택을 둘러싸고 갈등이 드러난다.

김용식은 이상의 작품들을 통해 신라로부터 조선왕조 말기에 이르는 각 시대의 지역 전설과 야담, 세시풍속과 혼인풍속, 윤리 도덕, 예의범절 등 시대상을 그려냈다.

김용식의 역사소설은 계급적인 특징을 선명하게 띠고 있다. 그는 어디까지나 대중의 입장에서 역사를 바라보았는바 대부분의 작품은 통치계급을 비판적으로 바라보고 사회최하층 백성들에 대한 무한한 동정을 보내고 있음은 위에서 수차 언급하였다.

일례로 『이조만가』에는 고종과 민비, 『설랑자』에는 주인공 이진성과 설부용, 「고리백정의 사위」에는 이장곤과 큰년이의 혼인 장면이 각각 등장하는데 그 시대와 신분에 따라 혼례가 판연히 다르게 묘사되었다.

왕비책봉 가례嘉禮는 그해 3월 20일 창덕궁 인정전에서 장엄하게 거행되었다. 그 이튿날은 별궁에서 영연례迎軟禮(혼인예식)가 거행되었다.

왕과 왕비는 궁정음악인 아악이 연주되는 가운데서 문무백관의 하례(축하의 예)를 받았다. 고종왕 15세, 민비는 16세였다. 서울로부터 전국 3백60주에 이르기까지 관속들은 사흘 동안 축하활동을 벌리었다.

대원군은 흐뭇한 마음으로 전국 각지에서 올라온 축하의 글발과 예물을 받았다. 예물을 적은 물목만 해도 종이 말이가 몇 아름이 되었다. (김용식, 『이조만가』)

초례청은 안마당에 마련되었다. 멍석을 편 우에 돗자리를 깔고 초례상을 덩그렇게 차려놓았다. 한 아름이나 되는 청자꽃병에다 싱싱한 청송, 녹죽을 호함지게 꽂아놓았고 그 가지마다에 청실홍실을 아롱다롱 늘여놓았다. 그리고 나무로 깎아 만든 기러기 한 쌍이 청실홍실을 의지하여 거연히 앉아있다.

『서동부서』하고 외는 홀기소리가 높이 올리자 관복 입고 사모 쓰고 흉배 띠고 목화 신은 신랑은 동쪽에 서고, 머리에 칠보족두리 쓰고 백수라삼으로 손을 가린 신부는 들러리 서는 여인들의 부축을 받아 서쪽에 마주섰다.

그리고 계속 홀기소리에 따라 절차가 진행되는데 "신랑 일배, 신부 사배"로 맞절을 하고 교배잔을 나누는 것으로 대례는 끝났다.

초례를 마친 다음부터는 먹는 빛이었다. 신랑이 대반서는 사람의 인도를 받으며 큰상을 받는 건 말할 것도 없고 사람마다 모두 푸짐한 잔치음식에 배를 불리였다.(김용식, 『설랑자』)[222]

마당에 멍석을 펴놓은 우에 소반에 물 한사발 떠다놓고 신랑신부가 마주서서 절 한번씩 하는 것으로 인생의 백년대례를 마쳤으니 말 그대로 작수성례였다. 이리하여 이장곤은 백정의 사위가 되었다. (김용식, 「고리백정의 사위」)[223]

이상의 인용문은 각각 호화롭고 방대한 고종과 민비의 혼례 장면, 고려 시대의 전통혼례 장면을 그대로 옮겨놓은 이진성과 설부용의 초례 장면, 그리고 변변한 옷 한 벌 마련할 수 없는 곤궁한 생활에 물 한 사발 떠놓고 백년가약을 맺는 도망친 선비 이진성과 백정의 딸 큰년이의 결혼식 장면으로 김용식의 작품들은 혼인 장면만 놓고 봐도 왕실, 양반, 백정의 삶의 모습을 바로 보아낼 수 있을 만큼 생활의 장면들이 생생히 살아 숨쉬고 있다.

김용식은 또 역사 소재 작품 창작에 있어 언어사용의 중요성을 강조했다. 그는 역사소설가는 언어가 풍부해야 될 뿐만 아니라 그 풍부한 언어 를 능숙하고 정확하게 다루는 조예가 있어야 한다면서 그렇지 못하면 그 시대의 언어생활을 현대성 원칙과 역사주의 원칙에 맞게 쓰지 못할 것이며 형상의 진실성을 보장할 수 없을 것이라고 밝혔다. 특히 시대어와 고어, 한자어를 옳게 써야 하며 토를 비롯한 문법적 수단들을 정확히 쓸줄 알고 능란하게 운용할 줄 알아야 하는바 시대어란 일정한 역사 시기에 존재하다가 지금은 도태되었거나 널리 쓰이지 않는 어휘로서 이를테면 그때의 정치제도와 관직의 이름을 나타내는 단어들, 신분 관계를 나타내는 칭호들, 그 때 쓰이던 도구와 물건의 이름들이고 고어란 대화에서만 쓰일 수 있는 옛날의 고유 조선어들이라고 보충 설명하기도 하였다. 그리고 역사소설은 역사적인 문학 작품이기 때문에 한자어가 자연히 많이 쓰이지 않을 수 없는데 글자의 뜻만 어름하고 되는 대로 만들어 쓸 것 이 아니라 마땅히 조선어화된 한자어의 규범에 맞게 정확히 써야 한다고 강조하면서 토와 문법적 수단들을 바르게 운용해야 되는 동시에 더욱이 맺음토는 신분과 지위와 인품을 나타낼 뿐더러 문장을 마무리짓기에 매우 중요한 역할을 하는 것[224]이라고 주의사항을 언급하기도 했다. 김용식의 역사소설은 아름다운 민족어의 활용으로 높이 평가되기도 한다. 우선 그가 글에서 언급한 것처럼 그의 소설은 종결어미의 능수능란한 사용으로 작중 인물의 신분과 생활환경을 한눈에 알아볼 수 있는 것이 특징적이다. 『이조만가』는 주로 왕실을 배경으로 한 만큼 군신 사이의 대화가 자주 등장한다.

> "대비마마께서도 흡족해하시고 궐내의 상하안팎이 다 즐거워하니 내 마음도 얼마나 즐거운지 몰라유."
>
> "말씀 낮추세요. 어머님."
>
> (중략)
>
> 사실 민부인은 전날에 동생이던건 그만 두고라도 오늘 며느리인만큼 "해라"로 말을 해야지만 왕과 신민과의 관계인즉 하늘과 땅과 같이 말 그대로 천양지차로 절제화하는 봉건적 군주제도하에서는 비록 친아들이라도 일단 왕위에 오르고 보면 "해라"를 쓰지 못하는 것이 국법이었다. 때문에 며느리에게 "하오"를 붙여야만 했다. 왕비는 시어머니가 "하오"로 대접하니 도리어 송구하고 소원해지는 감이 들어 부자연스러웠다. 그러나 그것이 국법이라니 하는 수 없었다. (김용식, 『이조만가』)

소설에서는 왕비가 된 민비와 대원군 부인의 어색한 대화 뒤에 봉건국가인 조선왕조에서 친아들이라도 왕위에 오르면 존칭을 써야 한다는 설명을 덧붙여 조선시대 군신 간에 갖추어야 할 예의 규범의 단면을 보여주었다.

『규중비사』와 『설랑자』에는 그 당시 양반가 자제들의 수양과 예절을 갖춘 대화가 빈번하게 등장한다. 이를테면 『규중비사』에서 류목사의 큰아들은 부모한테 올리는 편지에 "-옵나이다"체를 사용하였고 또 류원하와 백란당은 대화를 나눌 때 "-나이까", "-하오이다", "-소서" 등의 종결어미를 사용하였다. 그리고 『설랑자』에서 양반가의 규수인 설부용도 『규중비사』의 백란당과 비슷한 말투를 사용하는데 "-사와요", "-나이까" 등이 대표적이다.

김용식의 역사소설에는 시대어와 고어가 적재적소에 사용되었을 뿐만 아니라 소설 속에 등장하는 다양한 공간적 배경에 따라 수많은 방언이 사용되기도 하였다. 이는 김용식의 체험과 밀접한 관련이 있는데 김용식은 유년기를 경상도에서 보냈고 함경도, 평안도, 경상도 사투리가 혼용되고 있는 중국 흑룡강성과 길림성 연변 지역에서 오랜 시간 생활한 경력으로 사투리를 자유자재로 활용할 수 있었다.

『설랑자』에는 남도 사투리가 자주 등장하는데 전라도와 경상도 사 투리가 대표적이다. 우선 전라도 사투리는 설부용과 금단이 방울이네 집에 머물렀을 때 금단이와 방울이모의 대화에서 등장한다.

> "우쩬 사람인데 누길 찾아왔노?"
> "다리 아파 좀 쉬어가자꼬 들렀당께요."
> "쉬어가자꼬?"
> "예."
> "방이 누추해서 남을 들어오라기도 남새스럽당께."

"별말씀 다 하시누면요."

"그럼 들어오랑께."[225]

그리고 이진성이 경상도 영해 고을 기포동에 이르렀을 때 동네 머슴들의 대화에는 자연스럽게 경상도 사투리가 등장한다.

"천 서방, 자네 이 얘기 안할락카노. 안할락카문 그 주머니를 없애 버리게."

(중략)

"이 얘기 주머니를 열지 않고 두면 화가 생긴다는 말 몬들었노?"[226]

「고리백정의 사위」의 주된 무대는 함경남도 함흥인 만큼 소설에는 함경도 사투리가 자주 등장한다.

"큰년이도 이제 시집갈 나이 지났지비."

"그런데?"

"호박이 저절로 굴러들어온다드니 신랑감이 하나 제 발로 걸어 들어왔으니 일은 제창 잘된 거란 말임메."

"무시기라오?"

"아따 귀구멍에 말뚝을 박았어? 큰년이르 저 총객한테 아주 내주겠다는 말이지비. 그만한 말귀도 못 알아들어?"[227]

이처럼 작중인물의 신분과 개성, 출신 지역의 특성을 대화만을 통해 알아볼 수 있을 만큼 풍부하고 다양한 언어 사용은 김용식의 역사소설의 완성도를 높이는 중요한 요소로 되고 있다. 특히 사투리의 사용은 이러한 문학작품에서의 일반적인 기능 이외에도 민족문화의 사실적 재현이라는 또 다른 가치와 의미를 지니기도 한다. 즉 사투리를 통하여 문화적 측면에서 언어의 사실성을 획득한 것인바 이는 이민민족으로서의 조선족의 정체성 확인에 매우 중요한 역할을 하기 때문이다.

김용식 작품에서 다양한 사회적 신분을 가진 인물들의 서로 다른 언어 사용은 우리말의 역사성과 문화적 사실성을 강화시키는 데 중요한 역할을 하고 있으며 궁극적으로는 민족정체성 확인을 위한 문화적인 재료로서도 매우 중요한 가치를 지닌다.[228]

이처럼 김용식은 역사소설의 풍부하고 적절한 언어묘사를 통해 "제아무리 좋은 내용이라 할지라도 언어를 서툴고 거칠고 어지럽고 틀리게 쓴다고 하면 글이 글답게 미끈하지 못할 것은 물론 독자들에게 아무런 문학적 흥미도 예술적 매력도 주지 못할 것이며 도리어 염오와 불쾌감을 줄 뿐"이며 "문학은 언어의 예술이기에 가장 으뜸 가는 요소인 언어를 떠나서는 운운할 여지조차 없다"[229]고 문학창작에서의 언어의 중요성을 강조했던 자신의 역사소설관을 다시 한 번 확인하기도 했다.

김용식 소설에는 또 다양한 민족 시가들이 대량으로 삽입되어 있는 것이 특징적이다. 「발복」과 「설분」을 제외한 모든 역사소설에 시대 배경과, 이야기 흐름에 어울리는 시가를 삽입하여 풍부하고 다양한 민족전통문화를 널리 알리기 위한 노력들을 하였다.

「무영탑」에는 교각화상의 "산을 내리는 동자를 보내노라送童子下山"라는 시와 아사녀의 노래로 등장하는 두 편의 시가가 실려 있다. 「운영전」은 원작소설에도 많은 시가들이 등장하는데 김용식의 개작소설에서는 원작에서 나오는 한문시 대부분을 시조로 대체한 점이 특이하다. 「운영전」에는 10수의 한문시와 8수의 시조가 삽입되어 작중 인물들의 감정을 전달하고 있다. 「보은단」에도 백거이와 류종원의 시구가 나온다. 중편소설의 시가 인용에서 특이한 점은 소설의 맨 앞부분마다 작가가 창작한 시로 소설의 대략적인 이야기를 제시하는 것으로 흥미를 유발하는 점이다.

"불국사에 우뚝 솟은 웅위론 무영탑 / 천여 년 역사를 이어온 친선의 상징 / 이 무영탑에 깃든 이야기 / 아사달과 아사녀의 진실한 사랑이야기 / 눈물 없이 읽지 못하리 읽지 못하리."

—「무영탑」

"진소저 효성에 감복되어서 / 국고금 2천 냥 선사한 죄로 / 계하수 되었던 홍순언 역관 / 여하이 재다시 중책 떠메고 / 명나라 찾아가 대사 이뤘나 / 여하이 재다시 진소저 만나 / 은혜의 보은단 선사 받았나 / 독자들이여 그 사연 아시려거던 / 조급해 마시고 글줄을 밟으시라."

—「보은단」

"억울한 누명 쓰고 방랑하던 이장곤 / 운명의 돛배 타고 버들골에 실려가 / 백정의 사위 되어 갖은 고생 하던 끝에 / 해를 보아 때를 벗고 조강지처 모시고서 / 어떻게 충신으로 한평생을 살았는가 / 독자들이여 글줄 따라 사색을 더듬으라."

—「고리백정의 사위」

이상의 시구들은 판소리, 시가 등 다양한 장르의 창작에 능했던 김용식의 작가적 기량을 보여주고 있다. 그리고 장편소설『설랑자』에는 특히 고려가요와 시가들이 많이 나오는데 강원도에서 널리 불렸다는「대보름 달맞이 노래」를 비롯하여「농가월령가」(정월),「청산별곡」,「꽃흘가」,「구지가」,「각설이타령」,「정읍사」,「동동」,「서경별곡」등 고려가요와 가사, 시가들이 소설 전반에 걸쳐 인용되었다.『규중비사』에도 대량의 시가들이 소개되었음은 이미 위에서 언급하였는데 소설 전반에 걸쳐 인용된 총 17수의 시는 장면마다 주인공의 심리활동과 맞물려 이야기에 비극적 색채를 더하고 있다.

김용식의 다른 하나의 역사소설관은 구전설화의 소설화에 대한 그의 견해에서 찾을 수 있다. 김용식의 대부분의 역사소설은 모두 구전설화에서 소재를 취했는데 김용식은 위의 글(「구전설화와 재창조에 대하여」)에서 야담, 사화, 문헌에 기재된 각종 사기와 사료 등도 다 소설로 재창조될 수 있다고 하면서 구전설화를 소설화한 작품을 덮어놓고 역사소설로 볼 수 없다는 견해를 반박하였다. 그는『규중비사』의 창작과정을 예로 들어 작품이 비록 실재한 역사 사실이나 인물을 취급하지는 않았지만 특정된 시대 현실에 있어 특정된 계층과 부류의 인간관계와 사회관계를 여실히 보여주었고 전형적 환경에서의 전형적 성격으로 형상화된 주인공의 생애와 운명을 통하여 인간생활의 한 측면을 다각적으로 그려냈기에 가히 역사소설로 볼 수 있다고 하였다.

구전설화를 소재로 한 소설이기에 역사적 사실이라 지적할 만한 사건이나 인물은 없다고 할지라도 소설에 담긴 내용이 어느 한 특정된 시대현실을 반영하였고 복잡한 인간관계와 사회관계를 통하여 생생한 생활의 진실과 전형적 환경을 재현하였다고 하면 광의적 의미에서 가히 역사소설로 볼 수 있다고 인정된다. 그리고 역사소설에서 주인공은 실재인물을 내세워야 한다고 굳이 고집할 필요는 없을 것 같다. 왜냐하면 작가에 의하여 창조된 허구적 인물이라 할지라도 그 등장인물들이 특정된 시대의 여러 계급과 계층의 특징을 대표할 수 있는 전형인물로 부각되기만 했다면 실재인물이 아니라 할지라도 역사적 시대를 여실히 보여줄 수 있기 때문이다. 여기서 한 번 더 부언할 것은 반드시 실재인물이어야 한다는 이왕의 편협한 관점을 벗어나서 보다 사실적인 시각에서 살펴볼 필요성이 있다고 생각된다.

소설은 언제나 주인공을 중심으로 한 인간관계를 보여주는 이야기지만 그 주인공을 통해 시대적 양상을 제시하는 만큼 비록 실재인물이 아니라 할지라도 그의 생애와 운명을 통하여 당해 시대의 인정세태와 인간생활의 진실한 면모를 보여줄 수 있다면 구태여 실재 여부를 따질 하등의 이유가 없을 것이 아닌가.[230]

여기서 우리는 역사소설의 소재의 내원에 대한 김용식의 관점을 볼 수 있다. 서론에서도 언급했듯이 역사소설의 소재의 선택은 "역사적인 사건과 인물", "가공의 인물을 설정하여 배경만을 역사적인 사건에서 가져온 것", "소위 "역사적' 이 아닌 단순한 면이나 과거를 배경으로 하고 인물도 가공인 것" 등 세 가지로 나누어볼 수 있는데 김용식은 그중 세 번째 유형에 대해 언급하고 있는 것이다.

실제로 김용식의 거의 대부분의 역사소설들은 구전설화와 야담에서 소재의 내원을 찾아볼 수 있다. 단편소설 「발복」은 『동비낙송東稗洛誦』의 「경성유일조사京城有一朝士」와 『청구야담』의 「점명혈동비혜식」과 같은 명당 탈취담과 명당 발복담을 비롯한 조선반도의 수많은 풍수 설화를 소재로 하여 사회 최하층 인물인 억이의 기구한 운명과 죽어서도 호사를 누리는 홍정승 일가의 생활을 대조적으로 보여주었다. 그리고 「설분」은 「곤장 한대의 복수」, 「용주사 돌중의 죽음」, 「곤장 한대의 벌」, 「볼기 한 대로 사형 집행」 등과 같은 용주사 관련 전설에서 소재를 취하였는데 설화에는 없던 가공의 인물인 팔룡이와 길녀의 형상 창조에 많은 필묵을 들여 이야기의 갈등을 더 심화시키고 갈등 해결 또한 더욱 극적 으로 그려냈다. 또 「무영탑」은 『삼국유사』, 『동경잡기』, 『화엄불국사 고금역대 제현창기』로부터 유전되어 온 석가탑 관련 설화를 소재로 하여 당나라의 석공 아사달과 그의 아내 아사녀의 비극적인 사랑을 담고 있다. 이외 「보은단」은 『어우야담』을 시작으로 『계서야담』, 『국당배어』, 『성호사설』, 『연려실기술』, 『열하일기·옥갑야화』 등 30여 개 문헌에 기록되어 있는 홍순언 일화를 소재로, 「고리백정의 사위」는 『기묘록보유』의 「이장곤전」, 『어우야담』의 「화를 면한 허종과 이장곤」, 『성호전집』의 「게으른 사위 탄식」, 『계서야담』의 「고리백정의 사위가 된 이장곤」, 『청구야담』의 「췌 류장리학사망贅柳匠李學士亡命」, 『동야휘집』의 「학사췌은류장가學士贅隱柳匠家」 등 이장곤 관련 이야기를 소재로 한 역사소설이며 『규중비사』도 중국의 송사소설 『용도공안』의 「아미타불강화」와 번안작 『신단공안』의 「미인경평일명, 정남서불재취」에서 소재적 내원을 찾을 수 있다.

이처럼 김용식의 역사 소재 소설들은 무엇보다도 광범한 대중들의 집단적 지혜의 창조물인 구전설화에서 소재를 취하여 특정된 시대의 역사적 현실을 재현함으로써 풍부한 대중적 성격과 풍격을 띠고 있는 것이 특징이다. 김용식은 민간에 묻혀있는 무진장한 설화들을 단순한 가공의 대상이 아니라 창조 작업의 소재로 간주하였으며 나 아가 그 이야기들을 풍부한 역사 사료로 뒷받침된 특정된 시대의 특정된 계층과 부류의 인간관계 및 사회관계와 합목적적으로 연결시키고 세부묘사로 풍부화하면서 한 시대의 진실한 화폭을 하나의 완정한 통일체로 만들어 독자들에게 펼쳐 보여주고 있다.[231] 김용식의 역사소설 창작과정은 대개 소재가 먼저 정해지고 다음 거기에다가 의미를 부여하는 식으로 주제가 갖추어진 경우에 속하는데 소재는 무의식 상태에서도 선택될 수 있지만 아무리 무의식 상태에서 잡힌 소재라 할지라도 평소에 그러한 제재를 포착할 수 있는 능력이 갖춰져야 가능한 것이다. 소설에서의 소재의 원천이 아무리 무한하다 하더라도 결국 그것이 작가들의 문제의식의 망網 속으로 잡혀 들어와야 그때 비로소 살아나는 것이기 때문이다.[232]

김용식은 역사소설 창작에서 구전설화를 소재로 선택함으로써 독자들에게 친숙하게 다가갔고 이를 통해 민족문화의 우수성을 알리는 한편 민족의 유구한 역사에 대한 자긍심도 동시에 드러냈다. 때문에 김용식은 민족의 역사와 전통문화를 다루는 작업을 진행할 때 신중하게 접근해야 한다고 강조하였다.

> 만약 우리가 역사유산과 전통문화를 대함에 있어 신중하고 진지한 과학적 태도를 취하지 않고 주관억측에 의하여 경솔하게 처리한다면 이는 새로운 시대적 요구에 적응될 수도 없거니와 독자와 관중의 역사지식에도 혼란을 초래할 우려가 없지 않은 것이다. 그러므로 구전설화든 사화든 어디에서 소재를 취하든 간에 역사제재의 작품을 재창조함에 있어 자타가 다 같이 신중을 기해야 될 것이 아닌가.
>
> 끝으로 거듭 강조하고 싶은 바는 다만 창작충동에 의하여 억지공사로

> 써내서는 안 된다는 것이다. 요컨대 역사유산과 전통문화를 다루는 작업은 하나의 엄숙한 학문으로서 절대 경솔하고 소홀하게 대하지 말아야겠다.
>
> 우리 문예인들은 민족의 얼과 숨결이 스며있는 모든 우수한 역사유산과 전통문화를 계승하고 발전시키기에 다 같이 중시를 돌리자, 따라서 전통문화에 뿌리를 박은 다양하고 아름다운 풍격과 형식의 문예작품이 보다 많이 보다 훌륭하게 창작되어 나오기를 바라는 마음 간절하다.[233]

이상에서 김용식이 역사소설을 대하는 창작 태도를 충분히 보아낼 수 있는바 그는 역사소재를 단순히 흥미 위주로만 다룬 것이 아니다. 김용식의 역사소설 창작의 출발점은 우수한 역사유산과 전통문화를 계승하고 발전시키기 위한 민족적 사명감에 있었다.

2. 김용식의 작가의식

김용식의 역사 소재 소설들은 신라부터 고려, 조선조 전반을 아우르는 시대를 배경으로 하여 수많은 역사 인물과 역사적 사건을 다루었지만 그 이면에는 일관된 사상내용과 창작의도가 숨어있다. 김용식의 작품을 관통하는 첫 번째 사상내용적 특징은 무속신앙과 미신에 대한 강한 비판적 정서이다. 이는 역사소설 창작에 있어서 "반드시 마르크스주의의 유물론적 역사관과 미학사상을 수립함으로써 사물을 정확하게 볼 줄 아는 능력을 높여야 한다"[234]고 했던 그의 역사 소설관에서 비롯된 특징이다.

우선 단편소설 「발복」은 작품 전체에 풍수설이라는 '미신'적인 학설에 대한 풍자와 조소가 깔려있다.

> 풍수설을 믿은 우매한 옛사람들은 부모조상의 묘 자리를 잘 잡기 위하여 무던히도 애를 썼던 것이다. 상사가 나도 좋은 묘지를 잡지 못하면 몇 달이 가도, 지어는 일 년이 지나도록 시체를 방치해두고 장사를 지내지 못하는 예가 있는가 하면 또 세월이 오래면 지기가 쇠멸한다면서 다시 면례하고 이장하고 지어는 묘 자리를 돈 주고 사고 남의 묘에 암장하고 묘 자리를 다투다가 재판까지 하는 등 실로 경가파산하는 것도 서슴지 않을 만큼 허다한 희비극이 거듭되었던 것이다.
>
> 풍수설에 대한 신앙심이 얼마나 뿌리가 깊었는가는 오늘까지도 그런 관념에서 벗어나지 못한 어리석은 사람들이 있다는 것만 가지고도 족히 설명할 수 있다. (김용식, 「발복」, 98쪽)

소설은 명당에 묘를 쓴 홍정승 일가에서 발복은커녕 논 열 마지기만 떼웠다는 결말로 미신적 행위의 폐단을 풍자하면서 풍수설에 대한 믿음이 비단 봉건사회에만 머문 것이 아니라 현대에까지 이어지고 있음을 지적하였다.

중편소설 「운영전」에는 수성궁에 드나드는 무녀가 등장하는데 세간에 영험하기가 귀신 같다고 소문이 자자한 무녀는 사실 김 진사를 가까이하고 싶어하는 호색의 여인에 불과하였고 또 김 진사와의 도주를 위해 운영이 재물을 빼돌렸다는 소문도 뇌물을 받은 점쟁이 장님이 소문을 낸 것이었다. 심지어 점쟁이는 상전에게 생죽음을 당하게 되었다는 특이의 거짓말마저 곧이듣는 엉터리였다는 사실을 통해 굿을 하고 점을 치는 미신적 행위의 허무함을 드러내기도 했다.

고려시대를 배경으로 한 장편소설『설랑자』에도 중세기적 무속신앙의 폐해에 대한 지적이 여러 장면에 등장하는데 금슬 좋기로 소문난 설생원은 오래도록 자식을 보지 못하자 부인의 성화에 못이겨 명산대천을 찾아다니며 치성을 드린다.

> 설생원은 본래 유학을 닦아온 선비인 만큼 산신이요 지신이요 하는 잡귀신 따위를 아예 믿지 않았지만 부인의 성화를 받아낼 수 없는데서 한때 그런 장난을 해보지 않을 수 없었으나 스스로 어리석음을 깨닫고 다시는 더 되풀이하지 않으리라 마음먹었다.[235]

미신적 행위에 강한 배척감을 갖고 있던 설생원은 결국 부인을 설득하여 치성을 단념하게 한다. 그뒤 설부용의 혼인이 이진성의 두 형수에 의해 파탄이 나자 윤 부인은 또다시 그것이 '액막이'를 하지 않은 탓이라 생각하여 살풀이를 하려고 한다. 하지만 유학자인 설생원의 단호한 반대로 성사되지 못하는데 소설은 이러한 무속신앙이 당시 전반 사회의 폐단이었음을 지적하였다.

> 고려시대는 중세기적 무속신앙이 커다란 사회적 폐단으로 되고 있었던 것이다. 사람들의 의식이 아직 원시상태를 완전히 탈피하지 못하였던 탓으로 무속신앙이 생활면에까지 광범하게 적용되어 병이 나도 약물치료보다는 노구메를 지내였고 인간의 화복과 운수소관을 신의 힘에 맡겨 살풀이, 액막이, 무꾸리, 푸닥거리... 이루 헤아릴 수 없이 많은 형식으로 잡귀신을 섬겼던 것이다. 이리하여 항간의 여간 재물은 무당판수의 수중으로 들어가기가 일수였으며 심지어 전답을 팔고 가장집물을 팔고 오막살이 집까지 팔아 밀어넣는 등 그 민폐는 한마디로

말할 수 없는 지경에 이르렀던 것이다.(김용식, 『설랑자』, 71~72쪽)

소설은 이러한 사회적 분위기에서도 설생원이 무속신앙의 사회적 풍기에 휩쓸리지 않은 것은 유학만을 지고무상의 거룩한 존재로 숭상하는 선비의 청고한 지조가 있었기 때문이라고 하면서 유교에 대한 호의적인 태도를 드러내기도 했다. 『설랑자』에서 무속행위의 폐단에 대해 가장 목소리를 높인 것은 안향이 복화술로 백성들을 무혹하는 무당들을 퇴치하는 장면이다. 자칭 산신령의 딸들인 무당들은 복채를 많이 두어야 점괘가 잘 나온다는 얼토당토 않은 수작으로 백성들의 재물을 긁어모았는데 안향은 그들이 지나갈 때면 공중에서 들리는 이상한 소리가 사실 중국의 무당들이 흔히 써오던 복화술이라는 술책이었음을 알고 그들의 진상을 밝힌 뒤 백성들에게 미신을 믿지 말 것을 당부한다.

『이조만가』에서의 미신행위는 주로 민비의 주도하에 왕실 내부에서 이루어지는데 첫 왕자가 요절하자 민비는 그 원인을 무속신앙에서 찾으며 살풀이를 하기 시작한다. 그리고 세자빈 책봉의식에 수백 명의 무당, 복술쟁이, 광대들이 모여들어 가장 성대한 굿을 펼치기도 한다. 또 대원군이 청나라에 납치되어 간 뒤 정권을 장악한 후에도 민비는 판수 이유인과 무당 신령군을 불러 들여 광대놀음으로 자신의 권력욕을 표출하였다.

대궐 안에는 민비가 기도를 드리는 제단을 새로 만들었다. 청나라 세력을 끌어들여 대원군을 먼 이국땅으로 아주 내쫓아버리고 일본세력을 견제하게 했으며 민씨 일족이 국권을 다시 잡게 된 이 모든 혁혁한 성과는 자기의 신묘한 계교에 의한 것이지만 자기가 목숨을 부지하고 이런 계교를 낼 수 있으며 그 계교가 뜻대로 실현된 것은 또한 신의 보우가 있었기 때문이라고 생각한 민비는 또다시 판수 이유인, 무당 신령군을 불러들여 밤낮없이 자기를 대신하여 지신, 해신, 천신에게 기도를 드리고 치성을 하게 했다. 현대인의 상식으로서는 믿을 수 없는 이 괴상망측한 광대놀음이 정권욕에 미친 민비에게 있어서는 요지부동한 신앙으로 되었던 것이다. (김용식, 『이조만가』)

민비는 동학운동 발발 직전까지도 호사스런 향연을 이어가다 앓아눕게 되자 또다시 굿판을 벌인다.

이와 같이(각처에서 일어나는 봉기) 소란하고 험악한 국정과는 관계없이 왕실에서는 호사스런 향연이 그칠 줄 몰랐다. 지나치게 호사하던 나머지 민비는 앓아눕게 되었다. 용하다는 의원과 약은 말할 것도 없고 점을 치고 기도하고 살풀이하는 굿을 벌이고 낮에 밤을 이어 궁전이 떠나갈듯 징소리, 북소리가 쿵작거리며 야단법석을 치고 금강산 일만이천봉 봉마다 칠성단 모으고 향불을 피워놓고 독경소리 그칠 줄 몰랐다.(김용식, 『이조만가』)

이와 같이 극단적인 미신 행위는 결과적으로 국고의 탕진을 초래하기에 이른다. 『이조만가』에는 또 "나합의 시반일"이라는 장절에서 김좌근의 애첩 양씨가 전생에 수궁의 용녀이므로 물고기들에게 적선을 베풀어야 내세에 극락으로 갈 것이라는 점괘를 믿고 스무 섬의 입쌀을 고깃밥으로 강물에 뿌리는 이야기가 등장하는데 이 역시 무속신앙의 극단적인 폐단을 보여주는 일화다. 이처럼 김용식의 작품에서는 주로 무지한 여성들과 노비들이 무속신앙에 대한 맹신을 보이는데 작가는 그 원인이 유교적 교육을 접하지 못한 무지와 몽매에 있음을 지적하였다.

무속신앙에 대한 강한 비판은 종교적인 측면에까지 이어졌는데 김용식은 불교에 대해서도 무속신앙 못지 않은 부정적인 시각을 표출하였다.

「설분」에서 사도세자의 원혼을 추모하고 명복을 빌기 위해 건설한 현륭원은 관인들의 세도와 횡포로 하여 백성들에게 악의 근원지로 인식되었다.

> 원(현륭원)내에는 불도들의 송경소리가 악마구리 끓듯 웅웅거리고 휘황한 등롱불빛은 밤을 대낮처럼 밝혀주었다.[236]

비록「설분」에서 악행의 주체는 용주사의 중이 아닌 현륭원의 사무를 맡아보는 관인이긴 했지만 햅쌀밥 한 그릇이 간절한 백성들과 "밤을 대낮처럼 밝히는 휘황한 등롱불"이 켜져 있는 용주사의 이미지는 다분히 부정적인 색채를 띠고 있다. 심지어 장편소설『규중비사』에서 백란당을 살해한 범인은 그에게 불순한 마음을 품었던 흥천사의 돌중으로 설정되었다.

김용식의 불교에 대한 부정적인 시각은 불교를 신앙하는 열기가 상당했던 신라 시대를 배경으로 한「무영탑」에서도 예외는 아니었다. 소설에는 아사달이 신라에 도착한 뒤 그를 안내하던 집사랑의 소개로 에밀레종 전설이 등장하는데 이는 시대적 배경을 고려할 때 사실성이 떨어지는 삽화임은 이미 4장 1절에서 언급했다. 이외에도「무영탑」에는 어린 아사달과 아사녀의 눈을 통해 본 승려들의 모습이 많이 그려졌다.

> 나물죽으로 배를 곯으면서 무릎에 장알이 박히도록 부처님 앞에 꿇어앉아 염불하고 참선하는 여승들의 꼴이 별찌(아사녀)에게는 여간만 괴상하게 보이지 않았다.[237]

> 아사달과 아사녀는 그런 번중하고 굉장한 불사활동을 구경할 때 마다 흡사 귀신놀음 같아만 보여서 도무지 이해할 수 없었다. 하지만 아사달은 불상을 만드는 데 들어서는 자기의 재능과 수고를 아끼지 않았고 지혜와 정성을 고이기에 여념이 없었다. 그것은 불교에 대한 그 어떤 돈독한 신앙심에서가 아니라 하나의 명공으로서의 예술적 정열이 뜨겁게 불타올랐기 때문이었다.(김용식,『무영탑』, 196쪽)

아사달과 아사녀는 어려서부터 사원 근처에서 생활하면서 불교도들과 가장 가까운 거리에 있었지만 늘 그들의 종교에 대해 이해할 수 없었다. 그리고 아사달이 불탑 축조에 열과 성을 다하게 된 것 역시 신앙심의 발로가 아닌 예술에 대한 사랑과 자신의 재능에 대한 자부심에서 비롯된 것임을 미리 밝혀두기도 했다.

> 중들이 불교행사를 할 때면 반드시 종을 울려서 신령의 보우를 빈다. 신령이 어디 있어 사람을 보우해 주랴만 불도들은 그래도 신령이 있다고 믿었고 그 가운데서 신앙심이 두텁지 못한 교도들은 한갓 자아위안을 위해 신령을 믿을따름이었다. 그러니 신앙이란 것도 어디까지나 현실세계를 떠나서 존재한다고는 볼 수 없는 것이라 하겠다.

(중략)

구화산의 여러 사원에서는 불교행사를 자주 벌리었다. 더욱이 돈 많은 시주들이 재물을 탕진하면서 불공을 드리는 일이 빈번해서 온통 야단법석을 떨곤 할 때가 많았다.(김용식, 『무영탑』, 185쪽)

김용식의 불교에 대한 반감은 불교와 미신적 행위의 계선을 애매모호하게 설정하는 데로 이어졌고 불교적 행사 역시 신령에게 보우를 빌며 재물을 탕진하는 행위 그 이상도 이하도 아니었다.

「운영전」에서의 불교도 「무영탑」과 크게 다를 바 없는데 「운영전」에서는 조선시대 불교의 흥망성쇠의 역사를 서술하면서 불교의 여러 가지 폐단들이 배불숭유의 원인이라고 지적하고 있다. 「운영전」의 시대 배경인 세종 당시는 불교가 조선에서 흥행했던 시기임에도 김용식은 화려함 속에 감춰진 불교의 폐단에 대해 꾸준히 언급하고 있다.

세종왕이 불교를 숭상하게 되자 사대부들과 유학도들까지도 절간으로 출입이 빈번해졌던 것이다. 더욱이 부녀들이 절간으로 가서 불공을 드리는 것인 줄례로 되다시피한 것은 가관이었다.

(중략)

그런 부녀자들 가운데는 이 핑계 저 핑계로 며칠씩 절간에서 묵새기면서 더러는 오입쟁이 승려들과 추행을 일삼기도 했고 무위도식하는 방탕한 한량패들이 냄새를 맡고 절로 몰려가서 갖은 음행을 범하기도 했다.[238]

이처럼 「운영전」에서 불교사원은 '탕남탕녀'들의 모임의 장으로 그려졌다. 김진사 역시 유학을 공부해온 선비임에도 불교를 신앙하여 노비 특에게 공양미 마흔 섬을 주어 관음사에 가서 자결한 운영의 명복을 빌게 하는데 특은 관음사에 가서 진탕 놀기만 하고 내려온다. 이에 김진사가 다시 절을 찾아 불전 앞에서 세존世尊(부처)에게 재를 올리지만 "그렇게 전지전능하고 거룩하다는 세존을 곤백 번도 더 불러가며 재를 올렸건만 그 신통력과 영험은 어디로 갔는지 한가지 소원대로 되는 것이 없"다. 이는 당장에서 자신의 '소원'을 들어주기를 바라는 인간의 무능함과 나약함의 폭로인 동시에 불교에 대한 부정적 시각을 보여주는 부분이다.

김용식의 불교에 대한 반감은 유학자로서의 출신과 마르크스주의의 유물론적 역사관에서 비롯된 것으로 장편소설 『설랑자』에서는 본격적으로 유교 지향사상을 드러내기도 한다.

> 부용이는 유교와 불교를 대비해 보았다.
>
> 내세를 위한 종교, 이생을 버리고 영원한 삶의 세계로 왕생한다는 허황한 설교를 되풀이하는 것이 불교인 것 같았다.
>
> 반면에 유교는 이생을 중시한다. 사람은 누구나 이생에서 사람다운 사람으로 인격을 도야해야 하며, 뜻도 포부도 공명도 살아생전에 이룩함으로써 후세에까지 그 이름을 남겨야 한다고 설교하고 주장하는 것이 유교인 것이다.
>
> 모름지기 인의예지를 지키고 충효의도를 닦는 것만이 도덕적 자아완성의 최고표준이라고 가르치는 것도 결국은 이생에서 사람답게 몸을 세우라는 가르침인 것이다.
>
> 이렇다고 볼 때 유교는 불교에 비해 현실적인 신앙이며 학문이 아니겠는가[239]

이상의 인용문은 김용식 작품에 일관되게 나타나는 반미신, 반불교적 정서에 대한 집약적인 반영이다. 소설에는 또 "불교라 하는 것은 어버이를 버리고 집을 나가며 인륜을 저버리고 의리를 어기니 이는 절대로 좇을 바가 못 된다"는 안향의 말로 불교를 비인륜적인 종교로 규정짓기도 했다. 양반 가문에서 태어나 전통적인 유학공부를 해오면서 뿌리 깊이 자리한 김용식의 유학 숭배사상은 그의 전반 작품에 관통되어 있는 무속신앙과 불교에 대한 배척사상을 통해 드러나고 있다.

김용식은 유년기를 고향인 경상도에서 보내고 15세에 중국으로 이주해온 이민 1.5세대 작가이다. 이러한 특수한 신분으로 하여 그의 작품은 같은 소재를 다룬 한반도의 기타 작품들과 확연하게 다른 부분이 존재하는데 중국 대륙과 한반도의 우호적인 관계를 지향하고 있는 것이 바로 그의 소설의 특징 중의 하나이다. 「보은단」은 전반 이야기가 명나라와 조선의 외교 관계를 토대로 하여 벌어진다. 소설은 종계변무 주청이 조선과 명나라의 오랜 선린 관계를 바탕으로 원만히 해결되는 이야기를 주선으로 하고 있다. 그리고 앞선 시대에 종계변무가 여러 번 좌절을 당했음에도 명나라에 대한 강한 믿음을 표출하기도 했다. 소설은 조선과 명나라는 국초 이래 줄곧 화평하게 지나왔으며 시종 미더운 인방으로 친목을 도모해왔다는 것은 누구도 부정할 수 없으며 종계변무가 거절당한 사정을 가지고 명나라를 믿지 못하거나 무함하는 것은 경망한 언동이라며 친명외교를 펼치는 서인을 긍정적으로 묘사하였다. 그리고 명나라가 임진왜란 때 조선에 재조지은을 베푼 것은 조선의 역관 홍순언이 의롭게 명나라의 처자를 구한 것에 대한 보답이었다는 식의 해석을 가하면서 아Q의 정신승리법과 유사한 논리를 내세우기도 했다. 이는 역사적으로 두 나라와 민족의 오랜 친선 관계를 조명하는 한편 그런 관계가 형성되기까지는 조선민족의 우수한 문화전통도 한몫하고 있음을 은연 중에 드러내고 있는 것이다. 「보은단」에는 이를 뒷받침하는 일화가 등장한다.

옛날 중국에서 조선에 인재가 많다는 소문을 듣고 그 허실을 알아보기 위해 사신을 보냈는데 사신을 마중하는 임무를 맡은 뱃사공이 지혜롭게 대처하였다는 것이 그 대략적인 내용이다. 작가는 이야기 말미에 "이 우스운 이야기는 옛날 조선 사람들이 중국을 대국으로 숭상하면서도 또한 조선에도 인재가 많기 때문에 대국도 업수이 볼 수 없다고 하는 민족적 자부심에서 지어낸 듯하다"는 부가설명을 곁들이고 있다.

이외에 『설랑자』에도 중국과 조선의 관계를 최대한 미화하기 위한 흔적들이 보이는데 원나라의 공녀 제도에 대한 사안을 허구적으로 그려낸 것은 줄곧 중국 대륙(원나라)과 한반도(고려)의 친선관계를 작품의 전면에 내세웠던 작가 김용식의 작가의식의 발로이다. 원나라와 고려가 연합하여 일본을 정벌하려 했던 "가미카제神風" 일화도 두 나라의 협력적 관계에 주목하고 있고 고려에 대해 정치적인 억압을 가했던 원나라 지배자들 또한 고려의 재상들의 의견을 적극 수용하는 형상으로 그려져 있다.

「무영탑」에서는 당나라 석공 아사달이 신라에 건너가 불탑을 축조하는가 하면 수많은 신라 상인, 학자들이 당나라에 와서 안착하여 편안한 생활을 영위해 가고 있었는데 이는 모두 신라인들에 대한 당나라의 우호적인 정책 하에서 가능한 것이었다. 이처럼 김용식의 소설은 두 나라 간의 뿌리 깊은 친선관계를 강조하면서 그 역사적 의미를 조명하고 있는데 이는 이민 1.5세로서의 김용식의 이중정체성의 고민에서 비롯된 사상내용적 특징이기도 하다. 김용식의 역사소설과 동일한 소재를 다룬 한반도의 기타 문학작품과의 가장 큰 차이 또한 여기에 있다. 일례로 현진건은『무영탑』에서 석공을 백제에서 온 장인으로 설정함으로써 일제시대라는 특수한 시대적 배경 하에 민족의 정체성을 확인하고 민족문화와 정신을 전승하려는 목적성을 드러냈다. 하지만 김용식의「무영탑」은 석공의 모국을 당나라로 설정한 전설의 내용을 따르면서 당나라와 신라의 우호적인 왕래에 큰 필묵을 들였다. 이는 중국조선족 사회에서 두 민족의 화합의 역사를 강조하려 한 작가의 의도로 볼 수 있다. 이외에도「보은단」,「설랑자」등에서도 동일 소재를 다룬 조선의 작품들보다 두 나라 간의 우호적인 대화 관계를 더욱 부각시키고 강조하였음을 쉽게 보아낼 수 있다.

김용식의 역사 소재 소설은 봉건사회와의 비교를 통해 현실생활에 대한 긍정의식을 드러낸 동시에 역사의 반복성과 유사성에서 암시되는 현실고발 의식을 보여주고 있다. 역사소설은 역사의 재현과 해석에만 그치는 것이 아니라 현실에 우회적으로 대응하는 하나의 방법이기도 하다. 바로 여기에 역사소설의 가치가 있다. 김용식의 역사소설의 또 하나의 중요한 특징은 봉건사회의 부패와 죄악을 폭넓게 비판하고 있으며 아울러 지난날의 역사에 대한 예리한 비판을 통하여 사회주의 현실의 선진성, 우월성에 대한 긍정과 찬양을 대조적으로 표현한 것이다. 작가는 역사에 비춰본 현실 긍정의식과 함께 역사와 비슷한 현실의 암흑면을 고발하였다.[240]

「발복」에서는 풍수설에 대한 맹신은 봉건사회에만 존재한 것이 아닌, 오늘날까지 이어져 오고 있는 우매한 행위임을 풍자적으로 조소하였다. 그리고 권세를 믿고 행패를 부리는「설분」의 관인들은 조선시대에만 존재하는 인물이 아니다. 현릉원 관인 유시원에 대한 처결은 시대를 뛰어넘어 백성들을 억압하는 존재들에 대한 경고적 의미를 지닌다.「보은단」에서는 의로운 일을 하고 감옥에 갇혔던 홍순언이 결국 그 의로움으로 하여 위기에 처한 나라를 구하게 되었다는 이야기로 사필귀정, 인과응보의 주제를 드러내고 있다. 이러한 현실 고발의식은 중편소설「고리백정의 사위」에서 더욱 강하게 표출된다. 소설에서 이장곤은 수구파의 모함으로 억울한 누명을 쓴 이장곤이 생명의 위협을 느끼고 사회 최하층계급인 양수척의 무리에 들어가 생전 해본 적이 없는 모진 일들을 하다가 중종반정으로 누명을 벗고 원래의 자리로 돌아가는 고진감래의 결과를 맞이한다.『설랑자』의 설부용은 하루 아침에 외간남자와 정을 통한 '음탕한 여인'이란 오명을 쓰고 혼인도 파탄난 채 여자의 몸으로 팔도를 유랑하게 되고 백란당과 지고지순한 사랑을 나누던『규중비사』의 류원하도 사랑하는 여인을 무참히 살해한 살인범으로 되어 위험에 처한다. 이 모든 억울한 사안들의 발생은 우연이 아니라 봉건사회 내부의 권력다툼과 모략, 질투와 알력의 결과였다. 작가 김용식이 이러한 역사적 현상을 빌어 현실생활을 말하게 된 것은 그 자신이 겪어온 굴곡적인 생활경력과도 갈라놓을 수 없다.[241]

고지식한 선비로 문학창작에 열을 올리다 우파모자를 쓰고 갖은 수모를 당한 뒤 문단에서 쫓겨나다시피 하여 고난의 시간을 보내다 22년 만에야 역사문제를 시정 받은 김용식 자신의 체험은 류원하, 설부용, 이장곤의 형상에 그대로 투영되었다. 때문에 "설분, 설분, 설분… 원혼이 되어 구천에 돌아간 망령들까지도 설분을 외치는 고함소리가 하늘에 사무치었다"는 이장곤을 중심으로 한 그 당시 모든 누명을 썼던 사람들의 외침인 동시에 작가 자신의 포효이기도 했다.

역사는 긍정과 부정의 부단한 교체 속에서 줄기차게 앞으로 전진하며 때로는 사람을 놀래울 정도로 유사성을 보여주면서 일부 현상을 반복하기도 한다. 김용식은 우리의 현대 생활을 연구하고 체험하는 가운데서 역사와 비슷한 그러한 사실을 수없이 발견하였으며 따라서 역사의 경험, 교훈에 대한 사고와 분석으로부터 그것을 빌어 현실에 대한 긍정과 고발의식을 토로할 수 있는 가능성을 확인하였던 것이다.[242]

김용식의 역사 소재 소설에서 드러난 봉건사회 신분제도, 부패한 관리들의 권력 남용과 조정 대신들의 권력암투, 우매한 미신적 행위에서 비롯된 국고 탕진과 그로 인해 초래된 국가적 위기 등 일련의 상황들은 지나간 역사에만 해당되는 이야기가 아니다. 현실 생활의 곳곳에는 아직도 봉건사회의 잔여의식들이 뿌리박혀 있고 권력 암투와 미신적 행위는 오늘날까지도 암적인 존재로 남아있다. 여기에 김용식의 작품의 현실적 의의가 있다.

김용식의 역사소설은 대부분 민간설화와 전설에서 소재를 취했다. 그는 설화의 소설화 과정에서 민족의 역사를 재현하기에 힘썼고 민족의 우수한 문화를 소개하려는 노력을 보였다. 때문에 그의 소설은 소재의 선택에서부터 민족역사의 재현을 통한 뿌리 찾기 문학임을 보아낼 수 있다. 비록 익숙한 소재를 사용했기 때문에 작품의 신선함이 다소 떨어지는 면도 있긴 하지만 그의 작품을 조금만 들여다보면 김용식 소설만의 개성적인 면들을 쉽게 보아낼 수 있다. 위에서 언급한 바와 같이 그의 작품은 중국대륙과 한반도를 무대로 신라부터 조선시대 말까지의 이야기를 다루었기에 방대한 시공간적 배경을 자랑한다. 그의 소설은 대량의 고전명작 탐독의 결과물로 모든 작품에 고사나 해당 시기의 역사적 상황을 보여주는 일화들을 최대한 객관적인 시각으로 인용하여 글의 완성도를 높였다. 본문에서는 다루지 않았지만 그의 실화 소설인「소쩍새 울던 밤」에서도 소쩍새라는 메타포를 사용하게 된 배경지식들을 소개하고 있다.

> 소쩍새 소리가 들려온다. 저녁마다 듣는 소쩍새 소리다. 초저녁부터 한밤중이 되도록 멎을 줄을 모르고 한결같이 우는 새다. 이 새의 울음소리가 하도 처량하고 구슬프게 들려 예로부터 이 새의 울음소리를 두고 한많은 전설이 전해왔으니 촉나라 임금 망제가 억울하게 죽어서 그 원혼이 이 소쩍새로 변했다는 이야기도 곧 그런데서 나온 것이다. 촉나라(사천성에 있었다고 전하는 전설적인 나라)의 망제는 간신들에게 몰리어 궁벽한 적소에 버림을 받게 되었다. 망제는 원통해서 울고울다가 죽어서 소쩍새가 되었는데 이 새가 망제의 원혼이라 해서 '촉혼조'라고도 부르며 또 이 촉혼조가 하도 섧게 울다가 목으로 피를 토했는데 그 피가 두견화를 붉게 물들였다 하여 '두견새'라 부르게 되었다고도 한다. 촉혼조, 두견새, 자규, 접동새, 소쩍새... 이렇듯 많은 이름을 가지고 있는 이 새의 이름마다에는 구슬픈 전설과 일화가 서리어 있으며 다감한 시인들의 흉금을 치는 서정이 깃들어있다. 나는 저녁마다 소쩍새 소리를 듣기는 했지만 피곤을 못 이겨 인츰 혼몽세계로 들어가다 보니 그때마다 여겨듣지를 못했던 것이다.
>
> 지금도 무심코 듣게 되면 무슨 걸리는 데가 있으랴만 유정한 자에게는

> 바람소리도 지나들리지 않는다더니 내게 섧은 사정이 있으므로 더욱 감상적으로 들리는지도 모르겠다. 무서운 생각이 물러가고 대신 가슴이 스르르해나면서 걷잡을 수 없는 감회가 갈마든다. 가슴에 사무쳐 오르는 비탄을 이길 수 없다. 밤은 깊어가건만 소쩍새는 그칠 줄 모르고 점점 더 피나게 운다. 사위는 괴괴하고 적막하다. "산 깊고 밤 깊은데 나그네의 수심도 깊어라"는 옛 시인의 절구가 떠오른다. 아, 이 밤에 내 수심은 왜 이리도 깊어만 가는고...[243]

이처럼 김용식은 그의 소설에서 작은 부분 하나도 놓치지 않고 정확한 역사적 배경과 문화적 배경을 독자들에게 전달하기 위한 노력을 해왔다. 그리고 그의 작품의 독창성은 위에서 이미 여러 차례 언급했던 중국과 한반도의 친선 관계에 대한 집착에서 찾을 수 있는바 이는 그의 특수한 문화신분의 산물이다. 김용식은 중국과 한반도 두 나라의 우호적인 관계를 오랜 역사시기를 거슬러 올라 신라와 당나라에서부터 찾고 있으며 두 나라 사이의 관계는 중국에서 혜택을 주고 한반도에서 은혜를 입는 일방적인 관계가 아닌 서로가 도움을 주는 보다 이상적인 관계였음을 강조하였다. 이는 김용식의 소설이 기타 문학작품과는 다른 시각을 보여주는 부분이다. 김용식 작품의 또 다른 특징은 언어적인 측면에서 찾을 수 있는데 그의 소설은 언어묘사가 큰 비중을 차지한다. 그리고 짧은 대화에서도 인물 간의 관계나 그들의 출신배경을 쉽게 엿볼 수 있다. 이 역시 김용식의 작가적 기량을 보여주는 부분인데 다양한 방언에 능통한 작가의 체험의 산물로 볼 수 있다. 뿌리 깊은 선비 가문 출신으로 튼튼한 지식배경을 자랑하는 김용식은 특유의 박학다식함을 내세워 자신만의 확고한 문학 영역을 구축한 작가이다. 그의 매 한 편의 작품에서 우리는 민족의 역사와 문화를 대하는 진지한 태도를 엿볼 수 있다.

7장 결론

김용식은 민족의 뿌리를 잊지 말고 전통 문화와 역사를 지켜나가야 함을 붓으로 호소해 온 이민 1.5세대 조선족 작가이다. 그는 민족의 문화와 전통에 대한 강한 자긍심을 바탕으로 시, 가사, 극본, 소설에서부터 판소리에 이르기까지 다양한 장르를 넘나들며 꾸준하게 문학창작을 진행하였다. 그중에서도 역사 소재 소설 창작이 문단에서 독보적인 위치를 차지하고 있는데 이는 민족의 뿌리이자 현실을 비추는 거울이 되는 역사의 재현을 통해 특수한 문화 신분으로 살아가는 민족의 정체성을 확인하려는 노력으로 해석된다. 하지만 지금까지 그의 생애나 작품에 대한 연구는 충분히 이루어지지 못했다.

본고에서는 우선 김용식의 생애를 정리하고 그의 특수한 경력과 생활체험이 작품창작과 가지는 함수관계를 살펴보았다. 1925년 경상북도 영양군에서 태어난 김용식은 어려서 학교 대신 서당을 다니며 한학을 배웠다. 그러다가 종조부가 반일의병운동에 가담한 것이 화근이 되어 그의 일가는 일제의 탄압을 받게 되었고 이로 인해 멸가의 위험에 처한 그의 가족들은 김용식이 15세 되던 해인 1940년에 고향을 떠나 중국 흑룡강성으로 이주해 온다. 중국에서 학교를 마치고 교육 사업에 종사하다 중국작가협회 연변분회로 전근을 온 김용식은 중국 전역을 휩쓴 반우파투쟁으로 하여 1958년 우파모자를 쓰고 갖은 수모를 겪게 되었고 1979년 역사문제를 시정받기까지 장장 22년에 걸친 창작의 공백기를 가진다. 그 뒤 꿈 꿔 오던 문학창작에 열을 올리던 김용식은 노동개조를 할 당시 얻은 지병으로 1986년에 세상을 떠난다.

작가의 창작은 그의 삶을 떠나 완성될 수 없고 작품은 작가 자신의 세계관과 인생관의 반영이다. 때문에 김용식의 생애에 대한 이해가 있을 때 비로소 그의 작품세계를 전면적으로 이해할 수 있고 또 반대로 그의 작품을 제대로 이해했을 때 그가 겪었던 삶의 애환을 짐작해볼 수 있는 것이다. 김용식은 나라와 민족이 존망의 위기를 겪고 있던 시대에 태어났고 성장기에는 고향을 떠나 중국으로 이민을 해 새로운 삶의 터전에 적응해야 했던 아픔을 겪는다. 또한 작가로서 왕성한 활동을 펼치려 했던 시기 우파분자로 몰려 강제로 창작의 자유를 잃게 되는 비운을 연속해서 겪게 된다. 처절했던 그의 삶은 결국 창작으로 승화되었고 그는 작품을 통해 설분을 하고 작품 속의 주인공을 자신의 분신으로 내세워 삶의 떫고 쓴 맛을 보게 한다. 김용식의 작품에는 특유의 비극적 색채가 짙게 깔려있는데 이는 작가의 한 맺힌 인생 경력과 무관하지 않다. 수많은 고전소설 가운데 드물게 비극적 결말을 맺는 「수성궁몽유록」을 개작하여 새롭게 쓴 「운영전」도 그러하고 봉건 예교의 굴레에 갇힌 청춘들의 잔혹사를 그린 「설분」과 『규중비사』, 그리고 「무영탑」도 모두 돌이킬 수 없는 여주인공의 죽음으로 슬픈 여운을 남기고 있다. 그의 작품의 전반적인 분위기가 비극적인 색채로 짙게 물들긴 했지만 주제 면에서 보면 이야기는 모두 사필귀정, 인과응보 등 희망적인 메시지를 담고 있다. 이 역시 비록 22년이란 긴 시간이 걸리긴 했지만 결과적으로 역사 문제를 시정 받고 다시 복직하여 접어두었던 꿈을 마음껏 펼칠 수 있는 나날을 맞이했던 김용식 자신의 체험과 깊은 관련이 있다.

김용식의 역사 소재 소설의 소재의 내원을 살펴보면 고전소설을 원작으로 한 개작소설 「운영전」과 역사의 기록에 근거하여 실재사건을 다룬 미완성 장편역사소설 『이조만가』를 제외하면 모든 작품이 설화와 민담, 야사 등에서 소재를 취한 것임을 알 수 있다. 이는 어려서부터 접했던 민간전설과 그가 복직한 후 진행한 민간문학 수집정리 사업과 밀접한 관련이 있다.

김용식은 어린 시절 풍부한 독서를 통해 축적해 온 해박한 지식과 특유의 예리한 안목 그리고 풍부한 상상력을 바탕으로 민간 이야기 수집, 정리 과정에서 접하게 된 설화, 전설 등 구전문학을 소설의 소재로 사용하여 역사소설을 창작하였다. 단편소설 「발복」과 「설분」은 각각 풍 수설화와 정조시대의 용주사 관련 전설에서 소재를 취하였고 중편소설 「무영탑」은 신라의 영지와 석가탑관련 전설에서 소재를 취하였으며 「보은단」은 역관 홍순언의 종계변무 주청과 관련된 일화, 「고리백정의 사위」는 교리 이장곤의 망명을 다룬 소설이다. 그리고 장편소설 『규중비사』는 조선시대 치정살인을 주요 소재로 사용하였고 장편소설 『설랑자』에는 남도 지방의 수많은 전설과 고려시기 설화가 삽입되어 있다.

김용식의 장편소설은 『삼국유사』, 『동경잡기』, 『화엄불국사 고금역대 제현창기』, 『동비낙송東稗洛誦』, 『청구야담』, 『어우야담』, 『계서야담』, 『국당배어』, 『성호사설』, 『연려실기술』, 『열하일기 · 옥갑야화』, 『기묘록보유』, 『성호전집』, 『계서야담』, 『동야휘집』, 『용도공안』, 『신단공안』 등 문헌에 수록되어 있는 설화와 야담, 인물전과 밀접한 상호텍스트성을 가진다. 김용식이 역사소설 창작에서 대중들이 가장 쉽게 접할 수 있는 구전설화를 소재로 선택한 것은 우수한 민족문화에 대한 자부심에서 비롯된 민족적 자긍심의 발로라고 보인다.

김용식의 역사소설은 설화, 전설, 야담을 소재로 하였지만 그 과정에 해당 시기의 실존 인물과 실재 역사사건들을 최대한으로 수용하여 역사의 생생한 시대상을 펼쳐 보였다. 그의 소설은 신라 시기부터 조선왕조 말기에 이르는 역사 시기를 배경으로 하여 한반도 봉건사회의 중요한 역사적 사건들을 다루었다. 시대 순으로 살펴보면 중편소설 「무영탑」은 신라 경덕왕시기를 배경으로 하여 불국사 석가탑 건축을 위해 당나라 석공 아사달이 신라에 건너오는 이야기를 주선으로 하면서 중국 동남 연해지역의 '신라방'의 상황과 형성 원인을 역사적 진실에 부합되게 설명하고 있다. 그리고 고대 두 나라 불교의 교류 면에서 돌출한 기여를 한 김교각도 소설에 중요한 인물로 등장시키고 있다. 그리고 고려 충렬왕 연간을 시대 배경으로 하고 있는 장편소설 『설랑자』는 전반 소설이 허구적인 이야기를 다루고 있으면서 주인공 이진성이 사실은 고려 시기 문신 이곡이었다고 밝히는 독특한 설정을 취하고 있다. 『설랑자』에도 고려 시기의 중대한 사건과 중요한 인물들이 대거 등장하는데 우선 원나라 황제에게 상소를 올려 고려의 처녀 징발을 중지할 것을 요구한 주인공 이곡의 활약상을 사실적으로 그리고 있다. 동시에 이곡과 고려의 저명한 학자이자 정치가였던 안향과 이제현의 직간접적인 교유에 대해서도 언급하였다. 소설에서는 또 의종 24년에 있었던 무신란에 대해 비교적 구체적으로 다루기도 하였다.

개작소설 「운영전」은 고전소설 「수성궁몽유록」의 이야기 주선을 기본 골자로 하면서 거기에 세종조부터 소설의 액자 밖 시점인 양란 이후 사이에 있었던 세종대왕의 훈민정음창제, 세조의 왕위찬탈, 병자호란 등 조선조의 비중 있는 역사사건들을 추가적으로 다루었다. 중편소설 「고리백정의 사위」는 연산군 시기를 배경으로 하면서 조선

시대 4대 사화 중의 '갑자사화', '무오사화', '기묘사화' 등 사화들을 통해 연산군 시기와 중종 시기의 혼란한 사회상을 그려냈다. 선조대를 배경으로 하는 「보은단」은 명나라와 조선의 오랜 역사 사안인 '종계변무'에 대한 이야기인데 종계변무의 원만한 해결 과정을 그리는 한편 조선 조정의 오랜 고질문제인 당파싸움을 핍진하게 그려냈다. 그리고 단편소설 「설분」은 정조 시기를 배경으로 하여 정조가 비명에 돌아간 사도세자를 기리기 위해 현릉원을 건설하는 과정에서 관인들의 횡포로 인해 백성들이 겪어야 했던 수난에 대해 적고 있다. 또한 장편소설 『규중비사』는 조선시대의 치정살인사건과 밀접한 상호텍스트성을 가진다. 김용식의 역사소설 중에서 가장 정사형 역사소설에 근접한 미완성작 유고 『이조만가』는 저물어가는 조선왕조의 혼란한 시대 상황, 흥선대원군과 민비의 세력투쟁, 조선과 주변 국가 간의 급변하는 관계를 보여주었다.

김용식은 역사 소재 소설 창작에 심혈을 기울이며 자신만의 확고한 역사소설관을 드러내기도 했다. 그는 역사소설창작을 역사유산과 전통문화를 다루는 엄숙한 작업으로 간주하면서 역사소설은 작품의 배경으로 되는 해당 시기의 진실한 시대상을 그려내야 함을 강조하였다. 또한 해당 시기의 사회적 신분과 인간관계를 가늠하는 데 있어 중요한 요소로 작용하는 언어의 사용에 대해 신중을 기해야 하고 미학적인 측면에서는 참되고 아름다운 것들을 추려서 예술적으로 형상화해야 한다는 견해를 갖고 있었다. 이러한 역사소설관은 그의 작품을 통해서도 확인이 가능하다.

김용식의 역사소설은 단순한 과거의 현장에 대한 재현에만 머문 것이 아니다. 역사라는 거울을 통해 현실을 비추어 보는데 모든 역사소설의 가치가 있듯이 김용식의 역사소설도 과거를 통해 앞으로 나아가야 할 방향을 비추는 현실적 의의를 갖고 있다. 이를테면 억울한 사건, 미신적 행위, 권력 남용으로 인한 힘없는 자들의 불이익은 오늘날까지도 사회의 암적인 존재로 남아있다. 김용식은 작품에서 역사의 과오를 되풀이하지 말고 보다 나은 생활을 위해 앞으로 나아갈 것을 호소하고 있다.

그리고 중국과 한반도의 우호적인 친선관계에 대한 강한 집착은 김용식의 역사소설의 또 다른 특징이다. 김용식의 작품은 신라와 당나라, 고려와 원나라, 조선과 명나라, 조선과 청나라를 거친 두 나라 간의 오랜 역사적 교류에 대해 언급하면서 두 나라 사이의 우호 관계에 집착한 나머지 역사왜곡의 조짐마저 보이고 있다. 그중 가장 두드러진 것이 원나라와 고려의 관계에 대한 해석인데 고려 충렬왕 연간은 고려가 원 나라와 군신 관계를 맺고 자주권을 상실했던 시기였음에도 불구하고 두 나라를 대화 가능한 평등한 권리를 행사하는 관계로 묘사하였고 심지어 고려의 공녀제도에 대한 사안을 허구적으로 그려내기까지 하였다. 이는 역사와 전통문화에 대한 엄숙한 태도를 견지했던 김용식의 역사소설관과 어긋나는 것으로 아쉬운 부분이다. 김용식은 두 나라 간의 우호적인 관계는 먼 역사적 시기로부터 지속되어온 것임을 강조하고 있는데 이는 중국의 '공민'이면서 동시에 한민족인 특수한 이중 문화 신분에서 비롯된 작가의식에서 이유를 찾을 수 있다.

김용식은 역사소설뿐만 아니라 시, 가사, 극본, 판소리, 소설 등 다양한 장르를 넘나들며 전천후적인 작가의 면모를 과시한 작가이다.

특히 그는 역사소설 창작에서 뚜렷한 족적을 남겼는데 역사소설 창작을 통해 특수한 문화신분을 갖고 있는 조선족이 자신의 정체성을 지켜나가는 방법은 민족의 역사와 문화전통을 잊지 않는 것임을 강조했다. 이에 본고에서는 김용식의 역사소설과 중국과 한반도의 역사 및 두 나라 문화와의 상호텍스트성에 대한 고찰을 통해 김용식의 역사소설관과 작가의식을 살펴보았다. 앞으로도 김용식의 생애와 작품에 대한 깊이 있는 연구가 다양한 방법으로 계속되어야 할 것이다. 이는 향후의 과제로 남기고자 한다.

미주

1 김동훈, 「김용식론」, 『조선족문학연구』, 흑룡강조선민족출판사, 1989:409-422

2 한명환, 「『산골녀성들』의 구성과 문제-중국 조선족 농촌소설의 개혁개방기적 특성을 중심으로」, 『한중인문학연구』19집, 한중인문학회, 2006

3 한명환, 「중국 조선족 소설의 재인식과 역사체험-개혁개방기 김학철, 리근전, 김용식 소설을 중심으로」, 『국제어문』44집, 국제어문학회. 2008

4 한명환, 「중국 조선족 역사소설의 탈식민주의 특성 연구-김용식 역사소설을 중심으로」, 『한중인문학연구』18집, 한중인문학회, 2006

5 장춘식, 「역사소설을 통한 민족정체성의 확인-김용식의 장편역사소설 『설랑자』를 중심으로」, 『문학과 예술』, 2006(3):111-130

6 우파분자: "우파분자"는 1957년 "반우파투쟁"에서 오해를 받은 약 550만명의 지식인과 애국민주주의자(일부 당원과 간부를 포함)를 가리킨다. 1979년 9월, 중국 공산당 중앙위원회는 우파로 오해받은 사람들에 대해 전면적인 재조사를 실시하고, 우파로 오해받았던 이들의 잘못된 결론을 바로잡기로 결정했다. 1980년 5월 8일, 우파 평정 작업은 완료되었으며, 예전에 우파로 오해받았던 55만명 이상이 명예를 회복했다.

7 童慶炳 · 程正民 主編, 『文藝心理學教程』, 高等教育出版社, 2001:92 참조

8 童慶炳 · 程正民 主編, 『文藝心理學教程』, 高等教育出版社, 2001: 97-101쪽 참조

9 이상섭, 『문학비평용어사전』, 민음사, 2003:239

10 문철주, 『한국 근대 역사소설 연구』, 동아대학교 박사학위논문. 1993 재인용

11 이상섭, 『문학비평용어사전』, 민음사, 2003:239 참조

12 공임순, 「역사소설의 개념과 장르적 유형론」. 『역사소설이란 무엇인가』. 예림기획, 2003:30-33

13 김윤식. 「한국 근대 소설사 연구」, 을유문화사, 1986:412-433

14 馬新國 主編, 『西方文論史』, 高等敎育出版社, 2002:612-613

15 1456년 성삼문成三問·박팽년樸彭年 등이 주동한 단종 복위 계획이 사전에 발각되어 모두 주살당할 때, 그도 이 사건에 관련되어 군기감 앞에서 처형되었다. 1731년(영조 7년)에는 김문기를 복관하고 1757년에 충의忠毅란 시호를 내렸다. 또한 1791년(정조 15년)에 단종을 위해 충성을 바친 여러 신하들에게 『어정배식록 禦定配食錄』을 편정編定할 때, 그는 삼중신三重臣: 閔伸·趙克寬·金文起의 한 사람으로 선정되고, 성삼문·박팽년·이개李塏·유성원柳誠源·유응부兪應孚·하위지河緯地 등 6인은 『추강집』의 육신전대로 '사육신'에 선정되었다. 1977년 7월 국사편찬위원회에서는 사육신 문제를 규명하기 위한 특별위원회를 구성하였다. 그리고 여러 차례 논의한 끝에 "김문기를 사육신의 한 사람으로 현창顯彰하는 것이 마땅하다."는 결의를 만장일치로 채택하였다. [네이버 지식백과] 김문기金文起, 한국민족문화대백과, 한국학중앙연구원

16 김도현의 창의비 옆에 당시 의병에 함께 참가한 참가자 명단이 새겨져 있는데 거기에 김호현의 이름도 있다고 한다.

17 김용식, 「흘러간 육십평생」, 『숲문학』 제11호, 도서출판 예감, 2010:168

18 「흘러간 육십평생」, 58

19 「흘러간 육십평생」, 169

20 「흘러간 육십평생」:169-170쪽 참조

21 孫春日, 『中國朝鮮族移民史』, 中華書局, 2009:627-647; 김호웅·조성일·김

관웅 저,『중국조선족문학통사』(상권), 연변인민출판사, 2011:310에서 재인용

22 김호웅·조성일·김관웅 저, 『중국조선족문학통사』, 연변인민출판사, 2011:309-310

23 김학철: 일제강점기에 중국공산당 소속으로 항일운동을 하고 광복 후 북한에서『로동신문』 기자로 활동하다 다시 중국으로 돌아가 소설가로 활동한 조선족 작가.

24 1978년 12월 18~22일, 베이징에서 열린 회의로 좌경화의 착오를 바로 잡고 동시에 문화대혁명 이래 숙청당했던 관련자들의 명예도 회 복시킴.

25 반우파 투쟁: 1957년부터 1958년까지 중국 공산당이 사회 각 계층에 실시한 정치운동. 1978년 당중앙은 '우파분자'로 잘못 규정된 인사들의 명예를 회복시키고 집행 과정에서의 '확대화' 문제, 즉 '반우 확대화'가 잘못되었음을 바로잡았다.

26 김호웅·조성일·김관웅 저,『중국조선족문학통사』(상권), 연변인민출 판사, 2011:345-346.

27 1958년부터 1960년 사이에 일어난 전국적인 생산력 증대 운동으로 중국공산당의 사회주의 건설 과정에서의 심각한 좌절로 평가된다.

28 1958년, 중국에서 농업합작사를 인민공사로 통합시킨 운동으로 농촌의 현실을 떠나서 무작정 규모는 크게, 공유화 정도는 높게 입안되고 추진하였지만 결과는 농민들의 생산 의욕을 크게 훼손하고 농업 생산력을 저하시켰다.

29「흘러간 육십평생」, 175

30 1966년부터 1976년까지 10년간 중국 전역에서 전개되었던 정치적 문화운동. 장준차오, 야오원위안, 왕훙원, 장칭 등 4인방의 몰락으로 1977년 공식적으로 종료됨.

31「흘러간 육십평생」, 179

32「흘러간 육십평생」, 181

33 김호웅·조성일·김관웅 저, 『중국조선족문학통사』(하권), 연변인민출판사, 2012:5

34 『중국조선족문학통사』(하권), 13쪽 참조.

35 「흘러간 육십평생」, 191

36 「흘러간 육십평생」, 167

37 「흘러간 육십평생」, 193

38 동상서, 194

39 「흘러간 육십평생」, 189

40 동상서, 88

41 동상서, 189

42 「흘러간 육십평생」, 189

43 「흘러간 육십평생」, 193

44 김용식, 「설분」, 『은하수』, 흑룡강조선민족출판사, 1983:39-50, 78

45 『조선왕조실록』, 정조 즉위년 3월 20일

46 『조선왕조실록』, 영조 37년 9월 21일

47 『조선왕조실록』, 영조 38년 5월 22일

48 『정조실록』 27권, 정조 13년 7월 11일.

49 『수원지령등록』 2권, 정조 13년 9월 26일, 김선희. 「화성유수 조심태연구」, 『조선시대사학보』50, 2009:157에서 재인용

50 백대진, 「곤장 한대의 벌」, 『한국야담전집』 이조편, 삼성출판사, 1964:195-212

51 김용국, 「설화의 전승경로와 변이양상 연구1-용주사 관련설화-」, 『문명연지』 제23호, 2009:55-74

52 「흘러간 육십평생」, 188

53 성기열, 『한국 구비문학대계』1-5(경기도 수원시 화성군편), 한국 정신문화연구원, 1981:77-79

54 김준혁, 「조선후기 정조의 불교인식과 정책」, 『중앙사론』 제12, 제13합집, 1999:35-58

55 『조선왕조실록』, 정조 14년 5월 17일.

56 정해득, 「정조의 용주사 창건 연구」, 『사학연구』 제93호, 2009:171

57 설성경·김용국 공저, 『수원문화의 뿌리』, 수원 문화원, 2000:146-147

58 『한국 구비문학대계』1-5경기도 수원시 화성군편), 한국 정신문화연구원, 1981:58-63

59 김용식, 「발복」, 『아리랑』 제12호, 연변인민출판사, 1983

60 경암신영대, 『풍수지리학원리』, 경덕출판사, 2004:163

61 경암신영대, 『풍수지리학원리』, 경덕출판사, 2004:333

62 홍순완·리몽일, 「한국풍수지리사상에 대한 이해의 쟁점」, 풍수지리 2, 우리 마당 터, 2002:11

63 其二曰, '諸寺院皆道詵推占山水順＝逆而開創.' 道詵云, '吾所占定外妄加創造則損薄地德祚業不永.' 朕念後世國王公候後妃朝臣各稱願堂或增創造則大可憂也. 新羅之末競造浮屠衰損地德以底於亡可不戒哉. 其五曰, 朕賴三韓山川陰佑以成大業. 西京水德調順爲我國地脈之根本大業萬代之地. 宜當四仲巡駐留過百日以致安寧. 其八曰, 車峴以南公州江外山形地勢並趨背逆人心亦然彼下州郡人叅與朝廷與王侯國戚婚姻得秉國政則或變亂國家或啣統合之怨犯蹕生亂且其曾屬官寺奴婢津驛雜尺或投勢移免或附王侯宮院姦巧言語弄權亂政以致災變者必有之矣. 雖其良民不宜使在位用事.

64 장장식, 「한국의 풍수설화 연구」, 경희대학교 박사학위논문, 1992

65 梵廟也者, 所居必化, 無往不諧. 故能轉禍基爲福場. 百億劫濟其危俗. 靈隧也者. 類□坤脈. 類音府. 低頭也. □同銓. 坤脈. 五行之氣運於地中. 猶人之血脈運於皮膚之中. 仰揆乾心. 二十八宿. 與列星羅於乾心. 各有主張分地. 必在苞 抱同四象於九原. 四象. 老少陰陽. 九原. 葬處也. 千萬代保其餘慶. 則也法無住相 佛法. 禮有盛期 葬禮. 易地而居. 順天之理. 但得青鳥善視. 郭璞之師青鳥先生. 善

陰陽地理. 著錦囊經. 豈令白馬悲嘶.『고운집』, 제3권, 비碑 병서〔大嵩福寺碑銘 竝序〕

66 若以路斷爲凶, 則『靑烏經』注云, "或自然而成, 或人力爲之."

67 玄宮旣葡, 靑鳥不違. 接獻陵之舊岡, 啓佳城之新扉.

68 鬱鬱佳城, 鈴平之疆, 靑鳥告吉, 黃媼諸祥.

69 乘白雲兮帝鄕, 蔔靑鳥兮壽原

70 "予不知『靑烏錦囊』之書, 望氣、步山之術, 卿詳審至此, 足見爲國盡忠, 無任感歎. …"

71 靑烏. 錦囊之術, 固難得解, 而此亦可以理斷.

72 斯其爲一國無疆之福, 恐非靑烏子極吉善地, 所能換得也.

73 嘗聞『靑烏經』乃地理之祖,

74 白虎騰精, 靑烏協蔔. 銀海深深, 珠丘矗矗.

75 靑烏協蔔, 白虎騰精.

76 靑烏毓靈, 葉欒封之新祔

77 路出靑門, 佳城新得,『靑烏』告吉, 玄龜協蔔.

78 象設護兮玄隧, 烏經葉兮珠邱, 感幽明之一理, 尙依歸於千秋.

79 정조 4년(1780) 10월 16일(신유)

80 현종 1년(1660) 10월 7일

81 영조 41년(1765) 9월 16일

82 「졈명혈동비혜식」,『청구야담』卷之二, 奎章閣資料叢書『靑邱野談』(Ⅰ)上, 1999:81-90

83 장장식,「한국의 풍수설화 연구」, 경희대학교 박사학위논문, 1992 참조.

84 장장식,「한국의 풍수설화 연구」, 경희대학교 박사학위논문, 1992 참조.

85 一然、『三國遺事』卷第三、"塔像第四·皇龍寺九層塔". 貞觀十七年癸卯十六日, 將唐帝所賜經像、袈裟、幣帛而還國, 以建塔之事聞於上. 善德王議於群臣, 群臣曰, "請工於百濟, 然後方可. "乃以寶帛, 請於百濟. 匠名阿非知, 受命而來, 經營木石. 伊幹龍春 (一作龍樹) 、幹蠱率小匠二百人, 初立刹柱之日, 匠夢本國百濟滅亡之狀. 匠乃心疑停手, 忽大地震動, 晦冥之中, 有一老僧、一壯士自金殿門出, 乃立其柱, 僧與壯士皆不現. 匠於是改悔, 畢成其塔. 刹柱記云, 鐵盤已上高四十二尺, 已下一百八十三尺. 慈藏以五台所授舍利百粒, 分安於柱中.

86 민주면,『동경잡기』권2, "제언". "영제", "在防禦旨裏 府東距三十裏 水田落種二十三石佛國寺相距十裏許 而寺後山樹木及佛宇丹靑朧 無不照映 故名."

87 成大中,『靑城雜記』卷之五,「醒言」,「東都七怪」. 東都玉笛, 過鳥嶺則無聲, 雁鴨池浮草, 與池水高下, 常自不沈, 栢栗寺筍松, 翦亦生蘖, 梅月堂北向花, 背陽而開, 祇林寺甘泉, 又五色芍藥, 移植則否, 佛國寺無影塔, 獨不影於影池, 是爲東都怪

88『화엄불국사 고금역대 제현창기』, 아세아문화사. 1983:47. "西釋迦塔 一名無影塔', "諺傳 創寺時 匠工自唐來人 有一妹名阿斯女 要訪輒到通未則 大功未完 不可以陋身許納 明旦坤方十裏許 自有天然之澤 臨彼則庶可見矣 斯女依從往見則果鑑 而無塔影故名."; 강석근,「무영탑 전설의 전승과 변이 과정에 대한 연구」,『신라문화』제37집, 2011:100에서 재인용

89 艸衣意恂·林鍾旭 譯註,「佛國寺懷古」,『艸衣選集』, 東文選, 1993:63

90 艸衣意恂, 林鍾旭 譯註,「佛國寺懷古」,『艸衣選集』, 東文選, 1993:63. 寺志云庭有二塔 一名無影塔 造塔石工唐人 其妹名阿斯 尋來在外影池畔 見宮殿幢塔 皆現水中 唯庭中多寶塔無影 故因名曰無影塔也.

91 강석근,「무영탑 전설의 전승과 변이 과정에 대한 연구」,『신라문화』제37집, 2011 참조

92 현진건,「고도순례-경주」(其十),『동아일보』7면, 1929년 8월 16일.

93 천소영,『한국의 전설기행』, 한국문원, 1997:294-297

94 최정희,『한국불교전설 99』, 우리출판사, 1990:143-146

95 김용식,「무영탑」,『무영탑』, 료녕민족출판사, 1984:139-262

96 一然,『三國遺事』卷第三, "塔像第四·栢栗寺". 雞林之北嶽金剛嶺, 山之陽有栢栗寺. 寺有大悲之像一軀, 不知作始, 而靈異頗著. 或云, 是中國之神匠塑衆生寺像

時, 並造也.

97 一然,『三國遺事』卷第五, "孝善第九· 大城孝二世父母". ……旣壯, 好遊獵. 一日, 登吐含山, 捕一熊. 宿山下村, 夢熊變爲鬼, 訟曰, "汝何殺我？我還啖汝！"城怖, 請容赦. 鬼曰, "能爲我創佛寺乎？"城誓之曰, "諾！"旣覺, 汗流被褥. 自後, 禁原野, 爲熊創長壽寺於其捕地. 因而情有所感, 悲願增篤, 乃爲現生二親創佛國寺, 爲前世爺娘創石佛寺.

98 一然,『三國遺事』卷第三, "塔像第四·奉德寺鍾". (新羅景德大王)又捨黃銅一十二萬斤, 爲先考聖德王欲鑄巨鍾一口, 未就而崩. 其子惠恭大王乾運, 以大曆庚戌十二月, 命有司鳩工徒, 乃克成之, 安於奉德寺. 寺乃孝成王開元二十六年戊寅, 爲先考聖德大王奉福所創也. 故鍾銘曰, "聖德大王神鍾之銘.

99『황구연전집』 제6권, 연변인민출판사, 2008:208-213

100 장양수.「현진건 장편소설『무영탑』의 민족주의 문학적 성격」.『새 얼 어문론집』제13집. 2000:365-387

101 李岩,「金喬覺及其九華山垂跡考」,『來華朝鮮-韓國名人事跡述略』, 黑龍江朝鮮民族出版社, 2006:20

102 李岩,「金喬覺及其九華山垂跡考」,『來華朝鮮-韓國名人事跡述略』, 黑龍江朝鮮民族出版社, 2006:20.

103 一然,『三國遺事』 卷第五「大城孝二世父母」참조

104 一然,『三國遺事』卷第三「塔像第四·皇龍寺九層塔」.

105 한국정신문화연구원 편찬,『한국민족문화백과대사전』 제24권, 「혜초」, 1995:851-852

106 화성사는 사위가 산들이 둘러싸여 마치도 성곽과도 같다고 이런 사찰이름이 붙여진 것이다. 이 화성사는 바로 지장법사의 도장이었다.

107『新唐書』卷二二十·列傳第一四五「東夷·新羅」.

108『張保皐鄭年傳』收錄於杜牧『樊川文集』.

109『舊唐書』卷一九九上 · 列傳一四九上,「東夷·新羅」

110 앞의 책, "有張保皐、鄭年者, 皆善鬥戰, 工用槍. 年複能沒海, 履其地五十裏不噎, 角其勇健, 保皐不及也. 年以兄呼保皐, 保皐以齒, 年以藝, 常不相下. 自其國皆來爲武寧軍小將, 後, 保皐歸新羅, 謁其王曰, "遍中國以新羅人爲奴隸, 願得鎭淸海, 使賊不得掠人西去." 淸海, 海路之要也. 王與保皐萬人守之. 自大和(827-835)後, 海上無鬻新羅人者. 保皐旣貴於其國."

111 산동반도 등주 문등현 적산촌(지금의 榮成市石島鎭에 있음)에다 산라의 해상왕 장보고가 세운 이 법화사에는 1992년 한중수교 이후 장보고의 거대한 동상이 세워졌다.

112 (日本)圓仁, 『入唐求法巡禮行記』, 廣西師範大學出版社, 2007

113 앞의 책 참조

114 조희웅, 『고전소설 이본목록』, 집문당, 1999:453-454

115 正統壬戌夏六月有日. 安平大君入侍宸闈. 上從容問曰. 某之堂名雲何. 安平對以無. 上誦蒸民之詩. 且及西銘曰. 宜扁以匪懈. 安平拜手稽首. 且喜且驚. 遂徵言於禁垣諸儒. 以演其旨. 박숭고, 박선생유고, 『륙선생유고』(목판본), 1658:44-45

116 "文宗後宮所居, 稱壽成宮." 『조선왕조실록』, 단종 2년 갑술(1454), 3월 13(갑자)

117 이지영, 「「운영전」 창작의 문학적 배경과 연원」, 『국문학연구』 제26호, 2012:143

118 황혜진, 「고전소설 소재 인물의 역사적 삶에 대한 연구-「운영전」의 안평대군에 대한 실록의 기록을 대상으로-」, 『고소설연구』 제29집, 2010:135 참조

119 『조선왕조실록』, 문종 2년(1452 임신) 2월 3일(정묘)

120 「安平大軍瑢娶左副代言鄭淵之女」, 『이조실록』 23, 세종10, 사회과학출판사, 1978:226

121 『조선왕조실록』, 단종 1년 계유(1453, 경태4)4월 23일(경술)

122 林明德,「壽聖宮夢遊錄」,『韓國漢文小說全集』卷三, 국학 자료원, 1999

123 林明德, 「壽聖宮夢遊錄」, 『韓國漢文小說全集』卷三, 국학 자료원, 1999:39-69

124 김중섭,「'조선시대 백정'의 기원에 대한 역사사회학적 고찰」,『동방학지』제164집, 2013:143 참조.

125 김용식,「보은단」,『무영탑』, 료녕민족출판사, 1986:265

126「종계변무」,『한국민족문화백과대사전』 제20권, 1995:703 -703 참조

127 宗系及惡名辨誣奏請使黃廷彧, 書狀官韓應寅等奉勑而還, 皇帝錄示『會典』中改正全文. 上迎於慕華館, 告宗廟, 受賀. 加百官階, 宥殊死以下. 廷彧、應寅及上通事洪純彦等加資, 賜奴婢、田宅、雜物有差.『朝鮮宣祖實錄』卷24, 宣祖十七年十一月癸酉, 韓國國史編撰委員會, 1955~1963年版.

128 朔庚午/頒光國、平難兩勳臣劵, 祭告、會盟如儀, 賜賚有差, 大赦國內. 百官陳賀, 賜宴闕庭. 光國爲辨宗系誣也. …중략…二等…중략…洪純彦【唐陵君譯官.】等七員. …중략…以前後奉使得請及獻議製奏功效表著人也. 平難爲討逆也.『선조수정실록』24권, 선조 23년(1590 경인), 8월 1일(경오)

129 功臣都監啓曰, "前日請兵、請糧, 得請使臣幷錄事, 有傳教, 故除壬辰年鄭崑壽以前請兵使臣, 已經稟錄者外, …중략… 幷爲收錄磨鍊. 請兵時有功通事, 有亦可幷錄之教, 故各每一人韓潤甫、李海龍、林春發、洪純彦、表憲等, 幷爲收錄敢啓."『선조실록』, 선조 36년(1604 계묘), 8월 17일(경자)

130 孫衛國,「兵部尚書石星與明代抗倭援朝戰爭」,『朝鮮·韓國曆史研究』第十四輯, 延邊大學出版社, 2013:69-106

131 류몽인,『어우야담』, 한국문화사, 1996:173

132 이종호,『조선의 문인이 걸어온 길』, 한길사, 2004:543 참조

133 唐陵君洪純彦, 宣祖朝時譯官, 而解事識體, 有義氣, 喜施與, 蓋出乎其類者也. 少年時, 隨使臣赴北京, 行到通州, 夜遊青樓. 謂主嫗曰, "願得美娥度此良."嫗曰, "此間有士族家女, 年才十八, 素稱國色, 而時未經人, 價高難圖."洪曰, "幣銀多少不須論, 第言相見可也.” 主嫗曰, “諾.”而入良久, 引一人鬟而出. 仙姿綽約, 眞絶代佳人, 而縞以草草. 洪問曰, “聞主嫗言, 則娘子是士族, 而何故托身於靑樓? 又何故以衣白耶?”女低頭斂容而答曰, “妾之父母, 本浙江人, 因仕宦寓居京師. 不幸遘癘疾, 父母一時俱沒, 又無兄弟, 一身零丁, 四顧無依, 旅櫬在館, 返葬無計. 非不知依柱之可恥, 　蘊櫝之爲貴, 而要得例贈之錢以爲喪葬之需, 誠處於萬萬不得已而痛迫之事也.”言畢, 哽咽泣下. 洪聞之潸然, 以爲我若近此女不義也. 仍問, “返葬之費當用幾何?”曰, “人言備百金, 則庶乎其足用.”洪遂出其行中齎來銀子百兩以贈之. 女叩頭拜謝. 一行笑洪之仁. 三十餘年後, 萬曆甲申, 芝川黃公廷彧以宗系辨誣事, 奉使赴京, 洪以首譯隨行. 到皇城外, 望見朝陽門前帳幕連雲, 威儀甚盛. 俄有一人馳來, 尋問洪判事, 仍言石侍郎夫人要與相見. 洪驚惶錯愕, 莫知其所以. 及至帳幕外, 夫人入, 洪俯伏席端, 不敢仰視. 夫人曰, “君不知我耶? 昔在通州蒙君高義, 父母之喪得以返葬, 此感結在心曲, 久愈不敢忘也. 盛備酒膳, 同饋一行.”洪再拜而退. 宗系汙衊, 累朝陳奏, 雖許改正, 而猶未詳悉. 至今行始得狀雪. 『會典』所載特令謄示, 仍爲敕喩. 此固使臣善爲周旋之致, 而夫人之故, 侍郎亦宣力雲. 逮竣事發還之日, 夫人贈以五色錦緞各二十匹. 洪詣侍郎宅, 固辭不受. 還到鴨綠江, 忽見抬扛軍隨至, 乃前送錦緞也. 洪又辭之, 領來曰, “夫人之命也.”置諸江而去. 洪不得已, 具由白使臣, 領受. 還家之後, 見錦緞每匹末端刺成“報恩緞”三字. 洪譯急人之義可嘉, 　而夫人之不忘其恩而必報之者如此, 尤可尙. 京中買錦者, 皆歸洪家. 仍名洪所居洞爲“報恩緞洞”. 厥後設洞名者, 年久訛傳云. 壬辰倭寇至, 車駕西巡. 時皇朝議論, 或堅守鴨綠江以觀其變, 或云夷狄相攻. 中國不必救. 唯兵部尙書石星力言朝鮮不可不救, 且請先賜軍器火藥. 尙書對使臣言本國事往往流涕. 此固出於恤小扶弱之義, 亦以夫人之故如此云. 洪光國功, 封唐陵君, 其孫孝孫癸亥反正錄靖社勳, 拜甫川府使, 人以爲唐陵種德之報云. 鄭泰齊, 『菊堂俳語』, 蔡美花·趙季 主編, 『韓國詩話全編校注』3卷, 2012年, 人民文學出版社:2127－2128.

134 이종호, 『조선의 문인이 걸어온 길』, 한길사, 2004:532 참조

135 이종호, 『조선의 문인이 걸어온 길』, 한길사, 2004:543-544 참조

136 有言唐城君洪純彦, 明萬曆時名譯也. 入皇城嘗遊娼館, 女絶色, 第價有千金者. 洪以千金求薦枕. 女方二八有殊色, 對君泣曰, "奴所以索高價者, 誠謂天下皆慳男, 無肯捐千金者, 祈以免斯須之辱, 一日再日, 本欲以愚館主, 一以望天下有義氣人贖奴作箕帚妾. 奴入娼館五日, 無敢以千金來者. 今日幸逢天下義氣人. 然公外國人, 法不當將奴還. 此身一染, 不可複浣." 洪殊憐之, 問其所以入娼館者, 對曰, "奴南京戶部侍郞某女也. 家被籍追髒, 自賣身娼館, 以贖父 死." 洪大驚曰, "吾不識如此. 今當贖妹, 償價幾何?" 女曰, "二千金." 洪立輸之, 與訣別. 女百拜, 稱恩父而去. 其後洪複絶不置意. 嘗又入中國, 沿道數訪洪純彦來否? 洪怪之, 及近皇城. 路左盛設供帳迎, 謂洪曰, "兵部石老爺奉邀." 及至石第, 石尙書迎拜曰, "恩丈也, 公女待翁久." 遂握手入內室, 夫人盛裝拜堂下. 洪惶恐不知所爲. 尙書笑曰, "丈人久忘乃女耶?" 洪始知夫人乃娼館所贖女也, 出娼館卽歸石星爲繼室. 比石貴, 夫人猶手自繡錦, 皆刺報恩字. 及洪歸, 裝送報恩緞及他錦綺金銀不可勝數. 及壬辰倭寇, 石在兵部力主出兵者, 以石本義朝鮮人故也.

137 洪純彦, 少落拓有義氣. 嘗赴燕到通州, 夜遊青樓, 見一女子極有殊色, 意悅之, 托主嫗要歡. 見其衣素問之, 則曰, "妾父母, 本浙江人, 仕宦京師, 不幸遘癘疾俱沒, 旅櫬在館, 獨妾一身, 返喪無資, 不得以自鬻. 言畢哽咽泣下. 純彦憫然問其葬費, 可用三百金. 卽傾囊與之, 終不近焉. 女請姓名, 終不言. 女曰, "大人不肯言, 妾亦不敢受賜, 乃言姓而出. 同行莫不嗤其迂. 女後爲禮部侍郞石星繼室. 星高其義, 每見東使, 必問洪通官來否. 純彦還國, 以公債未償, 逮囚多年. 時本國以宗系辨誣, 前後十餘使, 皆未得請, 上怒教曰, "此象胥之罪也. 今行又未准請, 當斬首譯一人." 於是諸譯無敢願行者. 相與議曰, "洪純彦無得生出獄門之望, 吾輩宜賠償債本, 贖出而送之, 苟得准事而還, 在渠爲幸. 雖死, 固無所很." 乃齊進喩其意, 純彦慨然許之. 宣祖甲申, 純彦隨黃廷彧到北京. 望見朝陽門外錦幕連雲, 有一騎疾馳來, 問洪判事, 言禮部石侍郞聞公來, 與夫人迎接. 俄見女奴十餘簇擁夫人, 自帳中出. 純彦驚愕欲退. 石星曰, "君記通州施恩事乎? 我聞夫人言, 君誠天下義士."夫人見卽跪拜, 純彦固辭. 星曰, "此報恩拜, 君不可不受."仍大張宴. 星問東使此來何事, 純彦以實對, 星曰勿慮. 留館月餘, 使事果得准請, 石星實爲之也. 及還, 夫人以鈿函十, 各盛錦緞十疋, 曰, "此是妾手織, 以待公至."純彦歸後, 策光國二等勳, 封唐綾君. 人稱所居洞爲報恩緞洞 (卽今美洞) , 其孫、孝孫, 爲肅川府使. 李肯翊,『燃藜室記述別集』卷5,『譯舌典故』

138 이종호,『조선의 문인이 걸어온 길』, 한길사, 2004:541 참조

139 김용식,「고리백정의 사위」,『무영탑』, 료녕민족출판사, 1986:48

140『조선왕조실록』, 성종실록, 성종23년, 임자(1492), 4월 1일(신축)

141『연산군일기』, 연산군 10년 갑자(1504) 11월 6일

142『연산군일기』, 연산군 11년 을축(1505) 5월 22일

143『연산군일기』, 연산군 12년 병인(1506) 9월 2일

144 "長坤家, 卽封閉, 其父母、同生、族親囚禁, 遣義禁府郎員純謹者, 與其兄長吉, 措置捕捉, 穿手掌著枷杻而來." "遣義禁府郎員, 能射武臣二員捕捉. 且長坤善射勇士, 捕告人, 同匿名書捕告者論賞. 且南海縣監柳星, 不無知情之理, 拿來鞫之."『연산군일기』, 연산군 12년 병인(1506) 8월 7일

145 傳曰, "長坤捕告者免放事, 幷諭分配罪人."『연산군일기』, 연산군 12년 병인(1506) 8월 18일

146 下禦製詩曰, 先度終難掩附攀, 兇思姑息隱幽山. 離親棄主容何地, 今古難逾此惡頑仍傳曰, "長坤兇惡至甚故云耳."『연산군일기』, 연산군 13년(1506) 8월 18일

147 그 아우 이장곤은 재주와 무예를 겸비하였으나 연산군의 버림을 받아 남쪽 지방으로 귀양 갔었고 그의 아내는 창령의 농사에 있었다. 其弟長坤, 才兼文武, 爲燕山所忌, 竄逐南裔, 其妻在昌寧農舍.『중종실록』, 중종 15년(1520) 12월 1일

148『중종실록』, 중종 2년(1507) 3월 6일.

149『연산군일기』, 연산군 8년(1502) 8월 1일; 9월 21일; 9월 26일; 연산군

12년 (1506) 6월 9일

150 『연산군일기』, 연산군 8년 내용 참조

151 『중종실록』, 중종 3년, 5년, 7－11년, 14년 내용 참조

152 『중종실록』, 중종 14년(1519) 11월 16일

153 『중종실록』, 중종19년(1524) 7월 4일

154 池承鍾, 『琴軒集』解題, 『南冥學硏究』第6輯, 187~189쪽 참조

155 류성룡의 『무오당적』, 김정국의 『기묘당적』

156 김재영, 「『임꺽정』 연구1－이장곤 이야기의 변개를 중심으로」, 『현 대문학의 연구』5권, 한국문학연구학회, 34~59쪽 참조

157 류몽인, 「어우야담」, 이월영·시귀선 역주, 한국문화사, 1996:513－514

158 李瀷, "懶堉歎", "海東樂府", 『星湖全集』(Ⅰ)卷八, 民族文化推進會, (影印標點) 『韓國文集叢刊』198,1997:191.

159 이희준, 「고리 백정의 사위가 된 이장곤」, 『계서야담』, 유화수역, 국학자료원, 2003:297－301

160 임석재, 「이장곤 일화」, 『임석재전집』5, 평민사, 1989:63－67

161 김용식, 「흘러간 육십평생」, 『숲문학』제11호, 숲문학회, 2010:171.

162 김용식, 『설랑자』, 료녕민족출판사, 1984년

163 大夫人姓李氏. 興禮府人. 生三男一女. 長曰培. 次夭. 次曰穀. 『東文選』卷之一百二十四, "墓志", 大元制封遼陽縣君高麗三韓國大夫人李氏墓誌銘 有序

164 李穀字中父初名芸白韓山郡吏自成子也. 自齠齔擧止異常稍長知讀書亹亹忘倦. 早喪父事母孝, 『高麗史』109卷, 「列傳」22, 李穀

165 韓永愚, 「稼亭 李穀의 生涯와 思想」, 『韓國史論』40, 서울대학교 인문대학교 국사학과, 1988:3

166 『신증동국여지승람』 24권, 경상도, 녕해도호부, 류우조; 『신증동국여지승람』 29권, 경상도, 함창현, 인물조

167 高慧玲, 「14世紀 高麗 士大夫의 性理學 受容과 稼亭 李穀」, 이화여자대학교

박사학위논문, 1991:143-144.

168「가정선생 연보」,『가정집』

169「가정선생 연보」,『가정집』

170 丁醜王將幸普賢院至五門前召侍臣行酒. 酒酣. 顧左右曰, "壯哉! 此地可以練肄兵法." 命武臣爲五兵手*搏{搏}戲. 至昏駕近普賢院李高與李義方先行矯旨集巡檢軍. 王纔入院門群臣將退高等殺林宗植李復基韓賴凡扈從文官及大小臣僚宦寺皆遇害. 又殺在京文臣五十餘人. 鄭仲夫等以王還宮.『高麗史』19卷, 世家19, 毅宗24(1170)

171 九月 戊寅朔 晡時, 王入康安殿, 仲夫等又索隨駕內侍十餘人, 宦官十人, 殺之. 王坐修文殿, 飮酒自若, 使伶官奏樂, 夜半乃寢. 李高·蔡元欲弑王, 梁淑止之. 巡檢軍穿破窓壁, 竊內帑珍寶. 仲夫逼王, 遷於軍器監,太子於迎恩館. 己卯 王單騎, 遜於巨濟縣, 放太子於珍島縣. 是日, 仲夫·義方·高等領兵, 迎王弟翼陽公晧卽位.『高麗史』19卷, 世家19, 毅宗24(1170)

172 유호인,『뇌계집』제7권, 文, 遊松都錄

173 忠烈元年出爲尙州判官時有女巫三人奉妖神惑衆自陜州歷行郡縣所至作人聲呼空中隱隱若喝道聞者奔走設祭莫敢後雖守令亦然至尙珦杖而械之巫托神言怵以禍福尙人皆懼珦不爲動後數日巫乞哀乃放其妖遂絶『高麗史』105卷, 列傳18, 安珦

174 忠烈復位, 忠宣如元珦從行. 一日, 帝召. 王急王懼丞相出曰, "從臣爲首者入對." 珦入. 丞相傳旨曰, "汝王何不近公主乎? " 珦曰, "閨闥之閒非外臣所知. 今日以是爲問, 豈足於聽聞? " 丞相以奏. 帝曰, "此人可謂知大體者. 庸可以遠人視耶? " 不復問.『高麗史』105卷, 列傳18, 安珦

175 喜蕾, 元代高麗貢女硏究,『亞細亞文化硏究』第5輯, 2001:476

176 元屢求童女於本國穀言於禦史臺請罷之代作*疏曰, …側聞高麗之人生女者卽秘之惟慮不密雖比隣不得見每有使臣至自中國便失色相顧曰, "胡爲乎來哉? 非取童女者耶非取妻妾者耶? ' 已而軍吏四出家搜戶捫. 若或匿之則繫累其隣裏縛束

其親族鞭撻困苦見而後已. 一遇使臣國中騷然雖雞犬不得寧焉. 及其聚而選之姸醜不同. 或啖其使臣而飽其欲雖美而舍之舍之而他求. 每取一女閱數百家. 唯使臣之爲聽莫或敢違. 何者? 稱有旨也. 如此者歲再焉或一焉*間歲焉. 其數多者至四五十. 旣在其選則父母宗族相聚哭泣日夜聲不絶及送於國門牽衣頓仆欄道呼號. 悲痛憤懣有投井而死者有自縊者有憂愁絶倒者有血泣喪明者. 如此之類不可殫記…. 伏望渙發德音敢有冒幹內旨上瀆聖聽下爲己利而取童女者及使於其國而取妻妾者明示條禁絶其後望…. 帝納之.「本國除判典校寺事」,『高麗史』109卷, 列傳22, 李穀.

177 韓永愚,「稼亭李穀의 生涯와 思想」,『韓國史論』40, 서울대학교 인문대학 국사학과, 1988:33

178『설랑자』에서는 '칠천' 이란 노비, 장인바치, 백정, 장사아치, 배사공 등 일곱 가지 계층의 최하층 신분을 이름한다고 설명하였다.

179 지금까지의 연구에서『규중비사』를 중편소설로 취급한 경우가 많다.『중국조선족문학통사』에서도『규중비사』로 소개하였는데 단행 본으로 출판된 작품을 지칭하는지『연변문예』에 연재되었던 판본을 가리키는지에 대한 소개는 없다. 본고에서는 편폭과 내용으로 보아 장편소설로 규정한다. 지금까지 학계의 통설에 의하면 장편소설을 14만 자이상의 편폭으로 보는 시각이 많고 최재서의「중편소설에 대하야」라는 글에서 서양의 양적 기준치를 한국에 적용할 경우 장편소설은 약 14만 4천 자 이상이 된다(曹南鉉, 小說原論, 고려원, 2000:283-284 참조)는 견해에서도 그러하거니와 일반적인 인식에서도 장편소설은 단행본으로 처리될 수 있는 정도의 양으로 인식된다는 점에서도 20만자 이상의『규 중비사』는 장편소설로 보는 것이 타당하다.

180 김용식,『규중비사』, 료녕민족출판사, 1981

181 全羅道康津縣女人銀愛者, 刺殺隣女安召史. 縣監楪載淳檢驗是實. 訊其故, 銀愛供, "渠之未笄也, 隣人崔正連者, 揚言潛奸, 使安女居間求婚, 不許. 及嫁他人, 正連與安女, 醜誣倍甚, 故不勝其憤, 乘夜持刀, 潛往安女所, 先刺其項, 仍復亂刺,

轉向正連家, 爲渠母所挽而止. 乞官府打殺正連." 정조 31권, 14년(1790) 경술 8월 10일(무오)

182『조선왕조실록』, 세종 15년(1433계축), 7월 19일(경오) 2번째 기사 참조

183 命旌表中和校生金愛格妻奉生之閭. 愛格爲人所構誣, 被殺人罪以死, 而所謂見殺者, 實不死. 奉生痛其夫冤死, 必欲復讎. 變著男子服, 出入山寺野村者十四年, 而竟得其讎人, 告官殺之, 快雪夫冤. 遠近聞者, 莫不聳歎, 以爲從古所無, 監司閔維重以聞, 有是命.『조선왕조실록』, 현종 10년(1669, 기유), 7월 27일(무오)

184 김용식,『설랑자』, 료녕인민출판사, 1984 : 271－272

185 甲申/受常參, 視事. 同副承旨李徽啓曰, "閔發殺石山明矣而不之罪, 臣竊悶焉. 此固人人所不能爲, 而發爲之, 是可忍也, 孰不可忍也? 請罪之." 上曰, "國人皆疑發殺石山者, 皆由爾言. 凡大獄當愼重, 雖得罪人, 猶當虛心推問, 今發未有疑端, 而有司必欲抖鞫, 誰之使然? 予將罪汝." 徽卽詣獄待罪, 命罷職.『조선왕조실록』, 세조 2년(1456,병자년) 1월 14일.

186 李憲洪,『韓國訟事小說硏究』, 三知院, 1997:28

187 김용식,「구전설화와 재창조에 관하여」,『문학과 예술』 창간호, 1984:57

188 김용식,「구전설화와 재창조에 관하여」,『문학과 예술』 창간호, 1984:58

189 김용식,『이조만가』

190『고종실록』, 고종 14년(1877) 8월13일

191『고종실록』, 고종 4년(1867) 1월 14일

192『고종실록』, 고종 9년(1872) 3월 5일

193 김병우,「大院君政權의 權利基盤과 改革政策」, 경북대학교 박사학위논문, 2004

194『승정원일기』, 고종 1년(1864), 7월 27일

195『승정원일기』, 고종 8년(1871) 3월 18일

196 예조禮曹에서, "한 사람에 대해 중첩하여 세운 서원書院을 헐어버리는 문제는 두 차례의 하교에 따라 신 조병창趙秉昌이 대원군大院君 앞에 나아

가 품의稟議한 결과, '성묘聖廟의 동쪽과 서쪽에 배향하는 제현諸賢과 충절忠節과 대의大義를 남달리 뛰어나게 지킨 사람으로서 실로 백세토록 높이 받들기에 합당한 47개 서원을 제외하고는 모두 제사를 그만두며 현판을 떼어내도록 하라.'는 뜻으로 하교를 받들었습니다. 이미 사액賜額하여 계속 남겨두어야 할 47개의 서원을 별단別單으로 써서 들입니다. 계하啓下한 뒤 각도各道에 행회行會하겠습니다."라고 아뢰었다. 『고종실록』, 고종 8년(1871) 3월 20일

197 『고종실록』, 고종 2년(1865) 4월 2일 "대왕대비가 경복궁을 중건할 것을 명하다"

198 『고종실록』, 고종 2년(1865) 4월 3일

199 『승정원일기』, 고종 2년(1865) 4월 3일

200 『고종실록』, 고종 2년(1865) 4월 3일 유영익, 「興宣大院君」, 한국사 시민강좌 13, 일조각. 1993 참조

201 유영익, 「興宣大院君」, 한국사 시민강좌 13, 일조각, 1993:100 참조

202 김병우, 「大院君政權의 權利基盤과 改革政策」, 경북대학교 박사학위논문, 2004 참조

203 안외순, 「大院君執政의 政治社會的 背景」, 『溫知論叢』 第1輯, 1995:286-289 참조

204 『이조만가』에서 대포 8문이라고 오기하였다.

205 유영익, 「興宣大院君」, 한국사 시민강좌 13, 일조각, 1993:106 참조

206 한영우, 「명성황후와 대한제국」, 효형출판, 2001:22; 서영희, 『명 성왕후 연구』, 역사비평, 2001:108 에서 재인용

207 『고종실록』, 고종 8년 11월 4일, 원자가 탄생하다.; 11월 8일, 원자가 졸하다.

208 『고종실록』, 고종 35년(1898) 3월 30일.

209 "中宮殿, 今日午時昇遐. 擧哀之節, 依例磨鍊, 望哭處所, 明政殿庭爲之." 『고종

실록』, 고종 19년(1882) 6월 10일

210 서영희, 「명성왕후 재평가」, 『역사비평』, 2002:340-341

211 비숍 저, 신복룡 역, 「조선과 그 이웃나라들」, 집문당, 2000:271; 언더우드, 「조선생활기」, 49쪽; 권행가, 「명성황후와 국모의 표상」, 『이 화여자대학교 아시아여성학센터 학술대회자료집』, 2006:53에서 재인용

212 嚴潤美, 「三國幹涉과 明成王後의 對外政策」, 한국어외국어대 학교 석사학위 논문, 2009

213 황현, 『매천야록』 권1, 갑오이전, 권행가, 「명성황후와 국모의 표상」, 『이화여자대학교 아시아여성학센터 학술대회자료집』, 2006:54에서 재인용

214 권행가, 「명성황후와 국모의 표상」, 『이화여자대학교 아시아여성학센터 학술대회자료집』, 2006:62 참조

215 박종화, 「전야」, 『박종화선집』(애장판), 『신한국문학전집』35, 語文閣, 1980:3-157

216 박종화, 「여명」, 『박종화선집』(애장판), 『신한국문학전집』35, 語文閣, 1980:158-316

217 박종화, 「민족」, 『박종화선집』(애장판), 『신한국문학전집』35, 語文閣, 1980:317-484

218 최희연, 「김동인의 『운현궁의 봄』 연구」, 『연세어문학』 19집, 1986:265

219 김용식, 「구전설화와 재창조에 관하여」, 『문학과 예술』 창간호, 1984:56

220 김용식, 「구전설화와 재창조에 관하여」, 『문학과 예술』 창간호, 1984:60.

221 김용식, 「흘러간 육십평생」, 『숲문학』 제11호, 2010:188.

222 김용식, 『설랑자』, 료녕인민출판사, 1984:53

223 김용식, 「고리백정의 사위」, 『무영탑』, 료녕민족출판사, 1981:48

224 김용식, 「구전설화와 재창조에 관하여」, 『문학과 예술』 창간호, 1984:60

225 김용식, 『설랑자』, 료녕인민출판사, 1984:91-92

226 『설랑자』, 139쪽

227 김용식, 「고리백정의 사위」, 『무영탑』, 료녕민족출판사, 1981:39

228 장춘식, 「역사소설을 통한 민족정체성의 확인-김용식의 장편역사소설 『설랑자』를 중심으로」, 『문학과 예술』, 2006(3);111~130

229 김용식, 「구전설화와 재창조에 관하여」, 『문학과 예술』 창간호, 1984:60

230 김용식, 「구전설화와 재창조에 관하여」, 『문학과 예술』 창간호, 1984:56—57

231 김동훈, 「김용식론」, 『조선족문학연구』, 흑룡강조선민족출판사, 1989:411

232 曹南鉉, 『小說原論』, 고려원, 2000:177

233 김용식, 「구전설화와 재창조에 관하여」, 『문학과 예술』 창간호, 1984:61

234 동상서 60쪽

235 김용식, 『설랑자』, 료녕인민출판사, 1984:6

236 김용식, 「설분」, 『은하수』, 흑룡강조선민족출판사, 1983:40

237 김용식, 『무영탑』, 료녕민족출판사, 1986:181

238 김용식, 「운영전」, 『아리랑』 제18호, 연변인민출판사, 1983:99—100

239 김용식, 『설랑자』, 료녕인민출판사, 1984:293

240 김동훈, 「김용식론」, 『조선족문학연구』, 흑룡강조선민족출판사, 1989:415

241 김동훈, 「김용식론」, 418.

242 김동훈, 「김용식론」, 418.

243 김용식, 「소쩍새 울던 밤」, 『연변문예』, 1981(2):175—176

참고문헌

자료

김용식, 『규중비사』, 료녕민족출판사, 1981

김용식, 「설분」, 『은하수』, 흑룡강조선민족출판사, 1983

김용식, 「발복」, 『아리랑』 제12호, 연변인민출판사, 1983

김용식, 「운영전」, 『아리랑』 제17~제18호, 연변인민출판사, 1983

김용식, 『설랑자』, 료녕인민출판사, 1984

김용식, 『무영탑』, 료녕민족출판사, 1986

김용식, 『이조만가』(미발표 유작)

김육, 『기묘제현전』(필사본)

김정국, 『기묘당적』

이곡, 『가정집』

민주면, 『동경잡기』

성대중, 『青城雜記』

유호인, 『뢰계집』

이긍익, 『燃藜室記述』

이긍익, 『燃藜室記述別集』

이원명, 『동야휘집』

이중환, 『택리지』

일연, 『三國遺事』

정태제, 『국당배어』

최치원, 『고운집』

『高麗史』

『동아일보』

『무오당적』

『승정원일기』

『신증동국여지승람』

『조선왕조실록』

『皇城新聞』

(明) 安遇時, 『龍圖公案』

『舊唐書』

『新唐書』

단행본

경암신영대, 『풍수지리학원리』, 경덕출판사, 2004

김동인, 『운현궁의 봄』, 성현사, 2009

김동훈, 『조선족문학연구』, 흑룡강조선민족출판사, 1989

김윤식, 『한국 근대 소설사 연구』, 을유문화사, 1986

김호웅 · 조성일 · 김관웅 저, 『중국조선족문학통사』, 연변인민출판사, 2011.
게오르크 루카치 저, 이영욱 옮김, 『역사소설론』, 거름, 1999
동국대학교 한국문학연구소 편, 『한국문헌설화전집』, 태학사, 1981
로이스 타이슨, 윤동구 옮김, 『비평이론의 모든 것』, 도서출판앨피, 2013
류몽인, 『어우야담』, 한국문화사, 1996
민족문화추진회, (고전국역총서)『대동야승』, 민문고, 1989
박근칠, 唐後期江淮運河 新羅人 活動, 『漢城史學』第十九輯, 2004
박숭고, 박선생유고, 『륙선생유고』(목판본), 1658
백대진, 『한국야담전집』 이조편, 삼성출판사, 1964
성기열, 『한국 구비문학대계 1-5』 경기도 수원시 화성군편, 한국 정신문화연구원, 1981
설성경 · 김용국 공저, 『수원문화의 뿌리』, 수원 문화원, 2000
신영주, 『조선시대 송사소설 연구』, 신구문화사, 2002
이상섭, 『문학비평용어사전』, 민음사, 2003
이수광, 『조선을 뒤흔든 16가지 살인사건』, 다산초당, 2005
이종호, 『조선의 문인이 걸어온 길』, 한길사, 2004
이헌홍, 韓國訟事小說硏究, 三知院, 1997
이희준, 「고리 백정의 사위가 된 이장곤」, 『계서야담』, 유화수역, 국학자료원, 2003
임명덕, 『한국한문소설전집』3권, 국학자료원, 1999
임석재, 『임석재전집』5, 평민사, 1989

장장식, 『한국의 풍수설화 연구』, 민속원, 1995

조남현, 『小說原論』, 고려원, 2000

조동일, 『한국문학통사』, 지식산업사, 2013

조희웅, 『고전소설 이본목록』, 집문당, 1999

지승종, 『琴軒集』解題, 『南冥學研究』第6輯, 1997

천소영, 『한국의 전설기행』, 한국문원. 1997

최상수, 『경주의 고적전설』, 양양사, 1947

최상수, 『경주의 고적과 전설』, 대제각, 1954

최상수, 『한국민간전설집』, 통문관, 1984

최정희, 『한국불교전설 99』, 우리출판사. 1990

최홍규, 『정조의 화성건설』, 일지사, 2001

프랭크 렌트리키아 외, 김옥수 역, 『신역사주의론』, 한신문화사, 1995

한계호, 『<림꺽정>과 명청장회체소설의 상관연구』, 민족출판사, 2012

현진건, 『무영탑』, 박문서관, 1939

홍명희, 『림꺽정』, 새빛문화사, 1996

황구연 저, 김재권 역, 『황구연전집』 제6권, 연변인민출판사, 2008

S.리몬 케넌, 최상규 옮김, 『소설의 현대시학』, 예림기획, 2003

蔡美花、趙季 主編, 『韓國詩話全編校注』3卷, 人民文學出版社, 2012年

(唐)杜牧, 『樊川文集』, 上海古籍出版社, 1978

(匈)盧卡奇, 燕宏遠, 李懷濤譯, 『小說理論』, 商務印書館, 2013

馬新國主編, 『西方文論史』, 高等教育出版社, 2002

童慶炳. 程正民 主編, 文藝心理學教程. 高等教育出版社, 2001

(日本)圓仁,『入唐求法巡禮行記』, 廣西師範大學出版社, 2007年
張婧媛,『新曆史主義與文學批評』, 北京大學出版社, 1997

학술논문

강상규, 「명성왕후와 대원군의 정치적 관계 연구」, 『한국정치학회보』40집, 2006
강석근, 「무영탑 전설의 전승과 변이 과정에 대한 연구」, 『신라문화』 제37집, 2011
고숙희, 「犯罪와 推理의 世界ㅡ公案小說ㅡ『龍圖公案』을 중심으로」, 『中國小說論叢』第14輯, 2001
고숙희, 「『百家公案』과 『龍圖公案』 속 犯罪와 訴訟」, 『中國小說論叢』第26輯, 2007
김경록, 「선조대 홍순언의 외교활동과 朝、明 관계」, 『명청사연구』41집, 2014
김관웅 · 박영화, 「김용식의 역사소설 『무영탑』과 중조 양국 문화사이의 "상호텍스트성"」, 『연변문학』, 연변인민출판사, 2014. 2
김관웅 · 박영화, 「김용식의 역사소설 『보은단』의 소재는 어디서 왔는가」, 『연변문학』, 연변인민출판사, 2014. 5
김동훈, 「김용식론」, 『조선족문학연구』, 흑룡강조선민족출판사, 1989
김병욱, 「『무영탑無影塔』의 공간구조空間構造」, 『국어국문학』91, 1984
김선희, 「화성유수 조심태연구」, 『조선시대사학보』50, 2009
김영숙, 「역관 홍순언과 조명외교」, 『中國史硏究』第70集, 2011

김용국, 「설화의 전승경로와 변이양상 연구1-용주사 관련설화-」, 『문명연지』제23호, 2009
김용국, 「전설에 나타난 정조의 인물됨 고찰」, 경기대학교 『大學院論文集』 제33집, 2004
김용식, 「구전설화와 재창조에 관하여」, 『문학과 예술』 창간호, 1984
김용식, 「흘러간 육십평생」, 『숲문학』 제11호, 도서출판 예감, 2010
김정효, 「홍명희의 "林巨正" 서술 방법 고찰」, 『한중인문학연구』 제6집, 2001
김중섭, 「'조선시대 백정'의 기원에 대한 역사사회학적 고찰」, 『동방학지』 제 164집. 2013
김준혁, 「조선후기 정조의 불교인식과 정책」, 『중앙사론』 제12, 13합집, 1999
김중섭, 「'조선시대 백정'의 기원에 대한 역사사회학적 고찰」, 『東方學志』제164집, 2013
김재영, 「『임꺽정』연구1－이장곤 이야기의 변개를 중심으로」, 한국문학연구학회, 『현대문학의 연구』 5권, 2005
권혁래, 「한문소설의 번역 및 개작양상에 대한 연구」, 『古典文學硏究』第20輯, 2001
권행가, 「명성황후와 국모의 표상」, 이화여자대학교 아시아여성학센터 학술대회자료집, 2006.7
류영익, 「興宣大院君」, 한국사 시민강좌13, 일조각. 1993
박명진, 「明代公案小說과 朝鮮時代訟事小說에 나타난 法文化」, 『中國語文學』 第47輯, 2006

박영화, 「「설분」의 상호텍스트성 연구」, 『한중인문학연구』 제46집, 2015
박일용, 「홍순언 고사를 통해서 본 일화의 소설화 양상과 그 의미」, 『국문학연구』 제5호, 2001
박종홍, 「대원군 집정기의 소설화양상-"운현궁의 봄", "전야, 여명", "조양홍"을 중심으로」, 『국어국문학』 104집, 1990
서영희, 『명성왕후 연구』, 『역사비평』 No.57, 2001
서영희, 『명성왕후 재평가』, 『역사비평』 No.60, 2002
손정희, 「野談集所載女性의 身分上升에 관한 硏究」, 『文化傳統論集』第2號, 1994
안외순, 「大院君執政의 政治社會的 背景」, 『溫知論叢』 第1輯, 1995
양진오, 「현진건의 『무영탑』 연구」, 『현대소설연구』19집, 2003
이경선, 「홍순언전 연구」, 『한국학론집』3호, 1983
이신성, 「『西浦漫筆』所載 "洪純彦逸話"의 文學史的 意義」, 『국어국문학』, 1999
이지영, 「「운영전」 창작의 문학적 배경과 연원」, 『국문학연구』 제26호. 2012.
이태진, 「역사소설속의 명성황후 이미지-정비석의 역사소설 『민비』의 경우」, 『한국사 시민강좌』41, 2007
장병인, 「(역비논단)조선시대 성범죄에 대한 국가규제의 변화」, 『역사비평』, 2001
장성규, 「『청오경(靑烏經)』의 문헌적 연구」, 『건축역사연구』제18권 2호, 2009

장양수.「현진건 장편소설『무영탑』의 민족주의 문학적 성격」.『새얼 어문론집』제13집. 2000
장장식,「古小說의 風水모티프 受容樣相」,『국제어문』16, 1995
장춘식,「역사소설을 통한 민족정체성의 확인-김용식의 장편역사소설『설랑자』를 중심으로」,『문학과 예술』, 2006. 3
정명기.「"홍순언 이야기"의 변이양상과 의미」,『성곡논총』第20輯, 1989
정명기,「홍순언 이야기의 갈래와 그 의미」,『東方學志』45집, 1984
정해득,「정조의 용주사 창건 연구」,『사학연구』제93호, 2009
정환국,「16세기 말 17세기 초 사상사의 흐름 속에서 본「운영전」」,『한국고전여성문학연구』7집, 2003
조규일,「박종화 역사소설 연구」,『한민족문화연구』제9집, 2001
최희연,「김동인의 "운현궁의 봄" 연구」,『연세어문학』19집, 1986
한명환,「『산골녀성들』의 구성과 문제-중국 조선족 농촌소설의 개혁개방기적 특성을 중심으로」,『한중인문학연구』 19집, 한중인문학회, 2006.
한명환.「중국 조선족 소설의 재인식과 역사체험-개혁개방기 김학철, 리근전, 김용식 소설을 중심으로」,『국제어문』44집, 국제어문학회. 2008
한명환.「중국 조선족 역사소설의 탈식민주의 특성 연구-김용식 역사소설을 중심으로」,『한중인문학연구』18집, 한중인문학회. 2006
한영우,「稼亭 李穀의 生涯와 思想」,『韓國史論』40, 서울대학교 인문

대학 국사학과, 1988.
홍경표,「樸種和의 歷史小說硏究」,『문학과 언어』제16집, 1995
홍순완 · 이몽일,「한국풍수지리사상에 대한 이해의 쟁점」, 풍수지리 2, 우리마당 터, 2002
황혜진,「고전소설 인물의 역사적 삶에 대한 연구」,『古小說硏究』제 29집, 2010
황혜진,「고전소설 소재 인물의 역사적 삶에 대한 연구-「운영전」의 안평대군에 대한 실록의 기록을 대상으로-」,『고소설연구』제 29집, 2010
金寬雄 · 樸英花,「互文性：“洪純彦逸話”與金溶植曆史小說『報恩緞』」,『延邊大學學報』, 2014.6
金東勳,「金溶植和他的『閨中悲事』」,『中南民族學院學報』, 1984
李岩,「『金喬覺及其九華山垂跡考』」,『來華朝鮮-韓國名人事跡述略』, 黑龍江朝鮮民族出版社, 2006
喜蕾,「元代高麗貢女研究」,『亞細亞文化研究』第5輯, 2001
Zhoulei, Fan Shujie,「「운영전」에서 표출된 임진왜란 후 사회계층의 신분구조 변동양상 및 작가의식 소고」,『한국언어문화』51집, 2013

학위논문

고숙희,「包公公案小說硏究-『百家公案』과 『龍圖公案』을 中心으로」, 성균관대학교 박사학위논문, 2003

고혜령, 「14世紀 高麗 士大夫의 性理學 受容과 稼亭 李穀」, 이화여자대학교 박사학위논문, 1991

국우함, 「韓國開化期新聞小說『神斷公案』에 미친『龍圖公案』의 影響」, 광운대학교 석사학위논문, 2013

김병우, 「大院君政權의 權利基盤과 改革政策」, 경북대학교 박사학위논문, 2004

김현주, 「『李長白傳』의 敍述方式과 主體意識」, 경북대학교 석사 학위논문, 2007

문은선, 「「운영전」의 변이양상과 그 의미」, 홍익대학교 석사학위논문, 2002

문철주. 「한국 근대 역사소설 연구」. 동아대학교 박사학위논문, 1993

문혜주, 「박종화의 일제 강점기 역사소설의 작가의식 연구」, 영남대학교 석사학위논문, 2009

박양리, 「병자호란의 기억, 그 서사적 형상과 의미」, 부산대학교 박사학위논문, 2015

엄윤미, 「三國幹涉과 明成王後의 對外政策」, 한국외국어대학교 석사학위논문, 2009

이선형, 「"裏鄉見聞錄"소재 逸話의 소설적 성향 연구」, 국민대학교 석사학위논문, 2005

이헌홍, 「朝鮮朝訟事小說硏究」, 부산대학교 박사학위논문, 1987

장성규, 「『朝鮮王朝實錄』의 風水地理文獻硏究」, 공주대학교 박사학위논문, 2010

장장식, 「한국의 풍수설화 연구」, 경희대학교 박사학위논문, 1992

정해득,「正祖時代顯隆園造成과 水原移邑研究」, 경기대학교 박사학위논문, 2008

부록: 김용식 연보

연도	경력	작품활동
1925년	1월 9일, 경상북도 영양군 청기면 상청동의 몰락한 양반가에서 출생.	
1932년	사숙에서 한학을 수업.	
1939년	강제이민으로 고향을 떠나 중국 흑룡강성 해림현 안성촌에 정착. 소학교 4학년에 입학하여 수학.	
1940년	소학시절을 보냄.	시「보름달」을『만선일보』에 발표.
1945년	12월 11일, 흑룡강성 목단강 시립연합중학교 졸업.	

1946년	1946년 10월부터 1948년 2월까지 흑룡강성 해림현 안성소학교에서 교편을 잡으면서 업여로 본격적인 문학창작을 시작.	서정시「소생향의 아침」을 목단강시 조선인민주동맹 기관지『건설』잡지(1946년 10월호)에 발표.
1947년		단편소설「혁명가의 아내」를 목단강『인민신보』에 발표. 극본「애국자의 적혈」,「홰불」등을 써서 당지 청년을 조직하여 연출활동 진행.
1948년	1948년 3월부터 1950년 12월까지 내몽골 아영기 조선소학교에서 교편을 잡음	시「척지의 가을」을『민주일보』에 발표. 극본「사선을 헤치고」등을 써서 청년과 학생을 조직하여 연출활동 진행.
1951년	흑룡강성 치치할시 조선족 중학교에서 교편을 잡음.	1951년부터 1957년까지 민간이야기「장정과 중」, 시「전사의 편지」, 가사「정든 처녀야」등을 발표. 그 중 가사「정든 처녀야」는 유럽과 동남아시아에까지 널리 소개됨.
1955년	흑룡강성 치치할시 정치협 상회의 정협 위원으로 당선됨.	
1956년		판소리「희망의 노래」를『연변일보』(3월 7일)에 발표.
1957년	8월부터 중국작가협회 연변분회 월간『아리랑』잡지 편집사업에 종사.	판소리「봄노래」를『목단강 일보』(4월 19일)에 발표. 가사「송화강」을『아리랑』(3월)에 발표. 가사「북대황 삼경(三景)」을『아리랑』(8월)에 발표. 단편소설「밤길」을『아리랑』(7월)에 발표.

1958년	2월, 우파모자를 쓰고 가족을 거느리고 화룡현 와룡향에 내려가 1961년 9월까지 노동개조를 함.	
1961년	10월~1962년 7월, 연변군 중 예술관에서 『연창 재료』 편집.	
1962년	8월~1965년 7월, 길림성 화룡현 문화관에서 창작 보도.	
1965년	8월에 사직하고 가족이 있는 화룡현 와룡향에 다시 돌아가 농사를 지음. 노동개조 시에 얻은 중병으로 농촌에서 투병생활을 하면서 어렵게 지냄.	
1978년	'4인무리'가 타도되고 창작의 권리를 되찾음.	판소리 「접힌 날개 다시 펴서 천공만리 날아보자」를 『연변문예』(12월)에 발표
1979년	3월, 억울한 역사문제를 시정받고 복직되어 연변문학 예술연구소에서 『문학예술연구』(현 『문학과 예 술』지의 전신) 잡지의 편집사업을 하는 한편 조선고전문학연구 사업에 종사.	
1980년		중편역사소설 『규중비사』가 『연변문예』 잡지(제1호부터 제10호까지)에 연재됨.

1981년	6월, 중편역사소설『규중비사』가 길림성 민족사무위원회와 중국작가협회 길림분회에서 발급하는 길림성 소수민족 우수문학작품상 수상. 12월, 중편역사소설『규중비사』가 전국 소수민족 문학창작상 수상.	중편역사소설『규중비사』가 료녕인민출판사에서 제1판 출판. 실화소설「소쩍새 울던 밤"을『연변문예』(2월)에 발표. 민담「한량과 어린신랑」(김 응팔 구술)을『대중문예』(4월)에 정리 발표. 「문학언어와 생활언어에 대하여」를『조선어문』(3~4월)에 발표.
1982년	5월, 중편역사소설『규중비사』가 1981년도 료녕성 우수도서 1등상을 수상함. 8월, 중편역사소설『규중비사』가 동북3성 조문우수도서 1등상을 수상함.	「의랑암에 살아있는 논개의 넋」을『은하수』(12월)에 발표. 전설「아리랑」(엄상준 구술)을『새마을』(2월)에 정리 발표. 「글과 추고」를『연변문예』(2월)에 발표. 「문학의 화원에서 맞이한 보람찬 나날」을『연변문예』(3월)에 발표. 「표준어와 방언을 두고」를『조선어학습과 연구』(10월)에 발표. 중편역사소설「보은단」을『아리랑』(9기)에 발표.

이 책에서는 '을유 1945', 김명철 명조, 강원교육서체 등 서체를 사용했습니다.